民俗习惯的司法适用

于语和　主编

清华大学出版社

北京

内 容 简 介

民俗习惯是法律的重要渊源之一，与国家法具有同质的秩序理性诉求。民俗习惯可以弥补成文法的不足，有利于提高司法判决的公信力。司法判决的形成受到政治、社会、法律、文化与价值观等因素的交互影响，完美的司法判决应当充分考量各种社会要素。司法裁判能否成为促进社会稳定和谐的重要力量，取决于它能否回应并引导社会的真正需求。完全恪守程序，并将实体法采用三段论式的方法适用到具体案件，并不一定能得到公正的结果，司法工作不能简单化地理解为单纯的法律技术的运用。

本书主要从民俗习惯司法适用的研究综述，民俗习惯司法适用的理论基础，民俗习惯司法适用的必要性、可行性及价值，民俗习惯司法适用的表现样态及主要障碍，民俗习惯司法适用的程序机制，少数民族民俗习惯的司法适用等方面展开，期待为民俗习惯在司法实践中的适用探索出更具中国特色的融合之路。

图书在版编目（CIP）数据

民俗习惯的司法适用 / 于语和主编 . —北京：清华大学出版社，2024.4
ISBN 978-7-302-65965-5

Ⅰ．①民… Ⅱ．①于… Ⅲ．①习惯法－研究－中国 Ⅳ．① D920.4

中国国家版本馆 CIP 数据核字 (2024) 第 069113 号

责任编辑： 刘 晶
封面设计： 徐 超
版式设计： 方加青
责任校对： 王荣静
责任印制： 丛怀宇

出版发行： 清华大学出版社
      网 址：https://www.tup.com.cn，https://www.wqxuetang.com
      地 址：北京清华大学学研大厦 A 座 邮 编：100084
      社 总 机：010-83470000 邮 购：010-62786544
      投稿与读者服务：010-62776969，c-service@tup.tsinghua.edu.cn
      质 量 反 馈：010-62772015，zhiliang@tup.tsinghua.edu.cn
印 装 者： 三河市天利华印刷装订有限公司
经 销： 全国新华书店
开 本： 170mm×240mm   **印 张：** 18   **字 数：** 246 千字
版 次： 2024 年 5 月第 1 版   **印 次：** 2024 年 5 月第 1 次印刷
定 价： 168.00 元

产品编号：094081-01

本书编写人员

主　编：于语和

副主编：秦启迪　张殿军

撰稿人：于语和　秦启迪　张殿军　宋甜甜　刘顺峰

　　　　宋　宁　尚绪芝　吕姝洁　高　茜　刘丽华

法律法规全称简称对照表

《中华人民共和国宪法》——《宪法》

《中华人民共和国民法典》——《民法典》

《中华人民共和国刑法》——《刑法》

《中华人民共和国婚姻法》——《婚姻法》

《中华人民共和国合同法》——《合同法》

《中华人民共和国民事诉讼法》——《民事诉讼法》

《中华人民共和国民法通则》——《民法通则》

《中华人民共和国物权法》——《物权法》

《中华人民共和国老年人权益保障法》——《老年人权益保障法》

《中华人民共和国民族区域自治法》——《民族区域自治法》

《中华人民共和国立法法》——《立法法》

《中华人民共和国税收征收管理法》——《税收征收管理法》

《中华人民共和国引渡法》——《引渡法》

《中华人民共和国法官法》——《法官法》

《中华人民共和国村民委员会组织法》——《村民委员会组织法》

前　言

　　民俗习惯的司法适用问题近年来日益受到关注，人们越发感到单纯依赖西方法治资源并不能有效解决我国深入发展面临的难题，过度移植国外法治资源无法完全适应我国社会发展环境，民俗习惯作为本土法治资源有着独特的优势与潜质，于我国法治事业和经济社会发展大有裨益。民俗习惯经过人们长期生活经验的磨合与砥砺而得到广泛认可，且往往与当地的地理特点、人口状况和生活习俗密切相关，因而对于幅员辽阔且民族众多的中国而言，民俗习惯内容之丰富多彩，类型之纷繁芜杂，绝非立法通过少数具体条文的列举规定即可囊括。然而，民俗习惯非经国家正式立法却无法解决其适用的障碍，当法律与民俗习惯存在一定冲突时，依法审判的结果常常得不到社会公众的有效认同。

　　总体来看，民俗习惯的司法地位日渐凸显，但在我国立法和司法中重视程度依然不足。司法过程中，人民法院除依法司法外，还必须充分注重善良民俗习惯的运用。民俗习惯运用于司法裁判而言有助于提高裁判的社会认同度，提升司法公信力，达到法律效果与社会效果的有机统一。最高人民法院近年工作报告表明，各级法院认真总结涉农案件审判经验，重视发挥乡村善良民俗习惯在化解社会矛盾中的积极作用，为农村改革发展创造了良好的法治环境，为"三农"问题提供了司法保障。因此，民俗习惯的司法适用研究具有重要的理论价值和实践意义。

本书主要从民俗习惯司法适用的研究综述，适用的理论基础，适用的必要性、可行性及价值，适用的表现样态及主要障碍，适用的程序机制，以及少数民族民俗习惯的司法适用等方面展开。

第一，民俗习惯的司法适用的研究综述方面详细探讨了有关学术知识的生产检索情况和研究总体趋势，使我们对课题的研究情况拥有较为宏观的认识。此外，本书关于深化民俗习惯司法适用问题的分主题研究综述，分别从基础理论研究、国家法与民间法的关系研究、民俗习惯司法适用的程序机制研究、中国少数民族民俗习惯的司法适用研究、其他有关民俗习惯司法适用的研究等分主题详细铺陈，使我们对各个具体内容和观点拥有较为详尽而完整的认识。

第二，民俗习惯的司法适用的理论基础部分主要以法律多元理论为视角，具体阐明了法律多元的理论渊源和界定。即法律多元着重突出的是可以被一般理解为由特定国家机关制定、颁布、实行和自上而下予以实施的法律——国家法，和并非由国家制定的，"是人们在社会中根据事实和经验，根据某种社会权威和组织确定的具有一定社会强制性的人们共信共行的行为规范"——民间法的法律二元结构。并且由于法律多元针对的是国家法律中心主义的一元论法律，因此尤其强调民间法在二元结构中的重要作用以及民间法与国家法之间的互动关系，从而要求国家法尊重和理解地对待民间法与民间法资源。此外，这一部分还对法律多元理论的历史演进进行了研究和分析，以传统时期和现代社会为重点。

第三，民俗习惯司法适用的必要性、可行性及价值问题是本书研究的前提和铺垫，本书对该问题进行了较为详尽的阐述。主要包括可行性与必要性方面，即民俗习惯是法律的重要渊源之一，民俗习惯与国家法具有文化同质性，民俗习惯与国家法具有同质的秩序理性诉求等内容。适用中的现实价值主要表现为两个方面：民俗习惯可以弥补成文法的不足；民俗习惯有利于提高司法审判的公信力。

第四，民俗习惯司法适用的表现样态及主要障碍。表现样态主要从种类、阶段、特质三个方面进行研究。提出了作为规范、作为事实、作为证据的三种适用种类，并从和解、调解及审判等阶段展开分析，最后得出民俗习惯司法适用的六大特质，即法源地位上的补充性，适用方式上直接引用少而转化运用多，实体法运用多而程序法运用少，阶段运用状况不一，区域运用状况不同以及不同性质案件间适用有别。司法适用中的主要障碍书中也给予了充分剖析：成文法主义的法学惯性思维，法官对民俗习惯司法适用缺乏合理的价值判断，法理与情理的诸般轩轾等方面都构成了民俗习惯司法适用的主要障碍。

第五，民俗习惯司法适用的程序机制是本书研究的核心内容之一，也是研究的落脚点和归宿。针对这一问题，本书主要从三个角度予以研究和阐释。首先以实践案例分析为出发点，其次重点探讨启动机制、举证机制和确认机制，最后辅之以少数民族民俗习惯在法院诉讼调解中的适用问题。具体而言：（1）案例分析部分主要介绍了"吊唁""祭奠"民俗习惯的司法适用案例、交易习惯的司法适用案例和哈萨克族彩礼返还民俗习惯的司法适用案例等三大类。（2）启动机制方面明确了启动主体和方式，并指出原告在法庭辩论终结前都可以提出某种民俗习惯作为权利根据或者待证事实依据。当然，对于案件中待证事实起辅助证明作用的民俗习惯只能在事实调查阶段提出。对于被告而言，对于民俗习惯的司法适用只能在答辩时提出。（3）举证机制方面详细探讨了举证主体、证明标准、举证方式、法官查证和举证免除。①民俗习惯证明应由提出民俗习惯主张的一方当事人承担，法官不承担证明民俗习惯是否存在的证明责任。②由于民俗习惯的特殊性，其证明标准至少有三个方面，即该习惯为特定时空范围内的一般社会成员所共同知道；该习惯已经得到当地人们的心理确认，成为人们普遍遵守的行为准则；该习惯已为诉讼双方当事人所认识。③举证方式受到证据形式的限制。在几种证据形式中，当事人可以利用的证据形式只能是书证和证人证言，而当事人陈述、物证、视听资料、电子数据、鉴定结论和勘验笔录等证据形式基本上被排除在外了。④鉴于民俗习惯的特殊性，当事人往往在民俗习惯举证方面存在能力欠缺和困难，因此可以将当事人主张的民俗习惯纳入法院查证的范围。⑤举证责任免除问题。司法实践中可以免除当事人举证责任的情形有：对方当事人自认的，可以免除提出人的举证责任，当事人既不表示承认也不表示否认的，视为对该习惯的承认。特定地域范围内一般社会成员普遍知晓的习惯，法官可以根据自己的判断直接进行司法认知。法院或仲裁机构生效裁判所确认的民俗习惯在确认习惯存在范围内可以免除当事人的举证责任。（4）确认机制方面，本书充分研究了确认主体、确认标准以及民俗习惯的调查与汇编情况。也即民俗习惯的司法确认只能由法院做出，确认主体是人民法院，案件当事人和其他诉讼参与人没有权利。民俗习惯司法适用的确认标准，笔者认为主要有三个：真实性、正当性与合法性。上述民俗习惯司法适用的确认标准都属于较为模糊的标准，司法实践中法官难免会存在这样或那样的分歧，一个可行的做法就是对民俗习惯进行调查和汇编，以明确民俗习惯的规范内容。

司法判决的形成受到政治、社会、法律、文化与价值观等因素的交互影响，完美的司法判决应当充分考量各种社会要素。司法裁判能否成为促进社会稳定和谐发展的重要力量取决于它能否回应并引导社会的真正需求及坚守社会正义。逻辑世界的法治无法替代现实中的法治，完全恪守程序并将实体法采用的三段论式的方法适用到具体案件并不一定能得到公正的结果，司法工作不能简单化地理解为单纯的法律技术运用。"合法不合理"的机械执法很可能破坏公众的是非观、正义观和法治观。

司法过程中将善良民俗习惯引入审判领域，在坚持现行法律规定的精神的前提下，运用善良风俗解决社会矛盾纠纷，是司法促进社会和谐的一个重要举措。民俗习惯的司法适用有助于提高司法的社会认同度，提升司法公信力，实现"案结事了人和"的司法目标，达到法律效果与社会效果的有机统一。社会生活中长期形成、世代积累、为人们内心所确信的民俗习惯具有社会强制力，在一定地域的一定人群中形成了自生自发秩序的规则之治，成为法律的有益补充，具有类同于法律的正当性与合理性因素，因而民俗习惯的司法适用也就成为必然。

近年来所提倡的"调解为主，调判结合"的司法政策、"诉调对接，大调解"等多元化纠纷解决机制、坚持和发展新时代"枫桥经验"以及《民法典》的颁行，客观上为民俗习惯的司法适用提供了更为广阔的空间。此外，民俗习惯的司法适用在为法官行使自由裁量权提供更多可能的同时，也为法官行使自由裁量权提供了一种外在标准。民俗习惯作为一种公众熟知的客观存在，对法官擅断形成必要的制约与监督，使民俗习惯与能动司法良性互动。上述这些都充分展现了民俗习惯司法适用的巨大价值和社会影响，彰显了本书研究的作用与意义。

作者

2023 年 8 月

目　　录

第一章
民俗习惯司法适用的研究综述

第一节   民俗习惯司法适用的学术史总览

一、查阅状况简介

学术论文、学位论文和学术书籍是学界有关民俗习惯司法适用研究的主要展现形式，因此进行文献数量查阅优先选择中国知网（CNKI）全文数据库和中国国家数字图书馆为对象。但是民俗习惯司法适用的研究成果不只在上述数据库中出现，故本章综述存在缺漏在所难免。同时，出于以下几点考虑，本章以上述两个数据库为检索对象仍不失科学性：第一，中国知网系列全文数据库涵盖了期刊、硕博士学位论文、会议、报纸、外文文献等多种类的文献资料，涵盖全面，可以整体反映民俗习惯司法适用近些年的研究状况和用户关注度的变化情况；第二，会议、硕士学位论文虽然公开程度不高、被引用率少，但它反映了学界对课题的关注度，其产出数量和研究方向可以为我们预测民俗习惯司法适用的研究趋势提供丰富的资料；第三，当前的书籍资料库通常难以包括全部已发行的书籍，是故选取典型性较强的国家图书馆馆藏文献为查阅重点。

需要特别指出的是，民俗习惯通常在概念上与"习惯法""民间法"交叉相错，所以我们在搜索过程中对有关"习惯法""民间法"的司法适用研究状况也展开了具体分析归纳。

二、研究总体走势

参照"CNKI研究动态"公布的有关资料，从1996年开始至2008年间，民俗习惯相关研究逐渐成为学界聚焦的热点问题，并于 2008 年达到顶峰状态，2009 年至 2012 年虽有所下降但也一直维持着高关注度状态，其中 2011 年至 2012 年关注度有所上升，2012 年以后基本保持平稳状态并伴随波动变化。因此，按照学术关注度，可以将民俗习惯司法适用的研究状态划分为三个阶段。

第一阶段是 1996 年至 2005 年，这一阶段是低关注时期，学术关注度均在 10 次以下。

第二阶段是 2006 年至 2008 年，这一阶段是持续上升期，关注度连续五年快速上升，从 10 次上升到近 30 次，增长幅度远远超过第一阶段。

第三阶段是 2009 年至今，该阶段为平稳发展期，关注度一直居于 20 次以上，虽有波动变化，但走向基本平稳，总体维持较高水平状态。

在民俗习惯司法适用学术关注度方面，第一阶段高峰出现在 2003 年。[①] 蒋颖、王向前的《村规民约制度的若干法律问题探析》（载《华北电力大学学报》）被引用 23 次；牛振宇、张晓薇的《正视与反思：中国诉讼文化的现代化进路》（载《当代法学》）被引用 17 次；孙国华、杨思斌的《"习惯法"与法的概念的泛化》（载《皖西学院学报》）被引用 16 次；袁登明、吴情树的《六合彩活动的犯罪学分析》（载《河南公安高等专科学校学报》）被引用 15 次；刘德龙、赵阳的《略论私力救济》（载《天津市政法管理干部学院学报》）被引用 14 次；王青林的《民间法基本概念问题探析》（载《上海师范大学学报》）被引用 14 次；白呈明、陈晓莉的《对村民自治权的法律救济的思考》（载《求实》）被引用 13 次；白呈明的《村民自治权的法律救济》（载《云南行政学院学报》）被引用 11 次；王勇的《中国西部法律

---

① 另外，刘作翔的《具体的"民间法"——一个法律社会学视野的考察》（载《浙江社会科学》）被引用 71 次。

文化变革的现代性取向及其代价》（载《西北师大学报》）被引用 9 次。

第二阶段高峰期出现在 2008 年。江苏省高级人民法院课题组、蔡绍刚、蒋飞、朱千里的《民俗习惯司法运用的价值与可能性》（载《法律适用》）被引用 28 次；徐勇的《"法律下乡"：乡土社会的双重法律制度整合》（载《东南学术》）被引用 27 次；[①] 王林敏的《论民间法的识别》（载《山东大学学报》）被引用 18 次；[②] 淡乐蓉的《藏族"赔命价"与国家法的漏洞补充问题》（载《中国藏学》）被引用 14 次；蔡昱、龚刚的《"亲亲不能相隐"的经济学分析——兼论"亲亲相隐"于民间法的归隐》（载《南开经济研究》）被引用 12 次。

第二节　民俗习惯司法适用的分主题研究情况

民俗习惯司法适用问题近年来日益受到关注，人们越发感到单纯依赖西方法治资源并不能有效解决我国深入发展面临的难题，过度移植国外法治资源无法完全适应我国社会发展环境，民俗习惯作为本土法治资源有着独特的优势与潜质，于我国法治事业和经济社会发展大有裨益。民俗习惯在我国历史悠久、分布广泛、形式多样，而如何将其规范有效地运用到司法活动中去至今仍不甚明确，有待于进一步分析研讨。围绕参酌民俗习惯司法适用主题，当前各方关注的议题大体表现在以下方面，即民俗习惯的

---

① 　刘作翔的《习惯的价值及其在中国司法中面临的问题》（载《法律适用》）被引用 23 次；董淳锷、陈胜蓝的《放宽法律的视野：民俗习惯在我国审判中运用的现状研究》（载《西部法学评论》）被引用 21 次；魏敦友的《民间法话语的逻辑——对当代中国法学建构民间法的三种理论样式的初步探讨》（载《山东大学学报》）被引用 18 次。

② 　张晓萍的《中国民间法研究学术报告（2007）》（载《山东大学学报》）被引用 15 次；何立荣的《"出嫁女"土地权益保护的困境与出路——从民间法角度切入》（载《河北法学》）被引用 15 次。

研究历史、司法适用基础理论、民俗习惯在司法中的现状和问题、国家法和民间法的关系、司法适用的程序机制、少数民族习惯法的司法适用、司法适用限制与反思等。

一、研究历史

（一）国外方面

关于民俗习惯司法适用研究早在古罗马时期就已经出现，公元前451年古罗马第一部成文法典《十二铜表法》的主要内容就是民俗习惯，实际这也是百余年来罗马市民社会民俗习惯和习惯法的汇集与归总。到东罗马时期，民俗习惯法源地位逐渐降低，《查士丁尼国法大全》规定："如果民俗习惯或习惯法不再适应时代需要，当然可以用成文法加以完善和变更，不再适用，但是民俗习惯不能变更成文法。"[1] 同时，古罗马法学家优利亚努斯则主张习惯法可以改变成文法。该观点虽被《学说汇编》采纳，但查士丁尼大帝却始终倾向前种观点。[2] 查士丁尼去世后，东罗马帝国衰落，民俗习惯的法源地位获得提高，对成文法产生了极大影响。中世纪教会势力强大，使得罗马法日渐衰弱，但古罗马的民俗习惯对后世依然影响深远。欧洲中世纪以来，研究罗马法的学者大多认为，区域习惯法不能改变适用全国的普通成文法；而全国性的、普遍的民俗习惯可以改变成文法。[3] 英国学者爱德华·汤普森提出，权利来源于习惯，来源于习惯的司法适用。[4] 古罗马民俗习惯中所蕴含的公平正义理念正是在司法实践的适用中不断获得

---

[1]　周楠：《罗马法原论》（上），北京，商务印书馆1994年版，第85～87页。

[2]　周楠：《罗马法原论》（上），北京，商务印书馆1994年版，第85～87页。

[3]　周楠：《罗马法原论》（上），北京，商务印书馆1994年版，第86页。

[4]　[英] 爱德华·汤普森：《共有的习惯》，沈汉、王加丰译，上海，上海人民出版社2002年版，第122页。

总结升华，为近代美国《独立宣言》和法国《人权宣言》奠定了思想基础。同时，民俗习惯中包含的诸多先进私法观念和制度也为《法国民法典》和《德国民法典》所吸收适用。①

近现代以来，民俗习惯司法适用的相关研究日益增多。法国著名学者洛塞尔在他的代表作《习惯法精神研究》中，从法兰西不同地区的习惯法中探究找寻法国法的基本精神。②17 世纪中叶以降，相关研究论著还有布尔琼的《法国普通法与巴黎习惯法之原则》，让多玛的《合乎情理的民法》等。在德国，围绕此问题形成了法典派与反法典派（习惯派），代表人物是蒂堡和萨维尼。萨维尼反对编纂法典，认为法律乃民族精神之体现，承载民族精神的习惯方为法律的主要渊源，法律的表现形式就应是习惯。③德国历史法学派中还有个专门致力于德意志习惯法研究的"日耳曼学派"，创始人为艾希霍恩，代表人物有阿尔普莱西、米特迈尔、祁克和格林等。④

英美社会的民俗习惯对司法实践也有着巨大影响。1066 年诺曼征服以后，征服者威廉一世通过立法和司法手段来改造原有日耳曼习惯法。为了推进改革，学者们开始研究不列颠群岛的民俗习惯和习惯法，首部关于英格兰普通法的系统论著是格兰威尔的《论英格兰王国的法律与习惯》，该书较为详细地阐述了英格兰王国民俗习惯和习惯法，极大促进了英国普通法之形成。⑤在大力发展制定法的同时，威廉一世不得不承认习惯法的地位并在司法实践中大量适用，遵循先例的判例法逐渐发展起来。13 世纪中叶，英国著名法官亨利·布雷克顿所著的《英格兰习惯与法律之探索》主要评

---

① 季金华：《习惯性规则的法治意义》，载《河北法学》，2006 年第 12 期。
② 施蔚然：《中世纪法国习惯法学评介》，载《昆明理工大学学报》（社科版），2001 年第 3 期。
③ [德]霍尔斯特·海因里希·雅科布斯：《十九世纪德国民法科学与立法》，王娜译，北京，法律出版社 2003 年版，第 16 页。
④ 何勤华：《历史法学派述评》，载《法制与社会发展》，1996 年第 2 期。
⑤ 潘维大、刘文琦：《英美法导读》，北京，法律出版社 2000 年版，第 4 页。

介了英格兰民俗习惯和习惯法，同时对民俗习惯的司法适用也进行了系统论述。[①] 对习惯性质的认识，英美学者与大陆法系学者较为一致，英国学者盖斯特认为，习惯必须是众所周知的、合理的，不得与制定法相抵触，英国判例同时为习惯的司法适用提供了基本标准。[②] 在英国，没有民俗习惯和习惯法就没有判例法，前者有着崇高的地位，对英美近现代立法产生了广泛影响。作为英属北美殖民地，北美大陆继受了大量来自英国的民俗习惯和习惯法，它们对后来美利坚合众国判例法基本原则的形成、商事立法及部门法司法裁判均产生了较大影响。[③]《美国统一商法典》起草人卡尔·卢埃林教授认为，由于受法律本身滞后性和成文法局限性的影响，加上社会变化的复杂性和快速性，有必要给予商业惯例司法适用留有充分的余地。[④]

（二）国内方面

中国古代民事活动大多由民俗习惯和习惯法来调整，正如戴炎辉先生所言，我国古代各朝代实体法偏重于刑法，关于民法的部分甚少，民事纠纷大多适用民间习惯法调整。[⑤] 同样，基于商事活动不够发达，各地商事惯例和习惯在解决商事纠纷中发挥着重要作用。[⑥]《汉书·贾谊传》载，"少成若天性，习惯如自然"。近现代以来，民俗习惯发展为我国制定法的重要来源，弥补着制定法之不足。《大清民律草案》第 1 条对民俗习惯的法源地位和司法适用做出一般性规定，1929 年编纂《中华民国民法典》时，对习惯亦有规定，"民法所未规定者，依习惯；……"除了制定法规定外，民国时

---

① 吕复栋：《民俗习惯的司法适用》，博士学位论文，南京师范大学，2014 年。
② [英]A. G. 盖斯特：《英国合同法与案例》，张文镇等译，北京，中国大百科全书出版社 1998 年版，第 132 页。
③ 姜世波：《英美法中的习惯法渊源》，载《山东警察学院学报》，2011 年第 2 期。
④ 参见吕复栋：《民俗习惯的司法适用》，博士学位论文，南京师范大学，2014 年。
⑤ 戴炎辉：《中国法制史自序》，台北，三民书局 1979 年版，第 1 页。
⑥ 罗冠男：《中国传统社会基层治理的法律机制与经验》，载《政法论坛》，2021 年第 2 期。

期最高法院判例、司法院解释，均对民事习惯的法源地位和司法适用进行了肯定。[①] 如中华民国二十六年（1937年）渝上字第948号判例："习惯法仅就法律所未规定之事项有补充之效力，惟法律于其有规定之事项明定另有习惯时，不适用其规定者，此项习惯即因法律之特别规定，而有优先之效力"。[②]

二、民俗习惯司法适用的基础理论研究

民俗习惯司法适用的基础理论包括对民俗习惯内涵、特征、性质的研究，民俗习惯司法适用的哲学、法理学、社会学理论基础研究。

对民俗习惯内涵、特征、性质的研究是基础研究，这方面的论述丰富。关于民俗习惯内涵问题，学者们有整体诠释和拆分解释两种进路。以韩红俊为代表的学者对民俗习惯的内涵与特点做出了整体性诠释。其在《民俗习惯的司法运用机制研究》[③]一文中指出，民俗习惯是特定地域社会成员在长期生产生活中自发形成并知悉认同、理性接受、共同遵守、长期沿袭地用于调整和规范特定生产生活关系的行为规则和文化载体。该行为规则为特定地域社会民众内心所确信，凝结着他们普遍的价值判断准则。民俗习惯具有地域差异性、非程式性、内容生活性、效用内控性等特点。另有部分学者对民俗习惯进行拆分解释，分别阐述民俗和习惯之内涵，再合并归纳。如吕复栋、于佳虹在《民俗习惯司法适用的理论基础》[④]中先阐述了民俗的基本内涵，即生产实践中世代相传并作为人们日常行为准则的民间生

---

① 蔡墩铭：《民法汇编》，台北，五南图书出版公司1988年版，第9页。
② 前南京国民政府司法行政部：《民事习惯调查报告录》（上册），北京，中国政法大学出版社1999年版。
③ 韩红俊：《民俗习惯的司法运用机制研究》，载《前沿》，2010年第2期。
④ 吕复栋、于佳虹：《民俗习惯司法适用的理论基础》，载《中国社会科学院研究生院学报》，2014年第5期。

活风俗。而后采用《中国大百科全书》之解释来论述习惯，即在长期的生产活动中人们所合众共成、相与信奉的活动准则。最后综合而论，所谓民俗习惯即民俗和习惯的总称，包含两者全部内容，既包括公众个人、团体组织或整个社会的传统风俗礼节，也包括在有着相类似的物质生活和精神文化传统的特定区域内，被同一个群体的历代民众所共守的行为规范。还有部分学者对民俗习惯的准确内涵提出异议，如邓钦文《"异乡来客"的出走——法律多元的乡村变迁困境》①、贾焕银《"民间规范司法运用"辨析》②、方文霖博士学位论文《民事习惯司法运用研究》③中对民间法、民间规范和民俗习惯等相关概念提出疑问，认为需要作进一步解释，明确核心概念群。

此外，关于特征性质等方面，郑永流认为，习惯法是指一种存在于国家之外的社会中，自发形成并由一定权威提供外在强制力来保证实施的行为规则。④喻磊、张智凡认为，"民俗习惯的内涵和本质应包括两个要素：一是民俗习惯必须是众所周知的，固定的并且是合理的，而且不得与立法机关制定的法律相抵触。二是为人们所反复实践、普遍遵循。运用到审判活动中的民俗习惯应该具有可操作性和可实现性。一个习惯是否是人们已经反复实践过、普遍遵循的习惯，检验着这个习惯的可操作性。如果不为人们所反复实践、普遍遵循，那么将这样的民俗习惯纳入法律规范中来，势必会造成人们对这一规范的抵触。"⑤再如董淳锷、陈胜蓝认为，民间习俗或风俗是指"与某一民族、某一族群或者某一地域内的人们在长期的社会生活中形成的，与衣食住行和生产劳动有关且具有历史延续性、文化趋

---

① 邓钦文：《"异乡来客"的出走——法律多元的乡村变迁困境》，载《民间法》，2021年第24卷。

② 贾焕银：《"民间规范司法运用"辨析》，载《甘肃政法学院学报》，2015年第2期。

③ 方文霖：《民事习惯司法运用研究》，博士学位论文，中央民族大学，2012年。

④ 郑永流：《法治四章》，北京，中国政法大学出版社2002年版。

⑤ 喻磊、张智凡：《民俗习惯司法运用的机制构建》，载《社科纵横》，2009年第1期。

同性和社会认同性的民间风俗，比如传统节日的习俗、婚丧礼庆的习俗等等"，而"习惯"则是"人们在社会生活和市场交易中反复进行的，具有一定社会公认性和约束力的行为规范，比如家庭财产继承的习惯、共同财产分割的习惯、市场交易的习惯，等等。"①

与内涵性质密切相关的价值问题也是学者们关注重点之一，目前主要有四种视角。第一种视角是以王彬和厉尽国为代表的学者多从"本土资源"维度来透视民俗习惯之价值。他们主张民俗习惯乃"本土资源"之展现，其植根于中国环境来探讨法治问题，展现了中国式实用理性，民俗习惯是西方法治与本土文化间的桥梁。②王彬进一步指出，作为"本土资源"的民俗习惯只有切实进入司法，发挥定分止争功能，才能实现"本土资源"在法治中的创造性转化，充分实现其价值。③第二种视角是从社会发展和法治建设角度出发。刘作翔教授在《习惯的价值及其在中国司法中面临的问题》④中谈到，民俗习惯最早是一种调整文化，充当着调整角色，调和各类社会关系，是社会行为准则和裁判纠纷依据，为后来的成文法调整模式积累了文化因素。随着成文法的发展，民俗习惯并未消失，而是以新的形式渗透于习惯法和成文法之中。在当今经济全球化和文化多元化背景下，民俗习惯所蕴含的丰富多样性与制定法产生鲜明对比，凸显出独具之魅力与价值。山东大学陈光在《论法官认知中民间规范的影响及其规制》⑤一文中持有类似观点。第三种视角主要以吕复栋、于佳虹、韩红俊等人的研究为代表，他们主要从社会基础、社会心理和社会秩序等层面来讨论民俗习惯

---

① 董淳锷、陈胜蓝：《放宽法律的视野：民俗习惯在我国审判中运用的现状研究》，载《西部法学评论》，2008 年第 6 期。

② 厉尽国：《民间规范司法适用制度化相关问题研究》，载《山东大学学报》（哲学社会科学版），2009 年第 5 期。

③ 王彬：《民俗习惯的司法功能》，载《湖南公安高等专科学校学报》，2009 年 2 月第 1 期。

④ 刘作翔：《习惯的价值及其在中国司法中面临的问题》，载《法律适用》，2008 年第 5 期。

⑤ 陈光：《论法官认知中民间规范的影响及其规制》，载《山东大学学报》（哲学社会科学版），2010 年第 4 期。

的价值问题，为我们提供了一种新的思路。^① 第四种视角是从法律全球对话
和人权保障角度来讨论价值问题。谢晖教授在《民间规范与法律的全球对
话》^② 和《民间规范与人权保障》^③ 中呼吁，实现中国的法律全球对话必须关
注民间规范，民间规范是民众权利要求的表达形式，民间规范的探究和它
与规范法学研究的结盟，是实现人权保障和"中国式"法理创造的一条路
径。应当说以上四种视角都各具特色，都从不同纬度阐释了民俗习惯的价
值所在，为我们更好地了解和认识民俗习惯提供了宽广的视野。价值本就
是多元化的，研究价值问题应该综合各方思路，集思广益，综合而系统地
评析和理解，如此才能更为客观全面。^④

民俗习惯司法适用的理论基础以论证民俗习惯的法源地位为中心展开。
承认民俗习惯的法源地位是目前的主流观点，学者们大多予以认可，至少
认为属于非正式法源。苏力在《当代中国法律中的习惯——一个制定法的
透视》^⑤ 中指出，习惯自古是重要法源之一并受到法学家们高度重视，中国
传统法律秩序就是在国家法与民间习惯的交互影响下生成的。厉尽国在其
论文中呼吁建立一种民间规范司法适用的常规机制，该机制第一方面就是
要从制定法角度明确界定民间规范的一般法源地位。吕复栋博士同样提出，
从民俗习惯司法适用的社会效果看，将其作为法律渊源适用于司法实践具
有合理性，且符合我国历史文化传统，契合民族情感和社会心理。刘作翔
教授也主张，习惯不仅是早期法律的重要渊源之一，现代社会习惯仍在某

---

① 吕复栋、于佳虹：《民俗习惯司法适用的理论基础》，载《中国社会科学院研究生院学
报》，2014 年第 5 期。
② 谢晖：《民间规范与法律的全球对话》，载《山东大学学报》（哲学社会科学版），2011 年
第 4 期。
③ 谢晖：《民间规范与人权保障》，载《求是学刊》，2004 年第 6 期。
④ 赵英男：《法律多元主义的概念困境：涵义、成因与理论影响》，载《环球法律评论》，
2022 年第 4 期。
⑤ 苏力：《当代中国法律中的习惯——一个制定法的透视》，载《法学评论》，2001 年
第 3 期。

种特定情况下成为现代法律渊源之一，尤其表现在民法文化之中。[①] 还有如孙光宁认为，"在司法权威并未完全树立的情况下，借助于其他权威类型可以提升判决的可接受性，作为非正式法律渊源的民间法就是其中之一。民间法的权威来源于对传统的尊重，它在司法实践中的适用可以从实体、形式和方法等多个方面予以分析"[②]。范愉认为，"习惯（习俗）及其他民间社会规范作为事实的法秩序的一部分，属于法社会学研究中的'非正式的法''活的法'或'行动中的法'的范畴，这些在民间社会中自然形成并长期得到遵从的原则和规则，作为一种社会控制机制，经常被应用于纠纷解决和确认事实上的权利义务"[③]。周赟在《民间法进入司法的可能性基础》一文中从知识论、法理学、语言学、解释学四个层面对民间法进入司法的理论基础进行的论述扩展了我们对民俗习惯司法适用在理论层面认识上的视野。从知识论的角度上他认为，只通理论而不务实践的司法者一般不会是一个好的司法者，而具有丰富的法律实践经验、即便不晓法律理论却很有可能是一个好的司法者，民间法必定是支撑司法的这种实践理性的正确感、预感的来源之一；从法理学的角度上他认为，法律渊源理论的立场应当是司法的，一旦将传统法律渊源的立场转换为司法的角度，我们必定会发现法官总是要寻求立法之法以外的依据来补充法律，正式与非正式的法律渊源的区分会在法官寻求立法之法之外的依据的过程中变得模糊，而传统理论意义上的法律渊源的外延也一定会在这个过程中被拓展。[④] 王彬在论文《民俗习惯的司法功能》[⑤] 中则从立法中心主义和司法中心主义两种立场

---

① 刘作翔：《习惯的价值及其在中国司法中面临的问题》，载《法律适用》，2008 年第 5 期。

② 孙光宁：《民间法源的权威：基于判决的可接受性》，载《宁夏社会科学》，2011 年第 1 期。

③ 范愉：《民间社会规范在基层司法中的应用》，载《山东大学学报》（哲学社会科学版），2008 年第 1 期。

④ 周赟：《民间法进入司法的可能性基础》，载《山东大学学报》（哲学社会科学版），2009 年第 2 期。

⑤ 王彬：《民俗习惯的司法功能》，载《湖南公安高等专科学校学报》，2009 年第 1 期。

来探讨这一问题。他首先点明立法中心主义关于法源概念的基本理解，继而以现实主义法学对立法中心主义的批判来引出司法中心主义法源概念，即法官法源，是为法官发现法律之场所。最后，他主张在当下中国应立足司法中心主义立场来探讨和肯定民俗习惯的法源地位。虽然我国此前立法一直没有明确民俗习惯的法源地位，但在司法实践中，尤其是民事司法领域，有法依法，无法依习惯，无习惯依政策，早已成为不成文规定。如今，根据《民法典》第 10 条规定，"处理民事纠纷，应当依照法律；法律没有规定的，可以适用习惯，但是不得违背公序良俗"。该规定使得民俗习惯的法源地位获得了规范依据。[①]

当然，还有少数学者否认民俗习惯的法源地位。他们中一部分是基于对法源本身的不同理解，进而否认民俗习惯的法源地位；另一部分则是从民俗习惯本身入手，认为民俗习惯不具有规范性和普遍性，法院没有发现和确认的权利，民俗习惯无法直接进行司法适用，其功能发挥要通过诉讼法或证据法渠道进行，所以它并非一种确定有效的法律渊源。除了肯定和否定，高其才、苏力等学者还强调尽管人们承认民俗习惯的法源地位，但事实上很多时候民俗习惯是被轻视的，它们被赋予落后标签而遭到改造和同化。[②]

浙江大学朱庆育教授在《民法总论》中将法律渊源分为广义法源和狭义法源。广义法源指一切能够对法律产生影响之事实；狭义法源指对法官具有拘束力，法官裁判应当予以援引之对象。根据朱庆育教授的法源理论，我们认为针对民俗习惯的司法适用确实需要构建一套常规机制，以此来约束和规范司法中的具体适用，我们不能一概否认民俗习惯的法源地位，虽然相对于法律而言民俗习惯尚有一些制度和理论上的困难，但它对法律的

---

① 陈建华：《论习惯在民事司法适用中的现状、困境与出路——基于我国司法实践的视角》，载《民间法》，2016 年第 17 卷。

② 高其才：《当代中国民族自治地方法规中的习惯》，载《法学杂志》，2012 年第 10 期。

巨大影响和其在司法适用中的价值都证明了其法源地位的合理性。

除此之外，还有许多对民俗习惯司法适用基础理论的研究文献。谢晖在《论民间规范司法适用的前提和场域》①一文中提出司法适用的基本前提，即活动性、可接受性、可诉性、权利义务的分配性和合理性五点。烟台大学房绍坤、王洪平在适用前提方面也持类似观点。②贾焕银对司法适用中的"司法"语境和场域提出思考并主张从三种视角来观察，即法官裁判、纠纷解决和司法制度。③吕复栋、于佳虹、方文霖主要从民俗习惯司法适用的合理性、合法性和必要性三方面展开论述。④合理性方面围绕社会基础、社会心理和社会根源三个角度；合法性方面论述了主权者意志是合法性的政治基础，"私法自治"和"意思自决"是合法性的法理基础，国家法与民俗习惯的相互交融是合法性的制度基础，民俗习惯的"规范性"符合合法性的逻辑要求；必要性方面是指填补制定法调整功能不足的现实需要，是实现社会和谐的内在需求，是创新社会治理的重要手段等。陈文华、韩红俊则从社会基础与法律基础两方面开展研究，⑤认为现代法治与传统社会结构的不相适应为适用提供了社会基础；法律漏洞是司法适用的法律基础。同时又提到我国传统自古重视民俗习惯，目前部分立法也一定程度上认可了民俗习惯的法律地位。陈文华在其博士学位论文《民间规则在民事诉讼中的运用》中有着较为详细的阐释。此外还有部分学者谈到制定法与民俗习惯的疏离使得司法必须借助民俗习惯来获得民众的认同，民俗习惯在我国依旧充满生机与活力，是乡土社会的基础。⑥我们要重视其社会功能，将民俗

---

① 谢晖：《论民间规范司法适用的前提和场域》，载《法学论坛》，2011 年第 3 期。
② 王洪平、房绍坤：《民事习惯的动态法典化——民事习惯之司法导入机制研究》，载《法制与社会发展》，2007 年第 1 期。
③ 贾焕银：《漏洞补充与民间规范关联性问题研究》，博士学位论文，山东大学，2008 年。
④ 方文霖：《民事习惯司法运用研究》，博士学位论文，中央民族大学，2012 年。
⑤ 陈文华：《民间规则在民事诉讼中的运用》，博士学位论文，山东大学，2011 年。
⑥ 宛恋：《习惯法源的司法适用》，硕士学位论文，中南财经政法大学，2019 年。

习惯引入司法活动有助于维护和谐和提高公信力，有助于监督管制法官自由裁量权，"调解为主，调判结合"的司法政策也为司法适用开辟了广阔的空间。① 如杜宇发表于《现代法学》的《作为间接法源的习惯法——刑法视域下习惯法立法机能之开辟》，彭中礼的博士学位论文《法律渊源论》，等等。

三、民俗习惯在司法中的现状和问题

现状和问题是我们探究司法适用路径和方法的理论来源和现实依据，近年来颇受学界关注。各方从不同视角出发，发现了不同层面的状况和问题。总结归纳起来，可以分为三个层面，即宏观层面、中观层面和微观层面。首先，宏观层面主要着眼于司法适用的思想观念、社会环境、适应标准等较为宏观的领域。例如上海师范大学刘作翔教授在《习惯的价值及其在中国司法中面临的问题》② 中提出，目前存在的明显问题主要表现为如下几个方面：（1）思想观念层面，将民俗习惯引入司法判决虽还有顾虑和障碍，但大多数人还是能够接受这样的变化和尝试。（2）如何将司法适用普适化，确定其在司法大领域中的地位和作用。（3）如何判断良善、标准如何确定以及根据什么来确定。（4）民俗习惯在司法判决和司法调解中的功能和作用可能是不一样的。（5）"熟人社会"理论的变化，如何构建"新熟人社会"解释理论。其次，中观层面主要从法院工作角度来观察民俗习惯司法适用状况。③ 韩红俊在《民俗习惯的司法运用机制研究》④ 一文中从实证

---

① 参见刘叶思：《和谐司法视野下民俗习惯在民事审判中的运用》，载《宁波大学学报》（人文科学版），2011 年第 4 期。

② 刘作翔：《习惯的价值及其在中国司法中面临的问题》，载《法律适用》，2008 年第 5 期。

③ 柴荣、李浩：《民初土地产权行政审判中民俗习惯的认定与适用——以"营产处没收私产一案"判词为引子》，载《法律适用》，2020 年第 6 期。

④ 韩红俊：《民俗习惯的司法运用机制研究》，载《前沿》，2010 年第 2 期。

角度考察了适用情况。（1）民事案件中运用多，刑事及行政案件中运用少。（2）审判中被转化运用多，直接引用少。（3）调解中运用多，判决中运用少。（4）传统民事纠纷中运用多，商事纠纷中运用少。（5）年长法官运用多，年轻法官运用少。（6）农村基层法院运用多，城区法院运用少。苏力①、彭中礼在论著中也都提到了类似内容。②最后，微观层面则聚焦于司法适用的路径模式角度来分析司法中存在的问题。范愉指出，习惯目前适用模式主要表现为调解中当事人选择，审判中以经验法则、自由裁量和个案平衡方式出现。③厉尽国在《民间规范司法适用制度化相关问题研究》④一文中详细介绍了司法适用在实践中存在的三种情形。第一种情形是民间规范在个案中的隐蔽适用；第二种情形是民间规范在个案中的公开适用；第三种情形是民间规范作为辅助法源的一般适用。陈光则从法官认知角度探讨了民俗习惯规制问题，民俗习惯对法官认知影响显著，必须管控其在司法审判中的作用，抑制对法官认知的负面影响。⑤

四、国家法与民间法的关系研究

对于国家法与民间法的研究视角主要区分为四类。第一类是国家法与民间法关系的理论概论研究，代表性文献有刘旺哄在《江海学刊》上发表

---

① 苏力：《当代中国法律中的习惯——一个制定法的透视》，载《法学评论》，2001 年第 3 期。
② 彭中礼：《当前民间法司法适用的整体样态及其发展趋势评估》，载《山东大学学报》（哲学社会科学版），2010 年第 4 期。
③ 范愉：《民间社会规范在基层司法中的应用》，载《山东大学学报》（哲学社会科学版），2008 年第 1 期。
④ 厉尽国：《民间规范司法适用制度化相关问题研究》，载《山东大学学报》（哲学社会科学版），2009 年第 5 期。
⑤ 陈光：《论法官认知中民间规范的影响及其规制》，载《山东大学学报》（哲学社会科学版），2010 年第 4 期。

的《论民间法及其与国家法的关系》，山东大学张晓萍的博士学位论文《论民间法的司法运用》等。第二类是具体社会中的国家法与民间法的关系研究，代表性文献如刘国利在《河北大学学报》上发表的《人本主义法学视野下的国际法与民间法》，王亚明在《四川行政学院学报》上发表的《法制现代化进程中的反思——民间法与国家法的作用辨析》等。第三类是国家法与民间法的融合方式的研究，代表文献有陈敬刚在《河北法学》发表的《国家法与民间法二元建构及其互动之思考》，辽宁师范大学姜琳琳的硕士学位论文《法治进程中民间法与国际法的融合》，华中科技大学郑君的硕士学位论文《国际法与民间法互动之反思及建议》等。第四类是从具体问题中折射出的国家法与民间法的关系研究，代表文献有李保平在《宁夏社会科学》上发表的《从习惯、习俗到习惯法——兼论习惯法与民间法、国际法的关系》，刘燕舞在《云南大学学报》上发表的《国家法、民间法与农民自杀——基于一个地域个案农民自杀现象的分析》等。

就国家法与民间法关系的研究内容上看，热点之一为国家法与民间法的概念的静态比较。例如陈敬刚认为，在社会大系统之中存在着各种规范模式，它们都是一种"法"或者准法，以满足不同社会单元的需要，而国家法只是法的多种表现形式之一；[1] 田成有认为，自改革开放、人民公社解体、家庭联产承包责任推行以后，中国社会全面走向多元化社会，个人和社会都脱离了国家……在社会自治的探索中形成了多套规范，它们与国家法构成了冲突，[2] 真正植根于人民的并非国家法，而是法外的现实秩序，它才能切实影响和规范整个社会秩序。[3] 国家法倾向于在人为的建构中产生而民间法是社会内在的动因促发形成的，各自发挥着调整社会关系及分配社会利益的作

---

① 陈敬刚：《国家法与民间法二元建构及其互动之思考》，载《河北法学》，2000 年第 4 期。
② 田成有：《国家与社会：国家法与民间法的分化与调适》，载《江海学刊》，2004 年第 2 期。
③ 田成有：《习惯法是法吗？》，载《云南法学》，2000 年第 13 卷第 3 期。

用。田成有的这种观点植根于对现代国家与社会分离又相互涉足的张弛关系以及现代法与国家关系的更新认识之中。在国家法与民间法概念的静态比较上，结合我国法治进程实际进行研究更贴近我国法治建设的需要，也为研究者所青睐。例如西北师范大学蒙爱红的硕士学位论文《转型中国民间法与国家法关系的互补研究》，秦强在《湖南公安高等专科学校学报》上发表的《中国基层农村社会中的法制结构分析——从中国农村的乡土性看民间法的法治意义》，王勇在《西北师大学报》上发表的《国家法和民间法的现实互动与历史变迁——中国西部司法个案的透视》。

国家法与民间法的融合与对话的动态关系是国家法与民间法关系研究内容的另一热点。戴小明认为，民间法在弥补国家法机制上有着重要的作用，为了促进国家法和民间法的整合，我们应尽可能摒弃法律万能主义的思维，实现对法律的变通。① 王凡认为解决两者冲突不能简单地以国家法取代民间法，民间法已经经过了时间的沉淀与累积从而发展得非常完善，能适应中国社会的需求和国情的需要，也可以帮助提高判决结果的可接受性。② 田成有认为，实现两者的互动与整合，主要还是要依靠国家和政府的力量与调控。③ 高其才认为，并非民间法要一味迎合国家法的步调，而是在坚持国家法制统一的前提下，为习惯法保留必要的生存空间，使其能发挥调动群众积极性、迎合社会发展内在规律、促进社会建设和社会和谐的积极作用。④

在国家法与民间法关系的研究中，除了本部分介绍的一些研究成果以外，还有很多具有代表性的论文和著作。例如丰怡凯的《基层司法治理实

---

① 戴小明、谭万霞：《论民族习惯法与国家冲突与整合》，载《广西民族大学学报》，第 28 卷第 6 期。

② 王凡：《习惯、习惯法、民间法、国家法的区别与联系、冲突与融合》，载《成都教育学院学报》，第 19 卷第 5 期。

③ 田成有：《国家与社会：国家法与民间法的分化与调适》，载《江海学刊》，2004 年第 2 期。

④ 高其才：《试论农村习惯法与国家制定法的关系》，载《现代法学》，2008 年第 3 期。

践图景：司法下乡、能动司法与线上司法》（载《中财法律评论》）①，王学辉的《双向建构：国家法与民间法的对话与思考》（载《现代法学》），姜明安的《软法的兴起与软法之治》（载《中国法学》），田成有的《乡土社会中的国家法与民间法》（载《云南大学人文社会科学学报》），谭岳奇的《民间法：法律的一种民间记忆》（载《华东政法学院学报》）等。

五、民俗习惯司法适用的程序机制研究

该主题代表性文献有张殿军、于语和在《重庆大学学报》发表的《民俗习惯的司法适用：路径及其走向》，厉尽国的《民间规范司法适用制度化相关问题研究》，王彬的《民俗习惯的司法功能》，山东大学王林敏的博士学位论文《民间习惯的司法识别》，韩红俊在《前沿》上发表的《民俗习惯的司法运用机制研究》，徐清宇、周永军在《中国法学》上发表的《民俗习惯在司法中的运行条件及障碍消除》，喻磊、张智凡在《社科纵横》上发表的《民俗习惯司法运用的机制构建》，等等。

张殿军、于语和认为民俗习惯的司法适用存在着无法逾越的制度瓶颈，要真正发挥民俗习惯在司法中的价值，需要理论上的突破和制度上的创新；民俗习惯的司法适用应发挥司法能动性，充分运用法律方法，重视案例指导制度对民俗习惯司法适用的参考作用，还应大力发展调解；目前主流的政策趋向是大力发展调解制度；民俗习惯在诉讼调解领域运用空间广泛；诉讼调解使得人们具有越来越多的可能与机遇，更为积极地参加纠纷解决，通过情、理、法的广泛平衡来各取所需。② 具体而论，提出司法实践中适用

---

① 丰怡凯：《基层司法治理实践图景：司法下乡、能动司法与线上司法》，载《中财法律评论》，2022 年第 14 卷。

② 张殿军、于语和：《民俗习惯的司法适用：路径及其走向》，载《重庆大学学报》（社会科学版），2012 年第 2 期。

民俗习惯要立足案件特点，参酌个案中国家法与民俗习惯的关系来具体分析。大体可分为五种关系：（1）如果两者方向一致，国家法规定比较原则，民俗习惯比较具体，则要将国家法视为原则，灵活运用民俗习惯，协调交汇。（2）国家法无规定，民俗习惯有规定，则可将良善民俗引入裁判，作为适用参考或理由。（3）如果两者规定相反、互相冲突，则要在维护国家法权威的同时，按照具体情形，秉承衡平理念予以合理变通处置。（4）当两者法权表达不一致时，则应找出习惯反映之法权于法律中的适当表达，然后应用于案件之中，通过法律形成裁判。（5）如果国家法缺位或难以公正适用而必须适用民俗习惯，则法官须忠于并超越法律，发挥司法能动性和自由裁量权，源于案件、超越案件。①

厉尽国在《民间规范司法适用制度化相关问题研究》②中对适用路径与方法作出了较为系统的阐释。他主张构建一种民间规范司法适用的常规机制，该机制包括民间规范的事实确认、价值判断与规范选择等方面，另外还需辅以司法论证来补充完善。这种制度应对司法适用的法律依据、确认标准、证据要求、确认程序及司法论证等问题做出规定。他首先归纳出大陆法系司法适用大体模式：主张援引习惯法的当事人举证说明习惯存在后，法官先将其定为事实性习惯；经依法审理后，如确需适用则采纳为习惯法并以其作为判决依据，如因法定理由不予采纳则拒绝认定其为习惯法。然后又列出英美法系司法适用的特征。继而概括出五项民间规范可适用性标准：（1）内容确定；（2）法律确信；（3）持续践行；（4）不违反制定法；（5）不违背公序良俗。最后，基于我国实际并参酌日本和台湾地区经验，指出可由主张援引习惯法源的当事人承担举证责任来证明习惯法之存在，

---

① 张殿军、于语和：《民俗习惯的司法适用：路径及其走向》，载《重庆大学学报》（社会科学版），2012 年第 2 期。
② 厉尽国：《民间规范司法适用制度化相关问题研究》，载《山东大学学报》（哲学社会科学版），2009 年第 5 期。

或者由责任法官依职权查明习惯法的存在。与此相应，对方当事人可以相反证据抗辩，证明该习惯不具备认定习惯法之条件；或证明习惯法与其他法律规范、法律原则等存有冲突而不发生效力。此外，为保证价值判断与选择的合法性，厉尽国认为还须对司法适用进行论证，即法官应对民间规范适用与否的理由做充分释明，除非法律规定不得公开。

王彬在《民俗习惯的司法功能》[①]中持有与厉尽国较为相似的观点。他认为只有提供一套切实可行的习惯法认定标准，习惯法司法化才有可能。如果民俗习惯获得立法或司法认可，法官在司法审判中可直接援引进行法律推论。如果就其法律属性存有争议，其不合理性应由当事人出示证据展开证明活动。立足法官视角分析民俗习惯的基本性质，在法律有漏洞时，通过习惯可以弥补法律漏洞，是为法官造法之表现，但法官造法须有经验依据，要受前案法官或上级司法判决约束。出于当事人立场，通过证明责任来解决民俗习惯法律属性的争议，此时法官应通过习惯进行利益衡量，在法意有冲突的情况下，习惯可以平衡当事人间的利益冲突。

以上述于语和、张殿军、厉尽国等为代表的观点是当前适用路径与方法的主流论调，研究内容也比较系统翔实，另外还有一些学者对部分环节提出了自己的想法和意见。如苏力在论著中指出，当前很多民俗习惯会通过诸如"中国特色"或"具体问题具体分析"方式来介入司法活动，表面看是对民俗习惯的尊重，事实上却在排斥规范适用。[②]贾焕银在《民间规范司法运用程序研究》中对司法适用程序的范围、功能和建构原则等问题做出了详细阐述。[③]范愉、韩红俊认为，要明确各级法院职能分工，将民俗习

① 王彬：《民俗习惯的司法功能》，载《湖南公安高等专科学校学报》，2009 年第 1 期。
② 苏力：《当代中国法律中的习惯——一个制定法的透视》，载《法学评论》，2001 年第 3 期。
③ 贾焕银：《民间规范司法运用程序研究》，载《西南民族大学学报》（人文社会科学版），2015 年第 3 期。

惯司法适用限制在基层人民法院，这样有利于平息纠纷和保证法律适用的统一性。再有，鉴于司法判决的特点，涉及民俗习惯司法适用的情形最好适用司法调解程序。[①] 喻磊、张智凡认为，民俗习惯司法适用的程序属于民俗习惯司法适用的促进性制度；在这项制度中，首先要确立民事审判运用民俗习惯的原则，因为允许法官在审判案件时考虑适用民俗习惯，必将导致法官自由裁量权过大，如果没有基本原则的约束，法官自由裁量权不受监督，也有可能导致案件审理脱离法律监督，也不利于法制的统一；其次要确立运用民俗习惯审理的案件范围，民俗习惯的适用与否要结合当前民事审判工作实际，对涉及农村、农民、农业的案件及相邻关系、民间借贷纠纷、人身损害赔偿等案件运用民俗习惯来处理比较适当；最后，要注意在涉及当事人范围及诉讼主体、事实认定及事实推定、裁判说理及依据援引、判决义务的承担方式、诉讼活动的程序性安排等各个环节中充分运用善良风俗。[②] 孙霞认为，民俗习惯在司法审判中只起到补充的作用，而且在使用上并没有可以遵守的程序，法官在使用中也是按照自己的喜好，并没有明确规范民俗习惯在司法审判中的运用。这样最终会影响到司法的裁判，甚至会影响到民众对司法公正的认识。因此，要从民俗习惯的收集、整理运用的各个阶段进行明确规范，形成一整套的关于民俗习惯的运用体系。

通过上述内容可以看出，民俗习惯的司法适用在路径与方法上已有相当的研究成果，涉及适用的各个方面，但真正具体而有效的内容仍不充分，很多内容过于抽象宏观，缺乏具体适用方法的阐明，已有具体方法中有些尚不是十分完备，诸多领域依然有待于进一步研究和探索。

---

① 范愉：《民间社会规范在基层司法中的应用》，载《山东大学学报》（哲学社会科学版），2008 年第 1 期。

② 喻磊、张智凡：《民俗习惯司法运用的机制构建》，载《社科纵横》，2009 年第 1 期。

六、我国少数民族民俗习惯的司法适用研究

根据"CNKI 学术趋势"提供的数据显示，少数民族民俗习惯研究呈现出逐年上升的趋势。代表文献有周星的《习惯法与少数民族社会》，吴大华、徐晓光的《苗族习惯法的传承与社会功能》，[①] 吴大华的《论民族习惯法的渊源、价值与传承——以苗族、侗族习惯法为例》，[②] 高其才的《瑶族刑事处罚习惯法初探》，[③] 石伶亚的《论国家制定法与民族习惯法的冲突与融合》等。

例如在苗族民俗习惯中，榔规、禁忌等是其主要表达形式。周相卿主张，议榔是苗族传统社会中的一种社会组织，其没有常设的办事机构，有事时临时召集。议榔最基本、最主要的职能就是制定适用于当地的规范。通过议榔议定并固定下来的规范就成为"榔规"，它是苗族传统民俗习惯的重要表现形式。禁忌于群体有价值时，若违反会受到内心和外部力量的强大压力，这种禁忌就属于民俗习惯范畴。以禁忌表现出来的苗族民俗习惯具有言行与结果之间被认为有一种神秘关系和社会实践活动中自主运作的基本属性。[④] 此外，如徐晓光的《歌唱与纠纷的解决——黔东南苗族口承习惯法中的诉讼与裁定》等[⑤] 都是研究苗族民俗习惯的代表文献。

除苗族民俗习惯之外，不乏藏族、彝族、回族、羌族等诸多民族的民

---

① 再如龙春松的《调适民族习惯法，为民族地区经济建设服务》，朱玉苗的《试论少数民族习惯法的效力》，徐晓光的《从苗族"罚 3 个 100"等看习惯法在村寨社会的功能》。

② 再如冉瑞燕的《论少数民族习惯法对民族地区新农村建设的影响》，周世中、刘琳的《瑶族新石牌与大瑶山社会主义和谐社会的建立——黔贵瑶族侗族习惯法习惯调研之一》。

③ 再如高其才的《现代化进程中的民族习惯法——以广西金秀郎庞瑶族"做社"为例》，李洪欣、陈新建的《少数民族习惯法对国家法制现代化建设的作用》，冉瑞燕的《少数民族习惯法与构建和谐社会》，谢晖的《民间法、民族习惯法研究专栏》。

④ 周相卿：《黔东南雷山县三村苗族习惯法研究》，载《民族研究》，2005 年第 3 期。

⑤ 又如李廷贵的《再论苗族习惯法的历史地位及其作用》，载《贵州民族学院学报》（哲学社会科学版），1998 年第 3 期；田应梅的《浅析苗族习惯法》，载《贵州民族研究》，2004 年第 3 期；周相卿的《格头村苗族原始宗教信仰与习惯法关系研究》，载《西南政法大学学报》，2005 年第 1 期。

俗习惯研究。[①] 陈纬在《青海藏族游牧部落社会习惯法的调查》报告中对青藏地区牧场权益、婚丧嫁娶、僧众权利义务、征税、信奉族长威信、伤害致死惩处、窃盗寻衅以及部族战争和军队建设等诸多领域之民俗习惯进行了详尽完备的阐释。[②] 张晓蓓对彝族婚丧嫁娶民间法的层级规则、血缘纽带及宗法族规等规范展开研讨。[③] 在探讨瑶族民俗习惯的过程中，重点问题是石牌规范和本土习惯法在当地风土习俗中的弘扬。通过深入的了解，张冠梓主张瑶族的石牌制度应当被看作一类接近成文习惯法的制度，它是对社会实践和国家管理秩序的诸多项目展开研讨、管控、决策后，再转换编辑为中文内容。[④] 廖君湘认为对侗族民俗习惯的认识有广义和狭义的区分，广义的理解是指一切约定俗成的旨在规范个体行为、维护社会稳定的规范总和；狭义的理解是指社会内部成员共同认可、约定，由权威机构或组织进行监督、执行的条规条款。[⑤]

上述研究大体是以不同的民族为依据展开，此外，根据地域的不同来分析探讨民俗习惯问题也是一个不错的视角。陈金全认为，我国西南少数民族民俗习惯涉及范围广阔，有效规制到社会生活的各个维度和层面，划分依据与现代法制体系也趋于接近。[⑥] 参普拉敖力布就我国蒙藏、哈萨克、鄂温克、裕固等草原民族家族资产配置和民俗习惯展开了调研，揭示了习惯法在草原游牧民族资产配置及传承中的巨大影响。[⑦]

---

① 王述炜：《论民族习俗在民事审判中的适用——以佤族地区一则个案为例》，载《海峡法学》，2016 年第 4 期。

② 陈纬：《青海藏族游牧部落社会习惯法的调查》，载《中国藏学》，1992 年第 3 期。

③ 张晓蓓：《彝族婚姻家庭习惯法特征》，载《贵州民族学院学报》（哲学社会科学版），2006 年第 3 期。

④ 张冠梓：《试论瑶族的石牌制度与习惯法》，载《思想战线》，1999 年第 1 期。

⑤ 廖君湘：《侗族"款约"习惯法浅论》，载《船山学刊》，2006 年第 4 期。

⑥ 陈金全：《西南少数民族习惯法论述（上）》，载《贵州民族学院学报》（哲学社会科学版），2004 年第 1 期。

⑦ 参普拉敖力布：《我国游牧社会家庭财产的分配继承习惯法初探》，载《西南民族学院学报》（哲学社会科学版），2002 年第 7 期。

七、其他有关民俗习惯司法适用的研究

除了以上研究之外，部分学者还将视线转移到另外一面，呼吁在探究和适用民俗习惯的同时，不能无所限制、过分泛化，要合理而恰当地适用，处理好它与法律、政策等各方面的关系，唯有如此才能切实有效地发挥出民俗习惯应有的价值与功用。综合多方意见观点，归纳总结为如下几方面。（1）用尽法律规则与原则。将善良习惯引入司法，必须用尽法律规则与原则之救济，唯有国家法缺位或无法公正合理适用时，方能寻求民俗习惯适用。谢晖、范愉、王彬等均持有此观点。[①]（2）充分证成、统一尺度。民俗习惯作为裁判标准，须充分证成其现实性、正当性与合理性；民俗习惯在特定区域内适用应统一尺度、同案同判，防止恣意司法和机械僵化两种极端。（3）调动司法能动性和法律方法。[②]民俗习惯适用要求法官忠于并超越法律，发挥司法能动性和自由裁量权，正如贾焕银所言，"民间法与国家法毕竟是两种不同性质的法，民间法纳入和影响国家正式法律制度也不是当然的、任意的和自然而然的，而是必须经由特定的途径、通过一定的程序和运用特定的方法才能实现"。[③]同时广泛开启法律思维，统合法律推理、法律发现、漏洞补充、法律解释、法律续造、价值衡量等法律方法。（4）构建多元协调的规范运行体系。承认民俗习惯的价值并不在于把它简单纳入国家法，而是应保持它朴素的"活法"状态，防范对其肆意立法化，积极推动以民俗习惯为基础，以国家法为重点的综合模式系统协同发展。同时，民俗习惯还极大地填补了国家法之缺失，缓和了法律与社会矛盾，推进双方交汇融合、互助互

---

① 谢晖：《民间规范与习惯权利》，载《现代法学》，2005 年第 2 期。

② 魏治勋：《事实的规范力量——论事实性民间规范及其法律方法意义》，载《山东大学学报》（哲学社会科学版），2009 年第 3 期。

③ 贾焕银：《漏洞补充与民间规范关联性问题研究》，博士学位论文，山东大学，2008 年。

动。例如范愉教授在《民间社会规范在基层司法中的应用》[①]中谈到,民间规范本质是自治的,如果脱离了自治、自愿和协商,而依附于国家法,就会丧失生命力与灵活性。张晓萍博士在学位论文《论民间法的司法运用》[②]中提倡构建多元化纠纷解决机制,创建民间法与现代司法相互兼容的制度空间。罗冠男在《中国传统社会基层治理的法律机制与经验》中亦有相关论述。[③]

民俗习惯司法适用的史学研究也是民俗习惯司法适用的重要研究内容。相关文献有张洪涛的《从"以礼入法"看中国古代习惯法的制度命运》,韩伟的《习惯法视野下中国古代"亲邻之法"的源起》,[④]梁治平的《中国历史上的习惯法》,萧光辉的《法律史研究视野中的习惯法问题》,朱艳英的《法律社会学视野中的清代习惯法研究——以清代国家法与社会关系的研究为中心》,眭鸿明的《清末民初民俗习惯的社会角色及法律地位》,邱澎生的《法学专家、苏州商人团体与清代中国的"习惯法"问题》,山东大学李学兰的博士学位论文《明清以来江南地区商人团体习惯法的演化》,等等。这些文献从各自侧重点梳理了民俗习惯作为一种特别历史储存在中国历史上对人们思想和行动、社会发展和路径选择的影响,加深了我们对本土资源、传统法律文化氛围的理解。

在法律部门健全的当代中国,部门法视野下的民俗习惯司法适用亦是研究的重点。例如缪文升的《论家事纠纷裁判中民俗习惯的司法权能》,张弘的《论民间习惯法在行政裁决中的地位与适用》,滕威的《民事审判视野下的民俗习惯及其运用》,[⑤]厉尽国的《论民俗习惯之民商法法源地位》,

---

① 范愉:《民间社会规范在基层司法中的应用》,载《山东大学学报》(哲学社会科学版),2008 年第 1 期。
② 张晓萍:《论民间法的司法运用》,博士学位论文,山东大学,2010 年。
③ 罗冠男:《中国传统社会基层治理的法律机制与经验》,载《政法论坛》,2021 年第 2 期。
④ 例如徐忠明:《从清代习惯法看社会与国家的互动关系——读梁治平〈清代习惯法:社会与国家〉》,载《南京大学法律评论》,1997 年第 1 期。
⑤ 黄学武、葛文:《民俗习惯在民事诉讼中类型化研究》,载《山东大学学报》(哲学社会科学版),2008 年第 5 期。杜宇:《作为间接法源的习惯法——刑法视域下习惯法立法机能之开辟》,载《现代法学》,2004 年第 6 期。

苏州大学许霞的硕士学位论文《民俗习惯与民事诉讼之事实认定》，杜宇的《当代刑法实践中的习惯法——一种真实而有力的存在》，徐光华的《刑法文化解释视域下的习惯法》，关保英的《论行政习惯法》，杜宇的《作为超法规违法阻却事由的习惯法——刑法视域下习惯法违法性判断机能之开辟》，等等。

在众多研究中，不乏民俗习惯司法适用对我国当前法治环境要求的研究，例如徐清宇、周永军认为，民俗习惯作为民间社会行为规范，将其引入司法裁判中予以运用，可以弥补法律规则的不足。但民俗习惯作为一类司法规范，其运用自当具有合适恰当的内外部条件。民俗习惯的司法运用问题于实务和学理上而言尚缺少某些基本条件，想要使得民族习惯之功用真正切实展现则必须排除这些阻力和困境。① 就民俗习惯司法适用在我国操作的可能性和必要性研究而言，不少学者从我国法制建设状况和实际出发进行论述，也有学者从我国少数民族和部分地区的司法实践出发，对我国民俗习惯司法适用的现状和未来趋势进行研究和预测。② 如王彬、李光波等认为当前我国习惯法司法化的困境体现为习惯法作为法源的效力依据问题和司法立场下习惯法的性质定位问题，欲走出习惯法的司法化困境，我们需要摆脱非此即彼的二元思维，通过类型学的法律思维类推适用习惯法，在制定法的体系内对习惯法进行价值评价，从而挖掘了习惯法的规范属性，通过法律方法使习惯法走进司法判决，适应我国从乡土社会向市民社会的转型背景，缓解规范合法性和经验合法性的内在张力问题。③

① 徐清宇、周永军：《民俗习惯在司法中的运行条件及障碍消除》，载《中国法学》，2008年第2期。
② 周松：《区域民事司法中民俗习惯的适用研究》，硕士学位论文，南京师范大学，2019年。
③ 王彬、李光波：《习惯法司法化的困境与出路》，载《湖南公安高等专科学校学报》，2007年第4期。

第二章
民俗习惯司法适用的理论基础

因过去《民法通则》并未确立民俗习惯的一般法源地位，因此，民俗习惯在司法中的适用因欠缺合法性而遭到质疑，民俗习惯要在司法中适用，不得不寻找其理论上的支撑。发端于西方的法律多元理论无疑可以为民俗习惯在我国司法过程中的适用提供理论借鉴。法律多元理论最初来源于人类学研究者，人类学研究者在探究原始社会时认识到，早期人类社会虽然还缺乏官方制定法，但是社会秩序依然有序进行。后来在探究殖民地状况时意识到，殖民主义者单纯企图在殖民地贯彻全新的法律制度，却未能真正奏效。殖民地人民并没有按照殖民主义者制定的法律制度行事，而是依然遵循当地的民俗习惯，其原有民俗习惯依法发挥着维护社会秩序有序进行的功用，从而致使殖民地中出现了交融混杂的规范格局，学者们由此开始注重官方成文法以外存在的秩序规则体系。当法律多元论学者转向对社会发展、行为模式、价值观念等方面都呈现出多元化特征的现代西方社会进行研究时，也同样发现在西方社会也普遍存在法律多元，使得法律多元的内容更加丰富了。观察当下城乡二元分化结构的中国现实社会，我们不得不承认，我国法律具有多元的特征，特别是在乡土社会，不仅存在国家制定法秩序，还存在实际上发挥作用的自发形成的乡土秩序。① 因此，对中国的法治状况，特别是中国农村社会的法治状况进行多元的考察是必要的，中国现实社会的法律多元为民俗习惯在我国司法中的适用提供了理论上的支撑。

---

① 正如日本学者千叶正士指出的："在中国，广阔的地域内存在着多种多样的法主体，实际上远远超出了通常仅意味着中央政权的法的中国法的实体……将这一整体作为一个法看待，毫无疑问是多元的。"[日] 千叶正士：《法律多元：从日本法律文化迈向一般理论》，强世功等译，北京，中国政法大学出版社 1997 年版，第 250 页。

第一节　法律多元概述

一、法律多元的理论渊源

法律多元主义在法律领域的表现是法律规范的"多样化"——法律规范具有多种层次与面向，即不限于一个单一的、等级制的法律结构体系。法律多元主义的诞生冲击了传统法律中心主义（立法中心主义）的地位，并对中西方法律的发展产生了十分重要的影响。[①]法律多元理论是一个开放的、不断发展的理论，随着法学理论研究的深入而不断地将法律分析引向深入的一种理论。其中，历史主义法学派、社会法学派和现实主义法学派的成果为法律多元理论的推进奠定了坚实的学理基础，不竭地为法律多元理论注入新的生机和活力。

萨维尼和梅因，二人是历史主义法学派的主要代表人物，他们针对法律渊源问题展开了深入细致的探究，为法律多元理论的建立确立了前提基础。萨维尼认为，法律不是由立法者随心所欲地创制，而来自社会的习俗和人民的信仰，与社会存在密不可分的关系，是存在于民族意识之中的，应置于社会发展之中，受一国社会历史条件的制约，立法者所要做的就是发现孕育在民族精神中的法律。由此，在一定程度上对国家创制法的观点进行了否认，冲击了国家中心主义这一法律一元理论。梅因主要承袭萨维尼的思想，继而阐发为，法律演进的阶段性特点主要表现为主权者的命令，而并非法律的本质，并对边沁和奥斯丁的法律命令说进行了批评，指出了边沁和奥斯丁将法律视为若干要素的混合物的不恰当性。因当时历史主义

[①]　邓钦文：《"异乡来客"的出走——法律多元的乡村变迁困境》，载《民间法》，2021年第24卷。

法学派对法律发端之探讨产生了巨大影响，致使民俗、契约等非官方成文法逐渐得到人们的关注，正基于此，埃利希受萨维尼的启示进而尝试探究他所未能解决的难题，从而真正系统地阐释出"活法"理论。[①]

固然埃利希没有明确使用法律多元这一概念，但是他有名的活法理论，即"当前以及任何其他时候，法治建设的重点始终是社会自身，而不是立法、法律科学及司法判决"，始终被奉为法律多样化理论之源头活水。埃利希指出，和所谓的"活法"真正相对应的是官方颁行贯彻的法律规范，而这些仅仅为法律世界的绝小部分，这种法律早于国家而产生，而且从古至今，最根本的法律形式唯有"活法"。[②] 此外，埃利希更进一步提出，"活法"是指以习惯法为核心、影响着整个国计民生的"组织机构的自生秩序"，并不是民族品质、法律规范、审判规则等。[③] 由此可见，其所谓的社会中的法律，不仅仅是那些通常意义上的成文立法，还有像民俗习惯一般在社会生产生活中广泛发挥功用的其他各类规范形式等，这些形式显然淡化了法的国家色彩。

庞德和卡多佐，作为现实主义学派的学者，指出了"书本中之法（Law in Books）"和"行动中之法（Law in Action）"这样一组概念，并认为法治建设的核心意旨在于促进公众福祉。而为达成此一宗旨即需要综合运用各类恰当之方式来考量各方各界的权益，最终达成社会状态的协调平衡。社会学法学认为，想要获得此类协调平衡需要统筹官方成文法资源和习惯行规等诸多其他类型规范与制度资源。可知现实主义法学往往将法的出发点和归宿点聚焦于法律目的的达成，指出了要达成法律意旨要求多

---

① 冯岚：《"活法"理论研究——埃利希法律社会学思想评述》，载郑永流主编：《法哲学与法社会学论丛》（六），北京，中国政法大学出版社 2003 年第 1 版，第 225～275 页。
② 张文显：《二十世纪西方法哲学思潮研究》，北京，法律出版社 1996 年版，第 132 页。
③ 冯岚：《"活法"理论研究——埃利希法律社会学思想评述》，载郑永流主编：《法哲学与法社会学论丛》（六），北京，中国政法大学出版社 2003 年第 1 版，第 225～275 页。

样化的秩序规则，以便于"行动中之法"的视野能够持续从国家成文法拓展到成文法以外的各类秩序规范中。正如法律现实主义的主要代表卢埃林和弗兰克所言，通过"把法律的规范性因素或规定性成分降到最低的限度"①，进而完全化解了"文本中之法"的概念，另填补以"行动中之法"的称谓。②

由于受到后现代主义的影响，吉尔茨认为，"法律乃一类地域性知识……是一种用特殊意义的方式给予某些地方的固定事宜"③。他指出文化具有相对性，任何知识都受到当地社会、人文环境以及历史的制约，其合理性只能在特定的空间和时间中得到体现，文化彼此间的异同不可以强力推动来替代。西方法律文化的根本亦为某种地域性知识，是故并非拥有完全的普遍意义；东方法律文化萌芽于息息相关的本土文化土壤之中，自然有其存续发展的理由和依据。由此，"地方性知识"这一理论的提出，使得在解决冲突时不能一味地强行推进法律全球化，而要更加关注各个地区的法律特性。④

二、法律多元界定

丹麦学者斯蒂根·乔根森认为，"法不仅是一种制度安排，一种法院或官方意见的表达，一种通常的法律观念或一种特别的裁判观点而为公民所切实贯彻的行动指南或硬性要求，一种颇具法治正义感的内容、司法惯例

---

① ［美］E. 博登海默：《法理学：法哲学与法律方法》，邓正来译，北京，中国政法大学出版社 2004 年版，第 163 页。
② 刘星：《法律是什么——二十世纪英美法理学批判阅读》，北京，中国政法大学出版社1998 年版，第 79 页。
③ ［美］克利福德·吉尔茨：《地方性知识》，载梁治平主编：《法律的文化解释》，上海，上海三联书店 1994 年版，第 146 页。
④ 李海彦：《法律多元及其中国意义》，硕士学位论文，山东大学，2012 年。

或文化路径，并且属于所有此一切。"① 其指出了法因为与社会的紧密联系，故本身具有多元性。由于社会是个人及各类团体组织集合而成的复杂体系，因此出现了复杂多元的规则协调要求，进而产生了丰富多彩的法律。胡克从法律在实践中发挥作用的视角，对侵略扩张时期的法制简况开展了分析，主张法律多元是指"在同一种情况下有两个以上的法律彼此影响的状况"②。他认为，殖民地本来的宗教法和习惯法依然得到人们的遵守，承袭的西式法律没有完全替代本土的习惯法，人们始终遵循原本的惯例行事，以至移植来的西方法律并没有得到有效的推行。格里菲斯则从法社会学的角度来认识法律多元。他提出，首先法律源自市民生活的诸多维度和领域，并且拥有一种自生自发生长的特质，如此即否定了法律与国家的内生关系，弱化了法律受国家管控的处境，法律亦不再等同某种具备上下层级体系的规范化命题。其次法律多元可以划为两类——较弱的法律多元和较强的法律多元。较弱的法律多元立足于惯常的法学观念，重视国家法的中心领导地位，其余规则系统必须借助于国家立法上升为国家法才能起作用，处于弱势的辅助地位。较强的法律多元则指两种或数种分别具备其合理性与适当性根基的法规体系的共生态势。因其他社会规范都有自己独特的功能，它与国家法之间不是服从与不服从的关系，而是一种沟通和商讨，并协同融入规范体系的关系。此类理论更类似于法律多元理论研究的方向，使得法律多元正式成为一种理论，同时，也将该种理论引入更深层次的研究层面。③ 但该种观点也受到了批评。日本学者千叶正士认为，法律多元是指一类关于法律的理念。此种理念具备两种不同意义。第一类意义是为国家所

---

① 吕世伦主编：《现代西方法学流派（下）》，北京，中国大百科全书出版社 2000 年版，第 620～621 页。
② 肖光辉：《法律多元与法律多元主义问题探沂》，载何勤华主编：《多元的法律文化》，北京，法律出版社 2007 年版，第 65 页。
③ 李海彦：《法律多元及其中国意义》，硕士学位论文，山东大学，2012 年。

创制之法，即称其为国家法；另一类意义则是为与之相呼应的非国家创制之法。"这样一种国家法与非国家法的并存构成了'法律多元'这一概念的基础，一般而言，人们都假定前者优于后者。"① 此外，千叶正士持续深入地从三大层面针对法的二元属性展开剖析，称其为"法律三层两度之法"，即正式法与非正式法、法律规则和法律原则、本土法与外来法，并揭示出该种研究方式是"对某一族群实践中的规范的宏观框架开展精准观测和查究（具体问题具体分析或参照同步）的研讨手段"。② 葡萄牙学者桑托斯的以现代范式危机及其出路为基础探讨全球化背景下法律演化路径的司法区域理论为我们洞悉法律多元化问题贡献了一类颇有功用的平台。③④ 他以时间和空间为依据把生活中的法律归结为乡土、全国和世界三大层级，各自对照次国家法、国家法和大国家法，论述了区别于古典法律人类学的后现代主义的法律多元理论。⑤⑥ 英国学者退宁从市民社会拥有多样化规则的维度来理解法律多元化，提出法律多元是规则多元中的一类，特指在共同区

---

① ［日］千叶正士：《法律多元：从日本法律文化迈向一般理论》，强士功等译，北京，中国政法大学出版社 1997 年版，第 2 页。

② ［日］千叶正士：《法律多元：从日本法律文化迈向一般理论》，强士功等译，北京，中国政法大学出版社 1997 年版，第 193 页。

③ 葡萄牙学者桑托斯认为，"现代性建立在规制与解放这两个支柱上，在现代性的历史进程中，社会规制泛滥，而社会解放的潜力却远远没有发挥出来，规制与解放的冲突使现代性陷入范式危机"。

④ ［英］桑托斯：《迈向新法律常识——全球化、法律和解放》，刘坤轮、叶传星译，北京，中国人民大学出版社 2009 年版，第 267 页。

⑤ 葡萄牙学者桑托斯认为，"法律多元主义是后现代法律观的关键概念。不是传统的法律人类学的法律多元主义，在那里，不同的法律秩序被看作共存于同一政治空间的分离的实体，而是在我们的生活轨道发生质的跳跃或全面危机以及在呆板的无事发生的日常生活中附加、相互渗透和混合在我们思想中以及我们行为中的不同法律空间的观念。我们处在一个多孔的法制或法制的多孔性的时代，一个迫使我们不断地转变和渗入的法律秩序的多重网络时代。我们的法律生活是由不同的法律秩序相互交叉即法制间（interlegarity）而构建的，法制间是法律多元主义的现象对应物。"

⑥ Boaventura de Sousa Santos, Law: A Map of Misreading, in Toward a Postmodern Conceptipn of Law. *Journal of Law and Society*, 1987(14).

域界限之内共生存续的规范系统、网络或格局，同时此一观念伴着世代流转而获得了迥然之内涵。由此，不难发现，学界对法律多元并未达成统一的认识，不同学者都从不同角度对法律多元进行了理解，但即便是从不同角度对法律多元进行的界定和解读，无疑都为民俗习惯在司法中的适用提供了理论上的支撑。归纳而言无非为两种法律，其一为治理法、全国法、官方成文法，其二则为附从法、乡俗法、公众法与地区法。所谓法律多元指的是某个社会群体拥有不止一种规范其社会行为的有效法律。它是一种社会事实，是遍及社会生活方方面面的法律现象。① 主要强调的是那些通常被理解为出自国家机关颁行、发布、落实、协同、贯彻之法律——国家法，以及那些并非出自官方程序，"是公民在生产实践中总结经验和实际，参酌部分权威组织和威望个体而确定的拥有相当地方强制力的、令民众相与信奉的共同的实践准则"——民俗习惯或民间法的法律两元架构。同时考虑到法律多元化是同制定法律中心主义的一元法律论相对应，所以便特别重视，在二元互动模式中民间法的积极功用以及民间法和制定法之间的协调联系，故而希冀官方制定法尊崇融通地处遇民间法及其司法资源。实际上，在无论什么国家中制定法都并非独一而完全的规范体系，尽管官方制定法的地位和功用很大，也仅仅只是全局法律制度体系中的组成因素，于国家法之上下内外，尚有丰富多样的各类其他法律规范，它们在补充了制定法疏漏不足的同时，还进一步夯实了国家法的根基。前述所言的"丰富多样的各类其他法律"，实际上主要便是民间法，而法社会学家埃利希更是基于制定法的强制措施而言："法律的切实制裁源自这样的情况：通常而论，人们大多不希望被排斥在群体之外，即被隔离于社区关系、家庭、亲友、工作、宗教等之外，否认贯彻规则容易致使维持个人与群团之间合约关系

---

① 赵英男：《法律多元主义的概念困境：涵义、成因与理论影响》，载《环球法律评论》，2022 年第 4 期。

作用的衰弱。"而此处的"这般情形"明显是和民间法及习惯规则万难分开的。①

第二节　法律多元理论的历史演进

一、殖民地社会的法律多元化理论

人类学者发现，殖民地社会中出现的大量矛盾和纠纷都不是通过殖民主义者制定的西方的法律制度加以解决的，而是通过殖民社会原有传统的规范和程序加以解决，即通过原有的习惯法进行处理，化解矛盾和纠纷。但这些原有的规范和程序，即所谓的民俗习惯是不被官方承认为"法律"的。由此，在社会规则整合领域，国家法发生了真空缺位，法律之权威中心主义遭到了前所未有的挑战和质问，基于前述的民俗习惯规范及流程虽然未能获得官方认可并给予其法律效力，但却超脱了官方制定法，化解了社会中固有的对立和纷争，成为社会中实际发挥效用的"法"，从某些角度而论已然具备了与国家法相对抗的能量。人类学者继而指出，仅仅把法律囿于官方制定的思维太过肤浅，与社会现实似乎不相符，甚至可能是错误的，这样法律多元化理论孕育降生，将法拓展到更为开阔的时空维度，而不局限在官方制定法。②

殖民地社会中，入侵者引入了西方文化和西式法律制度，并妄图凭借

---

① 胡昌明：《法律文化与法律多元》，http://article.chinalawinfo.com/Article_Detail.asp?ArticleID=25010，最后访问日期：2016-02-01。
② ［英］威廉·退宁：《全球化与法律理论》，钱向阳译，北京，中国大百科全书出版社2009年版，第108页。

西方文化以及西方法律制度来重塑殖民地社会，企图把西方法律制度上升为殖民地国家法，在殖民地社会推行。但令殖民主义者万万没有想到的是，西方法律制度即便上升到殖民地国家法，其推行也异常困难，这类西式法律制度殖民地人们并不采纳。尽管于国家维度，殖民主义者引进的所谓西方法律制度名义上仍然是官方制定法，但在实际生活之中，矛盾纠纷的化解大多情况下依旧需要仰仗殖民地固有的民俗习惯，可见，没有得到国家法认可的民俗习惯相比于国家法而言对于纠纷的解决更能发挥作用。这种国家法和殖民地原有本土民俗习惯共存的现状，实质上形成了法律多元的社会现实。由此，人类学者发现，法律是根植于当地的文化基础之上的而非仅仅是具有规范性的法条组成的，移植而来的西方法律如果缺乏当地文化基础的支持，即便强行推行也难以有效运行，而往往是被人们规避了，殖民地原有的民俗习惯虽然没有得到国家的认可，与国家的联系中断了，但依然实际发挥着作用，得到当地人们的有效遵守。从中不难发现，在移植来的西方法律制度和殖民地原有民俗习惯制度之间的博弈中，西方法律制度并没有优势，相反，殖民地原有的民俗习惯却明显地占有优势。这也促使殖民主义者不得不转变统治思路，不能用移植来的西方法律制度这一国家法来强行替代本土民俗习惯，而是要重视殖民地民俗习惯的作用，让本土民俗习惯在解决纠纷中充分发挥作用，实行统治方式的多元化。在推行西方法律制度这一国家法时，也尊重殖民地本土民俗习惯，认可殖民地社会多元化法律规范的现实情况。那么，殖民地社会出现法律多元化状况的原因是什么呢？学者们在讨论其生成之根源时认为，外来的西方法治观念与殖民地当地乡土法制理念存有重大差异进而使得规范发生多样化倾向。如20世纪60年代的坦桑尼亚，存在的法律包括当地立法、民俗习惯、印度教法和伊斯兰法，是典型的法律多元社会。而民俗习惯、印度教法和伊斯兰法等这些法律都被认可，继而成为国家法治系统的有机成分。如此并不奇怪退宁所阐释的，坦桑尼亚唯有在特殊意义上才是多样化的，政府根据不同类别的人群认可不同的法律规范，特别是在继承、家庭和土地产权等相关问题上。学理中出现诸多法律相互矛盾的情况，而现实生活中法院极少处理此类法律纠纷问题。司法官及审判员们通常习惯地运用着他们自认为熟稔的规范制度。[①]

二、当代社会的法律多元化研究

伴着人类学者对于法律多元理论的深化研究，人类学者对法律多元问题的探究由原始社会以及殖民地世界的聚焦流转到现代西方社会本身。他们认为，不仅是殖民地社会存有法律多元问题，当代西方社会也一样存有法律多元问题。如莎莉·恩格尔·玛丽（Sally Engle Merry）在此基础上区分了"经典的法律多元主义"（Classic Legal Pluralism）和"新法律多元主义"（New Legal Pluralism）。她将探求殖民地和后殖民地国家的乡土法和欧洲法之间协同关系的法律多元主义称为经典的法律多元主义，而把起始于20世纪七十年代后期、分析视界拓宽至非殖民国家，尤其是欧洲的发达国家和北美，进而得出所有地区都拥有法律多元问题的法律多元主义称为新法律多元主义。新法律多元主义的提出，旨在说明并非全部法律均出自政府的法院之中，理应还有其他的形成模式。她陈述到，法律多元逻辑中的彼此联系主要展现为国家法与非国家法之间的权衡关系。这种博弈权衡形态的浮现方式是五花八门的，表现出多元化趋势。在多样化建构中，国家法大多情况是通过强硬形式展现的，它对非制定法的作用是十分深远且难以规避的。但是，次群体在这一权衡进程中对制定法并非单纯接受或强硬对抗，国家法自身拥有局限性。因此，新法律多元主义从调查法律的实

---

① ［英］威廉·退宁：《全球化与法律理论》，钱向阳译，北京，中国大百科全书出版社2009年版，第108～109页。

践功效出发，主张国家法与非国家法之间并非全然对立的，彼此之间有着既矛盾冲突又彼此依靠的联动关系，这种联动纽带的客观表达方式与固定区域的历史风俗密切联系，并且拥有非确定性。尽管国家法处在优势地位，但是次群体的反抗并非仅仅是滞后和软弱的，这种抗拒通常会使国家法的贯彻落实发生变化，出现法律规避等难以料到的后果，甚至有颠覆制定法的危险。一方面，在多元化的法律体系中，国家法之存续需要其他规范的贯彻和肯定，于此情形下，制定法会对非国家法的形式内涵予以借鉴吸收，进而使国家法自身表现出复杂多样的态势。另一方面，其他规范对国家法形成威胁。因此，此种多元建构的模式是一种极为繁杂的权衡交融关系。[1][2] 又如法人类学家摩尔（Moore）在他的《作为过程的法律》（Law as Progress）中所举的纽约服装行业中存在于国家法之外的规则的例子。[3]

追根溯源，法律多元化问题根植于文化本身的多样性，文化多样性自有它极为深沉的历史文化背景，文化多样化并非个例，而是世界广泛存在的惯常现象。社会是由诸多文化因素建构而成的繁杂巨大的系统集合。从某种意义而论，法律原本就是文化在公众规范领域中的一种展现样态，文化的多样化定然决定了法治的多样性。同时，实践中的文化并非一成不变的，伴着社会进步，文化也随之变换发展，在现代社会，流行文化与传统文化持续冲突，舶来文化与本土文化交互作用、互相渗透，这些都不可回避。

如上所述，殖民地时期的法律多元理论以西方法律制度与殖民地乡土

---

① 张钧：《法律多元理论及其在中国的新发展》，载《法学评论》，2010 年第 4 期。

② 又如沃德曼（Woodman）认为，法律多元主义已经从对殖民者和被殖民者之间关系的关注，扩展到了对社会中占主导地位的群体与不占主导地位的群体之间关系的关注，后者诸如宗教、种族、文化上的少数群体、移民群体以及社会中没有被官方承认的其他群体。Woodman, Gordon R. "What Is the Commission About", 14 Newsletter of the Commission on Folk Law and Legal Pluralism3. 1987—88.

③ 胡昌明：《法律文化与法律多元》，http://article.chinalawinfo.com/Article_Detail.asp?ArticleID=25010，最后访问日期：2016-02-01。

民俗习惯之间的彼此联系为研究重点，控诉殖民主义者试图通过将西方法律制度强加于殖民地本土民俗习惯之上，以西方法律制度来取代殖民地民俗习惯的方式和路径，因舶来法律文化与殖民地当地法律文化的差异而以失败告终。而新法律多元化思路偏重于各类秩序规则之间彼此联系的探究，弱化规范体系之间的冲突与对抗，避免将各种秩序规则置于紧张的对立关系之中，而是以一种动态的角度去分析各种秩序规则与社会之间的关系问题，使得研究的维度和角度投向于、受控于多样规范体系之下的法律主体的方面，论述了法是遍布各地的。这些秩序规则相互叠加、相互作用，共同钳制着世人。① 此种维度把秩序的多样化模式看作参与相当社会区域，而并非看成实体间分合的交互作用。② 再者如摩尔阐明了"半自治的社会领域"之概念，地区性、全国性、国际性和区域性秩序均广泛运用于相类似的状态。③

　　由此可见，新法律多元理论植根于法律的实效功效，认为国家法和民

①　正如麦丽所言，新的法律多元抛弃了法律对社会的影响，甚至社会对法律的影响的问题，转而把官方和非官方的秩序形成之间更复杂的互动关系加以概念化。

②　李海彦：《法律多元及其中国意义》，硕士学位论文，山东大学，2012 年。

③　法律多元理论被更广泛地拓展开来。摩尔的"半自治社会领域"概念不仅强调包括国家在内的所有规范秩序的各自分立，也强调它们之间的相互交叉和渗透。她认为在一个特定的半自治社会领域内，国家法、习俗和规则之间可以相互转化，从以下三个方面实现了法律多元研究的转向。第一，"半自治社会领域"理论的研究并没有采用传统法律多元研究中的"法律中心主义"的视角，而是更加关注其他形式的秩序以及它与国家法的相互作用，将一种法律和社会规范之间相互的变动性以及情景决定性的视角被引入法律多元的分析中来；第二，"半自治社会领域"理论对规范性秩序间关系进行辩证分析，认为从外部侵入的法律体系虽能渗透或影响业已存在的领域，却不能控制它，因为该领域拥有抗衡和自治的空间，甚至会以不同的方式去诠释或运用法律，这种分析不仅有利于发现法律统治可能性和局限性，还利于分析什么地方社会个人或团体可能并且会作出抵制，以利于观察不对称权力关系在其中的运动过程；第三，"半自治社会领域"理论使法律多元的研究从关注规范本身转变到了对社会行为与过程的关注。在穆尔之前的许多人类学家大都从本体论的角度研究法律多元，因而，法律体系、法律规范往往成为主要切入点，这就使她的研究避开了围绕法律多元而展开的语词的争论，切实地去关心国家权力实际上存在于何处的真问题。李婉琳：《社会变迁中的法律——穆尔法人类学思想研究》，北京，中国人民公安大学出版社 2011 年版，第 194 页。

俗习惯之间并非全然对立的，一定程度上国家法要寻求民俗习惯的支持。因为基于当地的历史传统因素，即便国家法处于强势地位，但是如果人们对国家法实施抵牾和抗拒行为，也必然会对国家法产生影响，甚至致使国家法难以落实。也就是说，在法律多元化架构中，国家法的存续发展需要其他规范的赞同和扶持，在此种需求下，制定法将对非国家法的形式内涵开展借鉴消化，继而使国家法自身也焕发出多样多彩的态势。①

第三节　法律多元理论在中国的发展

受制于中国传统文化的影响与历史条件的特殊性，中国比较难依靠自发的内生力量来实现法制现代化。自清末修律以来，对外国法律的借鉴和移植始终贯穿着中国法制现代化的进程，而法律多元主义也始终与其相伴。我国学者对法律多元主义的思考其实是由中国在进行法律移植后所产生的"水土不服"现象所引发的。② 20 世纪 90 年代，西方的法律多元理论引起了我国学者的关注，苏力最先将法律多元的概念引入中国，他从文化大背景下关注法律多元，对中国现实社会中存在的法律多元现象进行了研究，分析了国家法与民俗习惯之间发生的对抗与矛盾，商讨了在中国法治国家建设的历程中对本民族法律资源应给予更多的关注。当前中国恰逢社会变革时期，法律多样化的格局会进一步深化，法律的抵牾和有关规避的情形也会不断增多。法律对立和法律规避的发生主要是基于法律多样化的客观实情，规避规范的方式流程与贯彻国家法的模式是相辅相成的。某些时候法律规避在某种意义上对体制革新具有格外之意义，应关切官方制定法是

---

① See Sally Engle Merry, "Legal Pluralism", *Law and society Review*, 1988, 22/5: 870-891.
② 邓钦文：《"异乡来客"的出走——法律多元的乡村变迁困境》，载《民间法》，2021 年第 24 卷。

怎样替代或部分替换一些乡土民俗，凭借怎样的方式予以替换的，是否有更多的取代方式，一般适用哪些具体办法等。[①] 梁治平在《清代习惯法：社会与国家》一书中，利用法律多元的理论从清代习俗着手探究了民俗习惯、习惯法、民间法和国家法之间的区别和联系，将探索领域开拓到中国古代社会的多样化法制格局。张晓辉等学者利用人类学的田野调研模式对我国西南地区的少数民族民俗习惯展开探索，获得了显著的成效，从实践层面完善了中国的法律多元化理论。[②] 法律多元理论被学者广泛应用于法律人类学、法律社会学、法律史学，引起了越来越多学者的关注和重视，为民俗习惯在我国司法中的适用从理论支持上发挥了越来越重要的作用。

法律人类学的学者采用国家制定法与非官方法（民俗习惯或民间法）作为探究的模式和研习之手段，国家法通常是由国家制定的并由国家强制力确保贯彻执行的拥有广泛约束力的规范系统，具体涵盖宪法法律、行政法规、地方法规规章等。对国家法的理解，人类学者并无异议，而针对非国家法的认识，却有着明显的纷争，存有迥然相异的认知。[③] 如俞荣根认为："民俗习惯是维系和整合某一群体组织或社团及其成员之间权利义务的惯常制约方式的集合，是由该团体组织的成员基于保持生产实践需求而习以为常的，应用于某些区域的拥有强制性的规范准则。民俗习惯的强力性可以通过国家来予以落实，但更多的是凭借相关的团体或公众认可的社会机构来执行，后者或由于官方承认和未明确示意不承认而合法，或因公众授权而合法。"[④] 高其才则以为："民俗习惯超脱于国家制定法之外，基于某种公

---

① 苏力：《法治及其本土资源》，北京，中国政法大学出版社 1996 年版，第 56 ～ 58 页。

② 李海彦：《法律多元及其中国意义》，硕士学位论文，山东大学，2012 年。

③ 如郑永流认为："民间法是指一种存在于国家之外的社会中，自发或预设形成，由一定权力提供外在强制力来保证实施的行为规则，包括家法族规、乡规民约、宗教规范、秘密社会规范、行业规章和少数民族习惯法。"郑永流：《法的有效性与有效的法——分析框架的建构和经验实证的描述》，载《法制与社会发展》，2002 年第 2 期。

④ 俞荣根：《羌族习惯法》，重庆，重庆出版社 2000 年版，第 7 页。

众威望和群团组织，富有相当的强制性的系统规范的集合。"① 由此不难发现，这类观点强调了民俗习惯或民间法的强制性特征。而苏力则主张："民间法是如此这般地方性公共品，它作为孕育于社会的规范系统，富集了有关区域社会和环境特征、人群的天然属性和社会冲突及化解的数据，是反复权衡后达成的人们在平日实践活动中必当遵守的'定式'。"②③ 可见，此等论点不注重民间法或民俗习惯的强制属性，避免了从强制性方面下定义。但是，无论是从强调民俗习惯或民间法的强制性特征还是从避免强调民俗习惯或民间法的强制性特征下定义，这些代表性的观点，无疑在对民俗习惯或民间法进行理解和解读时，都对传统"法"的定义进行了突破，对法律国家中心主义提出了挑战。然而，国家法与非国家法的逻辑体系也存在着困境：首先是广义的非国家法掩盖了法及其他社会规范的联系和不同，以至于貌似全社会唯有法一种规范存续。其次是致使"法"本身概念的混乱，人们不理解法，尤其是作为非官方制定法的民俗习惯或民间法与禁忌、乡俗、宗教、道德乃至礼仪究竟是何异同。④

现代社会法律多元理论意识到上述危险，将法律置于特定的历史环境背景，避免从提炼法律定义的角度进行理解，而是从传统和历史的视角对法律进行研究，无疑对上述国家法与非国家法的分析框架和研究范式进行了突破。如弗朗西斯·赛德尔（Francis Snyder）提出："所有赞成民间法和国家法之间存有二元分立的观点都是颇有误导性的，因为多样化规范本身在各类社会场景中均是共处同一体系之中的，此外它们大多是纠缠在一起

① 高其才：《中国少数民族习惯法研究》，北京，清华大学出版社 2003 年版，第 8 页。
② 苏力：《二十世纪中国的现代化和法治》，载《法学研究》，1998 年第 1 期。
③ 又如梁治平认为："习惯法乃是这样一套地方性规范，它是在乡民长期的生活与劳作过程中逐渐形成；它被用来分配乡民之间的权利、义务，调整和解决了他们之间的利益冲突，并且主要在一套关系网络中被予以实施。"梁治平：《清代习惯法：社会与国家》，北京，中国政法大学出版社 1996 年版，第 1 页。
④ 张钧：《法律多元理论及其在中国的新发展》，载《法学评论》，2010 年第 4 期。

的。"① 现代社会法律多元理论的发展对我国学者产生了显著的启示。如赵
旭东在针对华北乡村矛盾调解的法律人类学著作中，通过乡土纠纷的具体
化解方式来理解国家法与民俗习惯的多角度关联互动，"此类互动展现在个
案矛盾化解之中，理应成为一种利用多样化原则促进决定作出的过程。如
此这般，个中必然潜藏着多元化的法律演进过程。观察国家法律以及相应
的其他权力组织在各类民间纠纷处理过程中对矛盾调处多方位、多视角的
全面参与，这样的法律多样化的维度也许正是当下法律人类学探究的全新
趋向。"② 显然，这样通过在具体的纠纷处理中来观察国家法与非国家法之
间的关系，相比于抽象上对此进行研究而言，更具有说服力。当然，现代
社会法律多元主义理论的发展，不在于对国家法与非国家法的关系的总结
上，而在于它将国家法与非国家法置于具体的场景中，对其复杂的互动关
系进行研究。③ 如张佩国所论："将'法律多元'搁入乡土组织的社会背景
中来思考，往往更加容易懂得其中的深层次内核，而不仅是单单刻画出个
中的科学思路联系。""尽管国家法与民俗习惯有着某种形式的大致对照，
法律人类学中的'法律多元'观也大概能化解那些单纯的'二元论'观念，
如若从纠纷当事人的个案解决过程分析他们的法律思维以及对应的行动模
式，还有区域范围时空定位中繁杂的力量交锋融合演进过程，便可以更为

---

① Griffiths, John, "Introduction" A. Allott and G. Woodman (eds.), *People's Law and State Law: The Bellagio Papers Dordrecht Foris*, 1985: 17-18.

② 赵旭东：《权力与公正——乡土社会的纠纷解决与权威多元》，天津，天津古籍出版社 2003 年版，第 7 页。

③ 像苏力所说，"法律多元的研究促使研究者重新考察国家法和民间法之间的更为复杂的互动模式。由于法律多元是同一时空，甚至是同一问题上的多种法律共存，因此任何两极对立的划分，诸如民间法和国家制定法，在实践上都是一种错误。在任何具体的社会中，所谓社会制度不仅仅是国家的正式制定的法律，而是由多元的法律构成的，这些多元的法律又总是同时混缠于社会微观的同一运行过程中。"苏力：《法治及其本土资源》，北京，中国政法大学出版社 1996 年版，第 51 ～ 52 页。

直观而深邃地透视法治建设的'迷蒙'面相。"①② 于此而知，当代社会法律多元研究的发展，业已从对国家法与非国家法之间存在的抽象性关系的关注，向对国家法与非国家法在具体场域中的复杂的互相关系的细微观察转变。正如郑永流指出："国家政府及法律规范并不是万能的，而那些颇有浓厚的亲和力、熟稔性、运作成本低廉等优势的民俗习惯自当拥有自我发展存续的机遇……要及时抓住目前中国社会所潜在的巨大包容性，社会革新转变尚处于'乍暖还寒'此一特殊时期，加强拓展与之相呼应的体制创新，于此进程之中，大力而广泛地研讨运用民间切实有效且合理合法的规范性资料来源。"③ 从这个意义上可以为民俗习惯在我国司法中的适用更好地提供理论上的支持。④

第四节　民俗习惯的界说

一、民俗习惯与习惯法

　　何为民俗习惯？欲定义此概念，笔者认为应当首先分析与厘清与之相近的两个概念及概念之间的关系。第一个需要面对的就是习惯的界定。学

---

① 张佩国：《乡村纠纷中国家法与民间法的互动——法律史和法律人类学相关研究评述》，载《开放时代》，2005 年第 2 期。

② 再如梁治平进一步指出："从比较法的角度看，法律多元不但是一种普遍的法律现象，而且它本身也是'多元'的。换言之，法律上的多元现象并非只有一种模式。因此，在描述中国历史上法律多元现象的同时，我们也应当探究这种现象的特殊性。"梁治平：《中国法律史上的民间法——兼论中国古代法律的多元格局》，载《中国文化》第 15、16 期。

③ 郑永流：《法的有效性与有效的法——分析框架的建构和经验实证的描述》，载《法制与社会发展》，2002 年第 2 期。

④ 赵英男：《法律多元主义的概念困境：涵义、成因与理论影响》，载《环球法律评论》，2022 年第 4 期。

界对于习惯的界定主要有两种观点：一是"行为模式说"。例如张文显认为："习惯是经过长期的历史积淀而形成的一种为人民所自觉遵守的行为模式"。① 田成有认为："习惯指的是人们在长期的实践中经过不断、反复的运用而逐渐认可的一种行为模式，是人们在日常生活中有意义的，经常进行的活动"。② 周赟认为："从法社会学、法文化学视角观之，所谓习惯，是指对一定范围内之社会主体所表现出来的一种行为模式或心理模式的客观描述。"③ 上述定义将习惯界定为社会主体行为的模式化。二是"行为规范说"。一些学者从规范视角界定习惯，例如沈宗灵认为："法学著作中所讲的习惯是指一种社会规范，是人们共同生活中的惯例"。④ 李卫东认为习惯是指"在某一特定区域或团体内，人们就某一事项作反复行为，无论该行为是处于主动或被动，久而久之在人们内心产生拘束力，成为该地区或团体中每一个个人的行为准则。这种行为准则具有一定的约束性：人们如果违犯，会成为异类或产生孤立感；社会舆论对严重违背社会习惯的行为持普遍否定、甚至谴责和排斥的态度"。⑤ 由此可见，学界对于习惯定义的立足点是不同的。"行为模式说"认为习惯是一种个体的行为模式，在此意义上，习惯只是一种社会事实而不具有"规范"的意义。"行为规范说"认为习惯是一种行为规范，习惯是一种具有规范意义的"应当"，具有规范性。笔者在本文中所探讨的习惯主要是基于规范意义上的习惯，而不是作为个人的行为模式的习惯。

　　界定习惯时应注意其与习性和习俗间的关系。习俗是个人习性在社会中相似点的总结，当个人针对某一行为被反复执行而逐渐趋于稳定，具有

---

① 　张文显：《法理学》，北京，法律出版社 1999 年版，第 77 页。
② 　田成有：《乡土社会中的民间法》，北京，法律出版社 2005 年版，第 212 页。
③ 　周赟：《论习惯与习惯法》，载《民间法》，2004 年第 3 卷。
④ 　沈宗灵：《比较法研究》，北京，北京大学出版社 1998 年版，第 132 页。
⑤ 　李卫东：《民初民法中的习惯与习惯法》，北京，中国社会科学出版社 2005 年版，第 12 页。

常规性时，该行为就可以被称为个人的习性。^①当两个或两个以上的个体之间进行互动时，个人习性在此时会产生一定的冲突。为保证交流的顺利进行，他们在此会针对民俗习惯进行总结，寻找他们当中的相似点，求同存异，从而使相同的民俗习惯产生汇聚，成为社会习惯。"他是造成个人习惯的社会习惯"，^②那么此时，该社会习惯就称为习俗。当习俗在社会中得到总结后，在社会成员内部产生一种默契，他们不断遵守该规定，使原本模糊的习俗变得不断清晰和不稳定，进而产生一种拘束力，此时总结出的"习俗"就转化成了习惯。^③此外，还应注意习惯与经验法则的区别，所谓经验法则是指人们从生活经验中归纳获得的有关事物因果关系或属性状态的法则或知识。^④根据《最高人民法院关于民事诉讼证据的若干规定》第9条第3款的规定，根据"日常生活经验法则"推出的事实无须举证证明，这就为经验法则在裁判中的适用提供了依据，可见"经验法则"绝对不是法官主观臆断的结果。经验法则最常见的运用方式就是以相关已知事实为基础，结合平常的生活经验，继而推断出另外一种最具可能的事实，并以之作为定案的证据和判决的依据，本质上来说就是一种推断未知事实的证明方式。经验法则是沟通已知事实和未知事实的桥梁，在诉讼程序中，已知事实的存在形式就是证据。因此，唯有穷尽各类证据，仍然难以查明事实真相之时，才能够考虑运用"经验法则"。"经验法则"之所以可以为法律所认可，源于其自身拥有的"规律性"，这也是它的最主要内容。"经验法则"涉及的日常生活经验十分广泛，比如商事交易习惯和日常道德准则都是人们在平常生活中应予遵守的行为准则，因此是为一种常理而为人们普遍理解，

---

① 参见 [德] 埃克哈特·施里特：《习俗与经济》，秦海等译，长春，长春出版社 2005 年版，第 4 页。
② [美] 康芒斯：《制度经济学》，于树生译，北京，商务印书馆 1962 年版，第 412 页。
③ [德] 韦伯：《经济与社会》，林荣远译，北京，商务印书馆 1997 年版，第 60 页。
④ 张卫平：《认识经验法则》，载《清华法学》，2008 年第 6 期。

其他人同样能参照这些准则和习惯对他人之行为进行推测，并且作为自己的行为。由此可知，习惯也是"经验法则"判断方法的来源之一，事实上习惯可以被用于"经验法则"之中来推断事实，但是也必须符合相关适用的流程与条件。习惯若要成为"经验法则"且予以适用，首要的就是确保此习惯在当地业已获得了普遍的认同，不然便难以符合"经验法则"的规律性，不能为人们所广泛理解，也就丧失了适用的根基与合理性。[①]

　　另一个与习惯联系紧密的概念就是习惯法，习惯与习惯法这两个概念又当如何区别呢？习惯法是"一个近代从西方移植过来的法律词汇"。[②] 西方法理学界比较注重区分习惯和习惯法。分析法学派的奥斯丁强调法律中的命令因素及强制作用，奥斯丁认为习惯不具有法律那样的强制力和命令的因素，是一种基于伦理因素而产生的"积极道德"规则。在对于习惯与习惯法的关系上，他认为习惯在发生上与国家的立法行为无关，但它要成为习惯法就要得到法院的使用和国家强制力的保障，该习惯法为立法机关通过法定程序认可才能够被称为法律，而在它未进入官方的行动计划之前只是一种道德规则。[③] 哈特对于习惯与习惯法关系的观点建立在批判前者的基础之上，他强调在经验中长期形成的习惯与由一个立法者制定的社会规则之间的联系，"社会规则和习惯之间当然存在着一个相似点：无论规则或习惯的情况，有关的行为（例如在教堂须脱帽）必须是普遍的，虽然不必是一成不变的；这意味着每当出现这种场合，该群体的多数人会重复这个行为……"[④] 但哈特同样也认为习惯法是得到法院认可的习惯，习惯仅仅局限于官方接受的惯例，官方接受承认规则的实践是习惯效力的一个条件。

---

① 王述炜：《论民族习俗在民事审判中的适用——以佤族地区一则个案为例》，载《海峡法学》，2016 年第 4 期。

② 王健：《沟通两个世界的法律意义——晚清西方法的输入与法律新词初探》，北京，中国政法大学出版社 2001 年版，第 138 页。

③ ［英］约翰·奥斯丁：《法理学的范围》，刘星译，北京，中国政法大学出版社 2002 年版，第 38 ～ 39 页。

④ ［英］哈特：《法律的概念》，张文显等译，北京，中国大百科全书出版社 1996 年版，第 57 页。

凯尔森则否认习惯法是立法者的命令，他把习惯视为法律的渊源，认为习惯同立法一样是创制法律的方式，即习惯法源于习惯。历史法学派的萨维尼提出习惯作为一个民族内在精神的体现，是民族长期渐进发展的产物。但是，萨维尼指出，从现实情况来看，国家法律正在逐步取代体现民族特性的习惯规则，也就是说"实在法共同体据以确立和界定的两种因素使民族性和属地性……随着时间推移和文明的进步，法律共同体的第二种根源将逐渐取代第一种根源"，他认为这是一个非常反常的现象。因此，历史法学派认为"应当按照体现民族精神的习惯的渐进发展让民主水到渠成地制定自己的法律"。[①]

《民法典》第 10 条规定："处理民事纠纷，应当依照法律；法律没有规定的，可以适用习惯，但是不得违背公序良俗"。这是我国从《民法典》的角度第一次确认习惯的法律地位，对于习惯在司法实践中的适用产生了深远影响。在我国学术界，学者对于习惯法的界定也形成了不同观点，具有代表性的如"国家认可说"，即认为习惯法是国家对习惯、习俗认可的结果。《中国大百科全书·法学》对于习惯法的界定是："习惯法是指国家认可和由国家强制力保证实施的习惯"。[②]"社会认可说"认为习惯法是在共同体的交往实践中得到其成员公认的习惯行为规则。如高其才认为："习惯法是独立于国家之外，与国家制定法相对应，出自各种社会组织和社会权威，规范一定的社会组织、一定社会区域的全体成员，为他们所普遍认可和遵守"。[③]还有学者从法理论和法教义学角度来分析习惯与习惯法的关系，如雷磊认为：从法理论角度，习惯不等同于习惯法，习惯法是法，具有独立的效力来源，是行为规范与裁判规范的统一；习惯不是法，不具有独立的效力来源，只是提供裁判依据的内容来源，只是裁判规范。从法教义学角度，习惯之所以出现在《民

---

① ［德］萨维尼：《法律冲突与法律规则的地域和时间范围》，李双元等译，北京，法律出版社 1999 年版，第 7 页。
② 《中国大百科全书·法学》，北京，中国大百科全书出版社 1984 年版，第 87 页。
③ 高其才：《中国习惯法论》，北京，中国法制出版社 2008 年版，第 4 页。

法典》第 10 条（法源条款）之中，却没有出现在第 8 条之中，是因为在现代社会中习惯本身只能扮演裁判规范之内容来源的角色，而不是法（具有法律效力的规范），所以法官有权引入习惯来弥补法律的漏洞，民事主体却没有义务遵从习惯来从事民事活动。可见，对于习惯法的界定学术界颇存争议，因此笔者在本文中使用习惯而未采用习惯法这一概念。

二、民俗习惯的特征

民俗习惯的界定离不开对这一特定事物显著特质的阐述，很多学者对于民俗习惯的特征做出了归纳总结，笔者认为虽然学者对于民俗习惯特征的具体概括有所不同，但取其理论共同点，大致达成了这样的共识，民俗习惯作为一种处于国家制定法体系之外的规则体系，具有以下特征。

（一）民俗习惯的自发性

民俗习惯是一种自然发生的过程，"它的产生源于人们的社会需要"，[①]是人们在长期的生产劳作、社会交往中生长、形成并积淀下来的规则。"在相邻群体之间无休无止的争斗中，那些遵循最有利的习俗的群体要比那些奉行不那么有利的习俗的群体更具有优势，最有益处的习俗就是那些把群体内的人数限制在一定的数量之内的习俗……通过一个自然选择的过程，人们就渐渐会在遵循该习俗的过程中产生一个接近可欲人数的群体"。[②]

（二）适用范围的局限性

"十里不同风，百里不同俗"是对民俗习惯适用范围局限性的最好诠

---

① 梁治平：《清代习惯法：社会与国家》，北京，中国政法大学出版社 1996 年版，第 166 页。
② ［英］哈耶克：《法律、立法与自由》，邓正来译，北京，中国大百科全书出版社 2000 年版，第 16 页。

释。民俗习惯植根于一方水土，从民俗习惯的生长和发展而言，民俗习惯是根植于民间社会的，是一种乡土上的"地方性知识"①。因而，特定的民俗习惯只能在特定的区域内针对特定的社会群体发挥作用。

（三）内在约束力

民俗习惯虽然没有外在国家强制力作为保证，但由于人们"对其抱有法的观念与确信的规范形态"，②因而得到了人们的普遍认可和遵守。"民俗习惯并未形诸文字，但并不因此而缺乏效力和确定性……其效力来源于乡民对于此种'地方性知识'的熟悉和信赖，并且主要靠一套与'特殊主义的关系结构有关的舆论机制来维护'"。民俗习惯是在继承和流传之下产生的丰富经验总结，在民众内心已达成某种契合，当某一个体违反时就会被认为是一种非理性、不文明甚至是"怪癖"。那么，民众就会通过一定的强制手段，以谴责甚至私力救济的方法迫使违反之行为得到纠正。③

（四）民俗习惯的乡土性

民俗习惯脱胎于乡土社会丰富的实际生活中，虽然没有制定法的形式完整和逻辑严密，但它朴实、简明、合理、易操作，它作为一套规则体系，规制着乡土社会中农业生产、买卖交易、婚丧嫁娶等日常生活的各个方面，长期以来都是乡村治理的重要手段之一。④

综上所述，笔者认为大致可以这样定义民俗习惯，民俗习惯是这样一种地方性知识传统：它根植于民间社会，在人们长期的生产生活和相互交往中逐渐形成并为民众所普遍接受和遵循，在特定领域中被用来界定权利

---

① ［美］克利德福·吉尔兹：《地方性知识：事实与法律的比较透视》，邓正来译，上海，上海三联书店1999年版，第95页。

② 杜宇：《重拾一种被放逐的知识传统》，北京，北京大学出版社2005年版，第11页。

③ 颜琪录：《民俗习惯司法适用研究》，硕士学位论文，西北师范大学，2021年。

④ 严晴晴：《法治乡村建设视域下民俗习惯的困境与出路研究》，载《现代商贸工业》，2021年第S1期。

义务或责任，调整他们之间利益冲突和解决纠纷的具有一定拘束力的行为规范体系。具有规范性、传承性、稳定性、地域性等特征，[①] 包括民间习俗、社会风俗和村规民约等，有别于社会个体之间的生活或者生产习惯。

第五节　民俗习惯的根本特质

民俗习惯是一种相较于国家法意义层面的民间性规范体系，其以民俗、风俗、习惯等为主要表现形式。揆诸西方法学发展史，直至现今对于民俗习惯的发掘与分析从未间断。然而，当下中国法学界不少学人受到中西比较法律文化中关于"同质性"研究的定式思维影响，先验性地从成文法、国家法体系建构的视角立意，谈及中国传统法律，势必言之成文律典，忽略了对于民俗习惯的应然关注。无可否认，自李悝造《法经》，而后商鞅改法为律，再至封建法典的巅峰之作《唐律疏议》的问世，中国传统法律文化的确存在着一种成文法文化的历时性演进意象，而问题恰恰在于，理论与实践、意象与具象毕竟是两种不同的表达形式。在中国传统法学实践中，更多的还是一种民间法文化，其源于传统、植根生活，追求实践理性。下面笔者就从法律史的视角，来分析、论述中国民俗习惯的根本特质，以期能为现代中国法治秩序的建构提供一个新的认识视角。

一、民俗习惯是一种生存经验的文化总结

长期以来，之所以民俗习惯的学术研究在中国的法学界能够引起不少学者关注，一个不争的原因是：民俗习惯无处不在又无时不见，在中国社

---

① 颜琪录：《民俗习惯司法适用研究》，硕士学位论文，西北师范大学，2021 年。

会特别是其中的乡土社会大行其道。而究其原因，民俗习惯乃是一种历代传承，经久不息的宝贵生存经验。民俗习惯的作用空间主要是乡土社会之中，而正是在这个"安土重迁的，生于斯、长于斯、死于斯的社会"里，"不但人口流动很小，而且人们所取给资源的土地也很少变动"。①

中国传统的社会结构从根本上来说是乡土性的。乡土社会是一个传统的社会，以小农经济为经济基础的社会模式，男耕女织，自给自足，农耕经济的封闭性和传统性使人们在这片土地上终日劳作，难离热土，社会的变迁和环境的变动被降低至最小的可能，在这种"不分秦汉，代代如是的环境里，个人不但可以信任自己的经验，而且同样可以信任若祖若父的经验"。②生存经验主要是在重复性实践和重复性思维的基础上，在相当长的历史时期内，凭借同样的行为反复进行而形成的习惯。人们凭借着生活经验在社会生活中规制着自己的行为，同时合理预期他人的动向，人们的生产生活、人际关系和交往模式都受到生存经验的影响，这种生存经验是人们在长期的生产生活中所积累的一种朴素而有效的生活智慧。我们的社会是信任经验的社会，当然，这一现象有其产生的深刻历史背景，我国是一个传统的农业社会，农业生产周期长、耕作技术复杂，这容易使长者居于优越地位。农业生产时令性强，兴修水利的人力动员又需要一种绝对权威，于是在中国农村的乡土社会中，老人作为富有经验的象征，自然而然拥有最高的地位和最大的权威。

《礼记》中有记载说："五十杖于家，六十杖于乡，七十杖于国，八十杖于朝。九十者，天子欲有问焉，则就其室，以珍从。"九十岁的老者，天子有事相询，也得亲自登门，并要馈以珍品。可见，在这种情形下，长者的经验和权威具有无可争议的约束力，遵从经验、服从习惯也成了顺理成

---

① 费孝通：《乡土中国 生育制度》，北京，北京大学出版 1998 年版，第 84 页。

② 费孝通：《乡土中国 生育制度》，北京，北京大学出版 1998 年版，第 84 页。

章之事。这种生存经验在一定地域和时空范围内成为一种群体性的倾向，并逐渐演化成一种习惯，包括生活方式、生产方式、交换方式和组织制度等一系列模式，当其调整范围超越了个体的行为，成为群体生活特征的反映时，习惯演化成为习俗，并开始逐步形成民俗习惯。

对于作为经验产生的民俗习惯，田成有认为，民俗习惯是独立于国家法之外的，是人们在社会生活中根据长期的生活实践和经验，依据某种社会权威和组织确立的具有一定社会强制性的人们共信共行的行为规范。梁治平在《清代习惯法：社会与国家》中描述："民俗习惯是这样一种知识传统，它生于民间，出于习惯，乃由乡民长期生活、劳作、交往和利益冲突中显现，因而有自发性和丰富的地方色彩"。我们可以这样说，民俗习惯就是一种约定俗成的礼俗、人情、习惯、村规、族法等形式，是民间社会在长期的文化进程中形成的、经过民众的长期生活与劳作过程的磨合而成的一套共识性、地方性规范，它存在于家族制度、神权观念、民间性组织制定的规范、风俗习惯等多种渊源之中。通过这些传统和习惯的不断运用，它们逐渐地变成了法规则。民众在其社会生活中运用理性，寻求能够实现其利益最大化、并顺利解决各种纠纷和冲突的办法，并在此基础上由人们互动逐步形成一套与他们的社会生活相适应的规则体系。民俗习惯理念蕴含于传统文化之中，通过人们的言行展现，成为了一个地域范围内人们的标识，它就是人们长期生产、生活的经验积累和提升。总之，从民俗习惯的形成可见，绝大多数民俗习惯是人们在长期的生产、生活中逐渐产生的，或自然形成或通过共同议定和约定而成，它寓于民众个人或群体的日常生活、劳作之中，是一种特定社会的惯常行为模式及文化传统的体现。

作为规则存在的民俗习惯是人们长期生产生活智慧的积累和经验的提炼，是一种知识的传统累积，它顺应了主体社会生活的习惯，无论是在成员的心中还是在外部的环境中都比较稳定，它所调整的事务涉及婚姻、家庭、继承、买卖、抵押、借贷等诸多内容，偏重于民事事件、权利等具有人身色彩的社会关系及各类民间矛盾纠纷的规范和调整，富有浓厚的生活气息。民俗习惯产生和流行于各种社会组织和社会亚团体，从宗族、行帮、宗教组织、秘密会社，到因为各种不同目的暂时或长期结成的大、小会社。此外，它们也生长和流行于这些组织和团体之外，其效力可能限于一村一地，也可能及于一省数省。[①] 在乡民社会中，民间规则往往是乡民们耳濡目染、身体力行的一些习惯。我们能够真实地感觉到这样的规则就活生生地生长在我们身边，如当前社会中通行的随礼行为，民间的这种随礼规则可以说从未中断，它规定了人们在熟人交往中的不成文的却应当完成的一种行为。

民俗习惯作为一种生存经验，是立足于日常生活的，从社会现实出发，顺应了主体社会生活的大体习惯和思想、行为模式。以我国农村比较突出的财产继承和老人赡养问题为例，中国民间流行一句俗语："养儿防老"。若按相关法律的规定，女儿出嫁与否，在父母的财产继承方面均享有与儿子同等的权利，在赡养老人方面承担与儿子同等的义务。而在现实生活场景中，这样的法律规定却并没得到"规定式"的践行。在许多地方，出嫁女的继承权问题往往得不到保护和执行，但似乎这些出嫁的女儿也很少主动要求继承遗产。需要注意的是，不是说出嫁的女儿不懂法、不守法，而是她们都在遵循着一个民间的潜在"习惯"。换言之，她们之所以不主动要求继承遗产，一来因为这样做可以视为"自己出嫁了而不能及时照顾父母的补偿"；二来如果她们自己有什么事，还能仰仗自己本家兄弟。这种"约定俗成的民俗习惯"实乃随处可见，人们也自愿服从这样的规则，即使这些规则对于他们的权利并非持肯定态度，但是由于乡民内心深处对民俗习惯的认同及在心理认同的基础上的自愿服从和严格遵守，使得在民俗习惯

---

① 梁治平：《中国法律史上的"民间法"——兼论中国古代法律的多元格局》，载《传统中国研究集刊》，2009 年第 6 期。

的规制下的乡土社会有着自然的和谐秩序。人们选择民俗习惯来解决纠纷既是一种传统，也是一种习惯，民俗习惯作为人们的生存经验的提炼，符合乡民们朴素而又理性的价值观、正义观。人们从习惯上、心理上接受了它，其在乡土社会中有着巨大的、高度的稳定性、延续性、群体认同性和权威性，它事实上成为乡土社会平时更为常用、更容易接受的法律样式。[①]民俗习惯在各个独自的领域长期适用并一直延续下来，是民间生产、生活中实践的升华和生存经验的沉淀，而且这种民间规则具有相对的稳定性，而不是频繁的变动或者反复无常，是一种成形的在一定社区普遍适用的规则。民俗习惯长期存在，它的产生并不能认为只是人们盲目崇拜传统的产物，而是作为社会的需要和现实的经验之上，凝练了有关特定群体内部的环境特征、人的属性和人与人之间冲突及其纠纷解决的信息，是一定地域内乡民们长期生活实践的文化总结。

二、民俗习惯是一种讲求实效性的法规范体系

民俗习惯是一种以实效性为其根本诉求的规范体系。但何为"实效性"，自古至今，法学界特别是法律史学界、法理学界一直存在着争论。

例如纯粹法学派的代表人物凯尔森认为："法律实效是人们实际上就像根据法律规范规定的应当那样行为而行为，规范实际上被适用和服从"；[②]"一个宪法的、法律的或判例法的规范在下列程度上在社会中具有实效，即构成该社会的人民（包括官员和一般公民）的实际行为符合该规范

---

① 田成有、李懿雄：《乡土社会民间法与基层法官解决纠纷的策略》，载《现代法学》，2002 年第 1 期。
② ［奥］凯尔森：《国家与法的一般理论》，沈宗灵译，北京，中国大百科全书出版社 1996 年版，第 49 页。

指示的或权威化的标准"。① 他的观点侧重于法律实施的状态，从法运行的角度而言，认为法律的实效性体现在被人们实际施行的状态和程度。

我国学界对于法律实效问题的界定也存在着诸多争议，但无论如何，"实效"通常都是针对国家法而言进行探讨的，实效所涉及的问题一般是指适用国家法规范的那些人是否真正遵守这些规范。其实，我们可以将实效概念适用的范围进行拓宽性理解，法律之外的其他社会规范同样也可以接受来自"实效"方面的检验。法律实效实现的程度是衡量法律本身质量及其运行情况的一种标准，同样，作为社会规范的民间法实效性也可经受这一检验，通过对民俗习惯的实际状况作出评价，说明实效的有和无、实效较好还是实效较差，通过这种评价来大致掌握民俗习惯在乡土社会中的功能和目的是否得到实现，在何种范围和程度上得到实现。

法律实效获得充分的实现，不单法律内部因素的作用不容小觑，就连诸多外部因素也不得不察。由此进路出发，我们实可以从如下两端展开对于民俗习惯实效的分析。一方面，从民俗习惯自身的内在因素而言，参照国家法的内在要求，例如法律需反映社会的客观现实需要，法律需具有明确性和可预测性，法律需要体现和贯彻现代社会法治道德基本要求等方面，我们可以对民俗习惯的自身因素进行分析。民俗习惯内生于社会，其生成及发展的动力就来自社会需求，因此，民俗习惯深深根植于现实社会需要的土壤上，反映着历史的变迁和社会的发展；民俗习惯由人们长期的生产实践和社会生活中的生存经验抽象而来，具有指导性和规范性；民俗习惯依靠强大的社会舆论和民间权威作为其约束机制，具有与法律不同的内在约束性。总之，从民俗习惯的自身因素而言，可以说民俗习惯具有现实性、规范性和权威性等法律的基本要求。另一方面，从民俗习惯的作用空间而

---

① ［奥］凯尔森：《国家与法的一般理论》，沈宗灵译，北京，中国大百科全书出版社 1996 年版，第 49 页。

言，民俗习惯与乡土社会存在着天然的密切联系，这种契合度在乡民解决纠纷的过程当中表现得十分明显。民俗习惯在纠纷解决过程中，有效地分配乡民之间的权利、义务，调整和解决他们之间的利益冲突。它通常也具有较为确定的行为模式和规范内容，民俗习惯的规范虽然比较国家法来说相对的粗糙，但它同样具有许多规范性的结构，不仅直接规定了当事人之间的"权利"和"义务"关系，也规定了或为制裁或为奖励的行为法律后果，它就是通过种种权利、义务的分配和法律后果的控制等方式的施行来发挥其作用性，调整和解决群体之间的利益冲突。费孝通在《乡土中国》中概括到：在乡土社会中，"乡村里的人口似乎是附着在土上的，一代又一代地下去，不太有变动"。因此，"乡土社会里的生活是富于地方性的"，"这是一个'熟悉'的社会"，"这种熟悉是从时间里、多方面、经常性的接触中所发生的亲密的感觉"①。在这样的社会里，民俗习惯使用的痕迹非常深刻，并且民俗习惯的适用有其明显的必要性。民俗习惯在我国实效性的保证又具有复杂的历史和现实原因。从历史角度看，中国是个贯穿着"礼治"的社会，"礼"和"习惯"弥漫于各个领域，这种法律传统一直影响着人们民俗习惯的思维走向。从现实而言，结合我国法治建设现状，国家法并不是唯一存在的法，而国家法也并非能够很好地适用在任何领域，不能穷尽规范生活的全部内容，在许多场域，民俗、习惯、土政策等民俗习惯规则发挥着更大的作用。如下是一则发生在河北省北部某县的真实案例，该案例不仅体现了法官的智慧理性，反映了法官对于民俗习惯的判断、取舍的灵活处理能力，同时反映了民俗习惯本身所具有的规范实效性。

原告齐某与被告李某经媒人介绍于 2008 年 5 月份订婚，订婚时被告李某接收原告齐某彩礼共 6000 元，与此同时，原告齐某还给被告李某购买了价值 1860 元的项链一条及价值 800 元的手机一部。2010 年 4 月，因原

① 费孝通：《乡土中国》，北京，北京大学出版社 2005 年版，第 7～10 页。

告齐某与被告李某话不投机致使双方发生矛盾，不久后双方决定解除婚约。后经人调解，双方于 2011 年中秋节前后达成口头协议，被告李某答应返还原告齐某 3000 元以作了结，但之后被告又反悔。而后，齐某将李某告上法庭，请求法院判令被告方李某返还其赠送的彩礼共 6000 元，同时返还项链一条和手机一部。

法院经审理后认为，按照"男女双方未办理结婚登记手续的，当事人有权请求对方返还按照习俗给付的彩礼款"的规定，被告李某应返还原告齐某赠送的彩礼款。原告齐某主张被告应返还其赠送的彩礼 6000 元，因有证人出庭作证，故本院对该请求权予以保护。原告齐某在订婚时给付被告李某的项链亦有证人予以证明，故对该项链的请求权亦应予以保护，但对原告齐某的其他诉求，因其不能提供充分证据，所以不予保护。根据最高人民法院《关于适用中华人民共和国婚姻法若干问题的解释》及《民事诉讼法》的相关规定，同时考虑到本地流行的"彩礼，出全彩，返不全"的民俗习惯，判决如下：被告李某于判决生效后五日内返还原告齐某彩礼款 4000 元及项链一条，案件受理费 50 元由被告李某承担。案件判决后，双方都表示可以完全接受。

法官在该案中，通过对当地返还彩礼之"出全彩，返不全"的民俗习惯的解读与运用，使得该案的判决契合了司法的实践理性，体现了对于情理、道理、法理的整体兼顾，符合民心、深契法意，不仅使得案件得以了结，更使得当事人双方心服口服。

民俗习惯由于长期存在而成为人们固定的行为模式和心理状态，因而在较短的时间内难以改变，这也是最核心和本质的东西，从内在发挥着它的作用。就以我国农村来说，农村民俗习惯孕育和根植于农村这块特定的土壤上，紧紧围绕着农村的生产、生活，如丧娶婚嫁、喜庆节日、人情往来，尤其是对财产、婚姻家庭及本社区的生产资料的保护，以朴实、简洁、易操作的行为模式规范人们应该做什么，应该如何做。

因此，民俗习惯是一种公共选择的产物，在文化系统中约定俗成，体现为人们默认和尊崇的习惯，确实客观地存在于特定民间社会并被感知和运用，民俗习惯是包括纠纷解决主体以及纠纷当事人在内的所有人共享的社会经验法则和规范性知识。

总之，不论从民俗习惯的内部因素还是外部环境而言，民俗习惯是在人们长期的共同生活中，经由人们行为的反复博弈而形成的，是经验和生活智慧的累积，与人们的生活逻辑和规范知识相符，易于得到人们内心的认同。同时，由于它生长和存在于具有"熟人社会"形态的小型群体中，成员们分享着共同的文化空间，相对比较熟悉规范义务，违规成本较高，监督相对容易和有力。在这些因素的综合作用下，民俗习惯具有强大的实效性。然而，我们应当承认，民俗习惯内生于社会生活，这一特点使其具备了制定法所不具备的诸多优势，但是也有其自身无法克服的局限性：民俗习惯作为一种自生自发的规范，其发展和变化都是根植于社会的演进而缓慢进行的，通常还是滞后于社会发展的。因此，对于这样的规范和秩序而言，其得以具有实效的重要条件在于社会较少变迁、整个内部社会结构较为稳定的情况，对于变迁较为明显和剧烈，社会关系、生活方式、社会观念都是经历着较大变化的社会而言，民俗习惯的实效性将会大打折扣。但是，具体到我国，在当前现实条件之下，以道德为内核，以义务为本位，以和谐为旨归的民俗习惯，在各种纠纷解决的过程中，仍然发挥着重要的作用。

三、民俗习惯是特定群体成员的共同精神信仰

何为信仰？《辞海》中是这样表述的，所谓信仰是指："对某种宗教，或某种主义极度信服和尊重，并以之为行动的准则。"[1] 有基于此，不难得出，信仰至少应当包含两层含义：其一是信仰主体的内心状态是"极度信

———————————

[1]　《辞海》，上海，上海辞书出版社 2002 年版，第 1010 页。

服和尊重"；其二是信仰主体的外在行为模式是"以之为准则的行动"。亦即，信仰以"极度信服"为内在表达，以"为之准则"为外在表达。其深深地镶嵌于人类的根本精神诉求之中，自人类社会诞生伊始，信仰便随之产生。信仰不是单纯的主观心理感受，而是主体的内在信念和外在行为的有机统一。信仰对人们的内心活动和外在行为具有如此重要的引导作用，从社会的角度而言，信仰无疑是一种重要的社会控制手段。从信仰的内容而言，由于我国地大物博，人口众多，思想意识形态种类繁多，除了主流的传统文化儒释道思想对人们影响深刻之外，民间信仰还影响着每一个中国人。在我国大部分人的观念中，信仰意味着忠诚和信任，而一切忠诚和信任又都是以认同为前提的。那么能够担负建立认同感使命的某种力量何在呢？一方面这种认识应当为某些特定群体中的民众所熟知和运用，另一方面这种认识需要获得大多数人的内心信服和主动服从。不可否认，能担此重任的必然是包括民俗习惯、乡规民约、家法族规在内的民间法。

在现实生活中，当发生纠纷后，从当事人的角度来说，要实现纠纷顺利迅速解决的目标，需要主体之间存在一种信任关系，"信任半径"越长，在此范围内的纠纷解决就越有效迅速，反之，信任半径越短，纠纷解决的效率就越低、成本就越高。无疑，具有共同信仰的人之间的信任要比没有信仰的人之间的信任半径要长。民俗习惯之所以能产生作用，最根本的一点是人们对它有着根本的认同感，并且其处理方式和结果能给百姓带来最大的利益。在我国的农村，村民们乐意服从这些民间规范，显然这种简单而又有效的纠纷解决方式成为了民俗习惯的精髓。信仰的原动力来自社会本身，正是民俗习惯所建立的共同信仰符合了乡土社会的内在需求，才使得民俗习惯在解纷过程中焕发出强大的生命力。

民间社会的共同信仰乃立基于特定群体内部的共同意识。民俗习惯一般出自特定的地域，通常来讲，它只对该地区、该群体的全体成员存有效力，在这其中的社会关系中起作用，如血缘关系、地缘关系、社会交际圈、民间集团网络等，这是一种相对封闭又相对熟悉的熟人社会和群体关系，这种社会模式和群体关系在不断磨合发展中形成共同信仰，成为解决纠纷的基础。民俗习惯更多是来自传统，具有较深刻的文化底蕴，我国作为一个多区域、多民族的国家，不同民族、不同地区的人民在其独特的生活环境中都形成了富有特色的区域风格、民族文化、价值观念、生产生活方式等，也因此形成了与之相适应的独特的生活习俗和规则。如农村结婚遵循婚姻六礼、家产继承中出嫁女无份额等，违反的人往往被群体所排斥，而自觉遵守的人才能表示对本民族、本群体规则和文化的认同，也才能赢得本群体的认同，完成个体与群体之间的互动过程。虽然民俗习惯与制定法不同，没有国家强制力的支持，不存在国家法意义上的普遍性，但它仍然是普遍为某一区域内的民众所认可、遵守的，是一种在人们的头脑意识中形成的具有特殊规定的内心法，它的效力来自人们以明示或默示等形式表示的共同认可和自觉遵守，正是这种共同的认同和信仰为民俗习惯发挥解纷功能提供了基础和前提。

民俗习惯是产生于人们共同认可的价值观基础之上的，是在符合群体心理和行为特点基础上进行选择的产物，对于民俗习惯的选择，一般有两种方式：一是当事人共同协商选择适用何种民俗习惯解决他们的纠纷并达成协议；二是由调解人就民俗习惯规则的适用提出建议，再由双方当事人认同。通过选择，一个社会的人们就会按照特定文化的需要采取某种生活方式，就会对特定的刺激作出同样的反应。当然，民俗习惯规则涉入解纷功能还可通过自发适用的途径，这种情况下，民俗习惯已内化为当事人的思想意识，往往是当事人共同的价值观，人们在解决纠纷的过程中实际上是在运用民间规则，即使某些时候他们并没有意识到自己正在运用此规则。一般而言，在自发适用民俗习惯的情况下，内化为当事人思想意识的往往是当事人共同的信仰，因此，尽管表面上没有规则可循，但是一旦当事人的行为偏离大家内心认同的价值观和是非观，则往往会受到公共舆论的谴责。所以从这个角度来看，民俗习惯有赖于一种共同体的社群组织，它将群体维系于对己方和彼方都极为重要的关系之中，并提供一个共同的价值观，以协调纠纷的解决。而且，二者存在着互动的关系，特定群体基于特定的历史、环境、心理状态和风俗对民俗习惯加以上升和固化，它是对民族、社区等群体普遍信仰的表达，是基于民众意识的产物，以较为固定的习惯为来源，也最能体现出群体精神，共同的信仰是民俗习惯内容的起源和传承。

从文化角度讲，民俗习惯就是一种知识传统。这种知识传统在共同体内根深蒂固，每个共同体内的成员自幼就受到其他成员的言传身教。在这种经意或不经意的教育中民俗习惯进入了共同体成员的思想意识。不论如何，民俗习惯之所以比国家法更能有效地进入人们的日常生活协调解决纠纷，还在于它本身的特性。民俗习惯源自人们的生产和生活，贴合实际，作为人们的共同知识和生活逻辑而深植在他们的内心深处，所以，民众对民俗习惯的运用和遵循，不仅仅是出自他们理性的利益选择和行为的传统惯性，还有情感上的亲切和实际的效用。民俗习惯在纠纷解决中的实用性和有效性，其基础建立在人们对它有着根本的认同和认可，在于它能切实保障或直接影响到人们的权利，能对纠纷的当事人提供思想认识上的共识。①

首先，民俗习惯是一种生活经验的文化总结，伦理、道德、习惯、风俗是其重要的表现形式，而伦理、道德、习惯本身就是一种秩序，民俗习惯的内在规制力使得伦理、道德、习惯始终不脱离生活经验、地方性知识的框架，其为伦理秩序的传承提供了一种制度性保障。其次，民俗习惯是一种基于生活经验的规范体系，其构成民众生活的一部分，得到了群体性的遵守。同时，民俗习惯也可以对违反者加以制裁和处罚。再次，民俗习

---

① 李霞：《民间法的合理性探究》，载《湖北经济学院学报》，2010 年第 1 期。

惯是一种共同信仰，体现了特定群体的价值选择、心理诉求，它就是利用这种群体共同默认和遵守的民间法意识和价值理性去规范人们的思想和行为，调整群体中的人与人之间的关系，维系生产、生活秩序，从而使这些地区社会秩序井然，达到一种秩序的平衡状态。

民俗习惯作为一种多元法律规范视域下的实然规范体系，在乡土社会秩序的维持中起着重要的作用，虽然当下我国正经历着一个典型的社会转型时段，现代与后现代接踵而至、多元价值观纷至沓来，但我们不应摒弃传统，而应自传统出发，自传统法学深处寻找出适合现代法治秩序建构的中国法意。中国法学秩序的建构是一种基于中国传统民间法秩序的再建构过程，中国现代法治的形塑过程根本上亦是对于传统民俗习惯体系的再度凝练、总结的过程。

第三章
民俗习惯司法适用的必要性、
可行性及价值

第一节   民俗习惯司法适用的必要性与可行性

民俗习惯作为一种存在于我们社会生活实践中的民间规范体系，其对于秩序的维持、文化的演进及经济的发展等有着深刻的现实意义。但是，对于民俗习惯能否作为"法"而具有意义属性，亦即民俗习惯能否应用于法律实践以及民俗习惯在司法过程中是否存在使用的必要性与可行性等问题，法学界一直存在着争论。

如何理解民俗习惯在司法适用中的必要性与可行性，不仅是法学需要解决的问题，也是政治学、社会学等学科在面临有关民俗习惯的社会问题时需要深入研究的。因而，仅仅使用纯粹的法学知识是难以给出一个令人信服的答案的，只有通过与各社会科学的综合研究才能对此问题的实质与解决路径有着根本理解。①

一、民俗习惯是法律的重要渊源之一

法律渊源是一个古老的法律词汇，在古罗马时代就有了比较成熟的意义。首先，其意在确定诸多国家法律规范之中，哪些法律规范可以被法官采纳，用以作为裁判的依据；其次，其旨在确定法官可以引用的其他规范，即国家法之外的规范的范围。历经各代的发展，法律渊源的意义也被各国学者赋予不同的解释，其中尤以沃克的理论最具有代表性，他认为法律渊源具有不同的层次（类型）：第一个层次是法的历史来源，是在历史中产生特定法

---

① 罗冠男：《中国传统社会基层治理的法律机制与经验》，载《政法论坛》，2021 年第 2 期。

律的原则和规则的行为和事件。第二个层次是思想渊源，是指对法律的制定、实施和适用等问题产生重要影响的理论或原则。第三个层次是指法律的形式渊源，即法律的外在表现形式。第四个层次是指文件渊源，即用以对法律规则进行权威性说明的文件。第五个层次是指文字渊源，也就是法律文献，相对于文件渊源，这些法律文献中包含许多非权威性的解说。①

法律渊源的相关理论传入我国之后，许多学者都进行了相关研究，其中比较成熟的是周旺生教授提出的构成要素的理论，他认为法的渊源是由资源、进路和动因构成的概念和事物。对于这三种要素的定义，周教授认为，资源就是指法和法律赖以形成的原料，它可以基于习惯、判例、先前法、外来法，也可以基于道德、宗教戒律、乡规民约、政策、决策、学说形成；进路就是指法律赖以形成的途径，它可以基于立法、行政、司法，也可以基于国际交往形成；动因就是指法律赖以形成的动力和原因，它可以基于日常社会活动、社会发展的需要，也可以基于经济、政治、文化、历史之类的作用形成。②

不同于沃克关于法律渊源的五个层次理论和周旺生教授的构成要素理论，博登海默在他的著作《法理学：法律哲学与法律方法》一书中把法律渊源划分为正式渊源与非正式渊源两种类型。③ 这也是我国的法理学教学

---

① ［英］戴维·M.沃克：《牛津法律大辞典》，李双元等译，北京，法律出版社2003年版，第1048～1050页。

② 周旺生：《重新研究法的渊源》，载《比较法研究》，2005年第4期。

③ 博登海默将法律界分为正式渊源与非正式渊源明显是受到格雷（John Chipman Gray）的影响，格雷将法律渊源视为法官在司法过程中所引用的那些法律的或非法律方面的资料，其列举了五种法律渊源，分别是"立法机关颁布的法令"、"司法先例"、专家意见、习惯、道德原则等。博登海默是在批判继承格雷关于法律渊源理论的基础上，做出了如上的界分。这种分类方式明显不适合于我国立法的基本精神。于此试举一例，如我国原《物权法》第八十五条规定：法律、法规对处理相邻关系有规定的，依照其规定；法律、法规没有规定的，可以按照当地习惯。试问，若当法律、法规有规定时，此刻的"习惯"到底是属于哪种渊源？正式渊源？非正式渊源？纵然是难有定论了。关于博登海默对法律渊源的表述，详请参照博登海默：《法理学：法律哲学与法律方法》，邓正来译，北京，中国政法大学出版社2004年版，第428～430页。

实践中，大多数教材所采纳的观点，但相比于两位学者多向度的细致划分，这种表述就难免显得含混不清了。

于此，我们不妨结合沃克与周旺生教授关于法律渊源的研究，从这五个层次和三项要素中寻求某些共性，为更好地探清民俗习惯与司法之间的关系，把法律渊源界分为更具研究性的立法渊源与司法渊源两类，以便于下文分别从两个方面来论述为什么民俗习惯在司法实践中的应用具有可行性与必要性。

（一）立法渊源视域下的民俗习惯

立法渊源，研究的是立法的渊源，即所谓国家立法的来源，其具有两层含义，直接的意思是指那些成文法典中的具有强制效力的条文，更深层次的意义则是指来源的来源，即被视为来源的条文的来源。因而，我们研究立法来源不仅要研究现成的法律条文，还要探寻条文背后的更深层次的来源。

从古至今，民俗习惯作为调整社会关系的重要规范，许多国家将其视为国家法的立法渊源，进而将其载入法典条文之中予以确定。与此同时，许多研究法律的学者们也纷纷将这些观点写进自己的著作之中。

查士丁尼《国法大全》中的《法学总论——法学阶梯》中写道：古老的习惯经人们加以沿用的同意而获得效力，就等于法律。① 历史法学派代表人物萨维尼曾指出，"立法者在制定法律时，或会受到强有力的国家理性的影响，但是从根本上而言，习俗和民众的信仰是立法者所制定的法律的来源。"② 恩格斯指出："在社会发展的某个很早的阶段，产生了这样的一种

---

① ［古罗马］查士丁尼：《法学总论——法学阶梯》，张企泰译，北京，商务印书馆 1997 年版，第 11 页。
② ［德］萨维尼：《论立法与法学的当代使命》，许章润译，北京，中国法制出版社 2001 年版，第 11 页。

需要；把每天重复着的生产、分配和交换产品的行为用一个共同规则概括起来，设法使个人服从生产和交换的一般条件。这个规则首先表现为习惯，后来便成了法律。"①法国的布律尔亦指出："自广泛的意义上言，习惯法在暗中制定新的法律，犹如植物和动物还未出生时的潜在生命，它是法律规则的生命力，它的应用范围是无限的，它并非法律各种渊源中的一种，可以毫不夸张地说，它是法律的唯一渊源。"②

在立法实践方面，许多国家早已把民俗习惯纳入成文法典之中，如出于古巴比伦王国的《汉谟拉比法典》，是迄今发现的最早最完整的成文法典，其在公元前1776年就已经对两河流域的民俗、习惯进行了汇编。

例如，《汉谟拉比法典》第196条规定，"倘自由民损毁任何自由民之子之眼，则应毁其眼。"第197条规定，"倘彼折断自由民［之子］之骨，则应折其骨。"③

条文中字里行间体现出的意思就是"以牙还牙，以眼还眼"，有些类似于中国传统文化中的以直报怨，有仇报仇的朴素"报复"的观念。可以说在法典尚未成型之时，这种观念就已经普遍存在于民间，作为人与人相处的准则，这实际上是一种习惯。因为这种习惯被法律所认可，所以"习惯"就上升为"法律"，成为国家的意志，但究其本源，不过是被赋予了国家强制力的习惯而已。

在《汉谟拉比法典》中随处可见对于两河流域的"习惯"的吸收，这里再列举两条。如其第131条规定：倘自由民之妻被其夫发誓诬陷，而她并未被破获有与其他男人同寝之事，则她应对神宣誓，并得回其家。④第

---

① 《马克思恩格斯选集》第2卷，北京，人民出版社1972年版，第538页。
② ［法］布律尔：《法律社会学》，许钧译，上海，上海人民出版社1987年版，第39页。
③ ［古巴比伦］世界著名法典汉译丛书编委会编：《汉谟拉比法典》，北京，法律出版社2000年版，第43页。
④ ［古巴比伦］世界著名法典汉译丛书编委会编：《汉谟拉比法典》，北京，法律出版社2000年版，第29页。

102 条规定：倘塔木卡（商人）以银贷与沙马鲁（为商人服务之行商）而不计息，而沙马鲁于所至之处遭受损失，则彼应以全部本金归还塔木卡。[①] 这两条其实就是对于当时古巴比伦人的敬神习惯、借贷习惯的采纳。

《萨利克法典》是中世纪时期法国颁布的法典，和《汉谟拉比法典》一样，《萨利克法典》也是对民俗习惯的整理和汇编。主要是在公元 5 世纪后期，由法兰克王国墨洛温王朝的创始人克洛维主持对萨利克法兰克人口耳相传的民俗、习惯进行的汇集和整理。

《萨利克法典》内容丰富，涵盖广泛，篇幅众多，但在编辑上却略有缺陷，尚未形成较为科学的体系。排列多以列举的方式，部分行为罪名繁多，仅以盗窃为例，就有盗窃猪、盗窃牛、盗窃山羊等诸多罪名。杀人罪也有自由民犯杀人罪、团伙犯杀人罪等诸多种类。

有学者在研究《萨利克法典》后得出结论："《萨利克法典》根本上反映的就是法兰克人日常生活的一些片断，如杀人抢劫纵火、小偷小摸、邻里纠纷、争吵斗殴等，其民事刑事不分，相互杂糅，类似于某种集体使用的乡村调解手册，而不是引经据典的罗马式法律。"[②]《萨利克法典》就是对于当时包括萨利克在内的汪达尔、勃艮第、伦巴第、西哥特等部族的民俗、习惯的汇编。

历经数代发展，如今的立法水平早已今非昔比，立法者群体也朝着专业化转型，各国立法事业蓬勃发展，尤其是在以成文法为代表的大陆法系国家，纯粹以整理汇编民俗习惯的形式存在的法典似乎已销声匿迹。取而代之的是成文法典形式的法律条文，当然，不可否认的是，民俗习惯依然被许多国家的成文法典所认可。

如《法国民法典》第 6 条规定："任何人不得以特别约定违反有关公共

---

① ［古巴比伦］世界著名法典汉译丛书编委会编：《汉谟拉比法典》，北京，法律出版社 2000 年版，第 22 页。

② 汪丽红：《萨利克法典与法兰克早期社会》，载《历史教学问题》，2010 年第 5 期。

秩序和善良风俗的法律。"《德国民法典》第 138 条规定："违反善良风俗的行为无效。"《日本民法典》第 92 条规定："有与法令无关公共秩序的规定相异的习惯，在能确定法律行为的当事人有依习惯的意思时，从其习惯。"

中国以鸦片战争为近代史的开端，然而自中国进入封建社会以来，历经发展，及至清朝，依然是小农经济盛行，封建集权严重，思想桎梏、家国同构，与西方国家相比，在经济、政治、文化等诸多领域都有着很大的差异，专制主义横行，法治主义不兴。自清末变法运动始，数代仁人志士为求民主、法治，构建现代法治社会，对移植西方法律孜孜不倦。然而尤为诡异的是，纵观历史，无论是借鉴何国法律、何种思想，亦不管是官方抑或民间，虽在移植之进程中不遗余力，套用西方法律原则无数、照搬西方法律规则难计，但不管是因为法律条文制定的局限性也好，还是法制体系建立的需要也罢，各时期法典中对于民俗习惯的认可依然随处可见。

如《大清民律草案》第 1 条规定："民事本律所未规定者，依习惯法；无习惯法者，依条理。"1929 年，民国政府公布的《民法总则》第 1 条、第 2 条分别规定："民法所未规定者，依习惯，无习惯者，依法理。""民事所适用之习惯，以不背于公共秩序或善良风俗者为限。"新中国成立后，1950 年颁布的《婚姻法》第 5 条规定："男女为直系血亲，或为同胞的兄弟姊妹和同父异母或同母异父的兄弟姊妹者，禁止结婚；其他五代内的旁系血亲禁止结婚的问题，从习惯。"1982 年《宪法》第 4 条规定："各民族都有使用和发展自己的语言文字的自由，都有保持或者改革自己的风俗习惯的自由。"1987 年《民法通则》中也明确规定："民事活动应当尊重社会公德。"1999 年《合同法》第 61 条规定："合同生效后，当事人就质量、价款或者报酬、履行地点等内容没有约定或者约定不明确的，可以协议补充；不能达成补充协议的，按照合同有关条款或者交易习惯确定。"2007 年《物权法》第 85 条规定："法律、法规对处理相邻关系有规定的，依照其规定；法律、法规没有规定的，可以按照当地习惯。"2020 年《民法典》第 10 条规定:"处理民事纠纷,应当依照法律;法律没有规定的,可以适用习惯,但是不得违背公序良俗。"

(二)司法渊源视域下的民俗习惯

司法渊源,即司法的渊源,意指在司法的过程中,所据法律的来源,通俗而言就是法官应当依据什么法律来作出裁判的问题。其本质就是对法律的选择。

中国古代的政治体制,通常赋予治理地方的官员行使司法的权力,而古代的法典往往并不全面而且夹杂着大量的民俗习惯。从司法渊源的角度,这些官员在司法实践中应当适用何种规范尤为重要,究竟是以民俗习惯为唯一司法渊源,还是以国家法为唯一司法渊源,抑或是两者兼而有之,这些问题一直是各国学者争议的重点。

以清代司法为例,日本学者滋贺秀三认为,当时中国司法应以民俗习惯为唯一司法渊源。他在《中国法文化的考察》一文中写道:"中国古代社会在解决民事纷争时,根据'情理',融通无碍地寻求具体妥当的解决就是地方官的职分。"[①]滋贺秀三提出了"情理"这一概念,用于指代民俗习惯,他认为中国官员在处理案件,尤其是民事案件时,是以情理为中心的,即情理是唯一的司法渊源。

而黄宗智教授等学者认为,"清代的民事裁判基本上是以法律为准据的。"基于清代淡新、宝坻、巴县三地的历任主官司法行为的史料,黄宗智教授经过细致的考证最终得出结论:"清代的县官们事实上是按照法律在审判案件的。"[②]

---

① [日]滋贺秀三等:《明清时期的民事审判与民间契约》,王亚新等译,北京,法律出版社1998年版,第13页。
② [美]黄宗智:《清代的法律、社会与文化:民法的表达与实践》,上海,上海人民出版社2007年版,第189页。

不同于滋贺秀三与黄宗智教授的观点，何勤华教授认为中国古代的司法既包括了对情理的认可，也体现了对国家法的坚持，是国家法与民俗习惯的综合体，对古代司法的适用，即是对两者的综合法的适用过程。他在研读《刑案汇览》《驳案新编》《汝东判语》《吴中判牍》《樊山判牍》《徐雨峰中丞勘语》等一批有代表性的清代判例汇编的基础上提出："在清代，不仅《大清律例》等国家正式法典在'法院'审判活动中得到严格遵守，而且习惯、情理、民俗等也是司法官判案的重要依据。"①

通读诸多档案、史料之后，我们无疑更倾向于何勤华教授的观点，在中国古代的官员之中，只凭法典或仅考虑民俗习惯而断案是很少见的。司法实践中，官员们更多的是对"情"与"法"权衡考虑，使判决尽量合情合法。如下一则发生在清代的典型案例即是对此观点的一个较好的证明。

张杨氏与丈夫年老无嗣，早年抱夫家胞侄张安孝承嗣，并为张安孝配妻王氏。张安孝不幸亡故，张杨氏再抱张安孝的堂兄张安平承嗣，继与王氏婚配。张杨氏之夫堂弟张德奇、张天奇等家族众人趁张杨氏之夫于二月内亡故，图分其绝产，并逐安平出宗，族中调解和息不成，双方分别于光绪二十一年三月初二日、十七日互控在案。

四月十五日知县讯断后堂谕：张杨氏既抱张安平承嗣，不应与伊寡媳王氏成配。况张安平兄霸弟妇，实属乱伦颠配，大干例禁，即予笞责，以儆其非。且查张学奇、张安志均系亲属，不惟不劝阻，胆敢从中作媒，于例不合，亦即惩责。本应照律究办，姑念乡愚无知，均免深究。其王氏听其另嫁，免生事端。致于张杨氏，孤寡年老，乏人侍奉，着令张德奇等亲属另选昭穆相应之人承嗣。②

---

① 何勤华：《清代法律渊源考》，载《中国社会科学》，2001 年第 2 期。
② 刘昕杰：《引情入法：清代州县诉讼中习惯如何影响审断》，载《山东大学学报》（哲学社会科学版），2009 年第 1 期。

在上述案例中，知县首先依据国家法认定了"为张安孝配妻王氏"的行为是"乱伦颠配"，应予惩罚即"大干例禁"，给予相关犯案人员，即张安平等人相应处罚，体现了以法律为准绳的办事态度和"法"的司法渊源。① 其次，县官又尊重了当地"转房"的民俗、习惯，以"姑念乡愚无知，均免深究"的理由，灵活地默认了当地于法所不容的民俗、习惯，体现了"情"的司法渊源。由此，知县既维护了"法"的尊严又顾及到了其"情"可悯，在国家法和民俗、习惯中找到了一个平衡点，"法""情"结合，其对司法的适用不得不说是对国家法和民俗、习惯"综合法"的适用的典范。当然，这个知县的做法并非个别的现象，中国古代的官员在处理这些案件是总是能不约而同"法""情"兼顾，可谓是得心应手了。

相比于西方国家相对完善的法律体系，我国对法律体系的建设虽然起步较晚，但现在也颇有成效，尤其是中国特色的社会主义法律体系建立以后，法律已经深入社会生活的方方面面。单纯的民俗、习惯似乎对法律的影响已微不可察，其实不然，在法治现代化的今天，一些传统的民俗、习惯依然在某些方面影响着司法的过程。在一次实证调查中，我们偶然在甘肃某县的人民法院亲身体验了一起关于赡养问题的民事纠纷，细细研读或可作为上述论点的佐证，案情大致如下。

原告刘某强、王某梅生有两子两女，现均已结婚成家，两子分别在本村不同地方了盖了两幢房子，生活条件较好。后来，原告刘某强半身不遂、王某梅患上了心脏病，就在两原告向其大儿子刘某阳、小儿子刘某坤申请给付赡养费时，遭到了刘某阳、刘某坤的拒绝。两位原告无奈，只能诉至

---

① 当时的《大清律例》对"转房"是明确禁止的。《大清律例》"户律·婚姻"的"娶亲属妻妾"条规定：若收父、祖妾及伯、叔母者，（不问被出、改嫁）各斩。若兄亡收嫂、弟亡收弟妇者，（不问被出、改嫁、俱坐）各绞。

法院。原告诉称，被告大儿子刘某阳、小儿子刘某坤不履行赡养义务，请求判令二位被告承担两位原告全部的医药费、护理费，并要求两位被告分别每人每月给300元钱作为两位原告的生活费。

被告辩称，医药、护理费用不应只有他们两人承担，应该由包括他们在内的原告的四位子女共同分担。

依照《民法典》《老年人权益保障法》等法律的规定，所有子女都应当对父母承担赡养的义务，原告虽然只起诉自己的儿子，但是赡养的义务却是每一个子女都应当承担的，因而法庭在审理后认为，原告的女儿应当负有赡养义务，并采纳了被告的意见。但是，在当地一直有"嫁出去的女儿泼出去的水"的民俗，作为别人家的媳妇孝顺的自然应该是公婆，就连原告自己都认为理所当然而未起诉自己的女儿，有鉴于此，法庭也相应地减少了女儿的赡养费用。兼顾法律、民俗，原被告自是心悦诚服，服从判决而去。

当然，如此判决在法律上似乎是缺乏公允的，但是在判决和后续执行中，各方却又认为理所应当。而参与审理的庭长对此却不觉得奇怪，"法律的制定和实施是两码事"，他如此说道，"法律在制定之时自然是要尽可能的公平公正的，从这个层面讲我们判决各个子女平均承担赡养义务是没有问题的，但是真正在基层处理实际纠纷的时候却是不合适的。就拿本案来说，在当地，嫁出去的女儿不是自家人的民俗观念已经深入人心了，就连原告自己也认为女儿已经是别人家的媳妇了，负有赡养义务的只应该是自己的儿子。被告自然也是知道此点，提出四人均摊，无非是想减轻自己的负担而已。在这种情况下，如果还是严格依照法律判决，先不说判决各方是否接受，即便是接受了，在以后的执行中也会困难重重。毕竟是一家人，走到法庭也是迫不得已，问题解决了，生活还要继续下去，不能因为一场官司就彻底断送亲情，既然法律规定了子女的赡养义务，而且儿子实际上也是愿意多承担的，那么在判决中我们就不妨明确各个子女的赡养义务，而又在每人负担的轻重上作出调节，这样既符合了法律的规定，又尊重了当地的民俗习惯，而且能够被各方所接受，使判决得到彻底的履行，这显然是最好的结果。其实在我们基层法院，我们接到的民事纠纷大多是发生在亲朋相邻之间的，只有处理好法律与当地民俗的实际，处理好情感和诉讼后判决的执行，我们才能说真正办好了一件案子。"①

民俗习惯在法律渊源中的地位极高，这是一个法律史事实。不过，在立法、司法两个具体过程中，其必要性与可行性表现的方式却不尽相同。在立法过程中，民俗习惯是必要的"养料"；在司法过程中，民俗习惯表现出较为模糊的"影像"，可行性往往以国家法的优先适用为基础。除了立法、司法层面的渊源质素外，民俗习惯在文化层面，亦展现出与国家法同质的"影像"。

二、民俗习惯与国家法具有文化同质性

从文化同质性的视角来审视，民俗习惯与国家法在社会场域的文明类型、儒家文化的精神义理等方面紧密相连，它们共同构筑了中国法律史的制度文明。

（一）民俗习惯始终不脱中国社会场域与传统文化基因

首先，从社会场域的理论视角出发，学界普遍认为现代西方式的法治道路的社会基础是"市民社会"，而"民俗习惯"存在的社会基础是"乡土社会"，这是自然的事。为什么民俗习惯可以在"乡土社会"如鱼得水而不能在"市民社会"大行其道呢？所谓的民俗习惯是在人与人的交往中形成

---

① 2011 年 9 月 16 日，马进武访谈录。

的规范，而"乡土社会"恰恰是一个"熟悉"的，没有陌生人的社会，自然滋养了民俗习惯的发展。而"市民社会"则体现出一种"独立"，这不得不归结于西方独特的社会环境，生产力的发展使社会分工的不断细化，人作为独立的个体更加凸显出来，而民主自由思想的发展，使人更加注重自己人格上的独立，这种独立不仅表现在权利、义务与责任之中，也体现在财产与人际关系之上。

相较于西方的"市民社会"传统，中国走的是"乡土社会"的道路。在乡土社会，人与人之间的关系比较熟悉，没有受独立的个体权利所囿，义务与权利之间的界限不甚清晰。社会中的关系结构犹如一张网，每个人都是网里的一个点，而将这些点连在一起的便是家庭，或者说家族。

在这样一个社会结构中，民俗习惯之所以能够维续并顽强生长，无非基于两个更为具体的因素，一为生存经验，二为民族心理或文化传统。所谓生存经验是人类通过反复的认识和实践，在长时间内，不断重复同一行为而形成的习惯。"乡土社会是安土重迁的，生于斯、长于斯、死于斯的社会。不但是人口流动很小，而且人们所取给资源的土地也很少变动。在这种不分秦汉，代代如是的环境里，个人不但可以信任自己的经验，而且同样可以信任若祖若父的经验。"① 在社会发展过程中，"人类先有行为，后有思想，决定行为的是从试验与错误的公式中积累出来的经验"②，而生存经验所传承的，正是那些经过层层考验而保留下来的正确且适宜的经验，因为那些错误的和不合时宜的经验已经在反复的认识和实践中被不断地剔除了。这些生存经验充斥于乡土社会之中，可以说乡土社会就是一个被经验不断积累出来的社会，久而久之就形成了一种传统，一种充斥着经验文化的传统；民族心理或文化传统则体现出一种性格，它并非个人情感的集中体现，

---

① 费孝通：《乡土中国生育制度》，北京，北京大学出版社 1998 年版，第 51 页。
② 费孝通：《乡土中国生育制度》，北京，北京大学出版社 1998 年版，第 84 页。

而是整个群体气质的升华，它的存在依靠血缘和情感等文化因素所维系。"文化本来就是传统，不论哪一个社会，决不会没有传统的……但在乡土社会中，传统的重要性比现代社会更甚，那是因为在乡土社会里传统的效力更大"①。民俗习惯的本质也正是有经验累积而成的传统文化的一部分。

以民俗习惯为主体的乡土社会的自我协调机制若要延续多久，就要以民俗习惯能有效地应付乡土社会的生活秩序为前提条件。② 在一个结构变迁非常迅速的社会中，这种文化传统的自我协调机制的效用是很难保证的。通过上述的并不系统的分析，我们至少可以得出这样的结论，那就是民俗习惯在乡土社会中发生效用的广度和深度是与乡土社会的城市化进程成反比的；民俗习惯消融转化的速度是与乡土社会结构变迁的速度成正比的。市民社会中仍然存在民间的习惯性规则，部分原来乡土社会中的民俗、习惯、风俗会转化成相应的市民社会中的民间规则。虽然市民社会中民间规则发挥作用的机制已经与乡土社会中的民俗习惯大异其趣，但其作为与国家法并存并规制着民间社会秩序这一理路则是共同的。

其次，从中国历史的文化实质来看，中华文明源远流长，自古以来就是幅员辽阔、地大物博之地，其物产之丰饶，资源之丰富，百姓之富足，无不催生文明的产生。中华文明时代的到来，尽管现在看来产生的基础如此薄弱，并没有多么先进的生产力，也没有那么完善的生产关系。彼时，人们对自然的认识是有限的，更不用说改造自然的能力，人们在面对自然时更多地体现出一种敬畏。在这种情况下，显然个体是难以为继的，人们群居而生既是历史的选择也是生活的需要。人们的个体意识薄弱，往往以家庭的形式存在于社会，以致家庭血缘关系一直保留下来，进入阶级社会之后又与等级制度相结合，发展为宗法等级制度。家与国相连，血缘与政

① 费孝通：《乡土中国生育制度》，北京，北京大学出版社 1998 年版，第 50 页。
② 张小萍：《中国民间法研究学术报告 2007 年》，载《山东大学学报》（哲学社会科学版），2008 年第 1 期。

治结合，独具中国特色的家国同构的社会体系在中国产生并发展起来。

所谓家国同构，是国与家的结合，以血缘为脉络，诸多家庭构成家族，而家族扩大延伸之后则成为国家，家是小国，国是大家。在这种社会体系之下，个人的意志往往需要服从集体的意志，共性受到保护而个性受到压抑。在家国社会之中，强调的往往是个人对家族、对国家的贡献，体现出一种以义务为本的价值观，而个人的利益往往会因为所谓的顾全大局而被家族、国家所忽视。因而个人之间的矛盾往往在家庭、家族之中就被各种责任所压制，所谓"家丑不可外扬"不外如是。①

为了维系这种家国同构的社会体系，就需要给每一个社会成员灌输这种宗法伦理思想，使他们从内心认同这种理论，从而处处遵守，造就了许多富有伦理思想的传统民俗习惯。所谓"天子为民父母，为天下王"②，"天子父母事天而子蓄万民"，③重尊卑之序，怀孝悌之义，心系宗族，服从家长，恪守"长幼有序，夫妻有别，父子有亲，君臣有义，朋友有信"。④不仅民间，传统中国法典之代表作《唐律疏议》中亦载道："王者居宸极之至尊，奉上天之宝命，同二仪之覆载，作兆庶之父母。为子为臣，惟忠惟孝。"⑤

所谓家国天下，这种社会关系不仅在国家层面上为社会所宣扬，在民间也被个人所认同。"国有国法，家有家规"，由此观之，所谓国法无非是"国"这个大家的家规，而所谓家规无非是"家"这个小国的国法，两者虽叫法迥异，却如一体之两面，治国治家大小不同而已，家规实为国法之一部分，国法实为家规之集成。

---

① 于语和：《试论"无讼"法律传统产生的历史根源和消极影响》，载《法学家》，2000 年第 1 期。
② 《尚书·洪范》。
③ 董仲舒：《春秋繁露·郊祭》。
④ 《孟子·滕文公》。
⑤ 《唐律疏议·名例一》。

近代以来，中国社会风云变幻，社会变革接踵而至，自清末变法开始，对西方法律的移植一直未曾停止，然而结果往往进入一种尴尬境地。各种法律原则、法律规则尽管较为先进全面，法律体系也可说是清晰完善，但是否定中国的传统乡土社会结构，否定民俗习惯与国家法之间同质性的关系，使这些规定往往成为一纸空文或者根本无法执行，所谓的先进理论和完善体制只是流于表面而已。

随着社会的发展，如今的中国已打破"乡土社会"的桎梏，改革开放更是促进了个人的发展，向"市民社会"转型的方向已是大势所趋。滋养民俗习惯的土壤似乎已逐渐消失，民俗习惯是否将为国家法所彻底替代或已成为我们即将面临的问题。然而，世上既没有千年不变的传统，也没有猝然消失的传统。社会的进步自然会带来某种改变，但是民俗习惯作为传承已久的民间法表现形式是不会骤然改变的。其中缘由一如伽达默尔所说："传统确实是被存续的，但却是有选择地被存续，是在历史变化中主动地被存续的。这也就是为什么历史上有的东西历久弥新，而有的东西却很快就湮没无闻了。我们始终处在传统中，而传统始终是我们的一部分。"[1]

（二）民俗习惯大多涵摄了中国传统儒家文明的基本义理

在家国同构的社会体系之下，民俗习惯与国家法的联系极为紧密，如果从思想根源的角度挖掘，民俗习惯与国家法还有着同样的道德基础，"出于礼而入于刑"，其道德基础就是"礼"这一概念了。

对于"礼"之概念研究可谓极其深广，历代学者无不想对其作出准确的定义。相较之下，许慎在《说文解字》中对礼的阐释较具有代表性，他认为，"礼"者，履也，所以事神致福也；[2]近代王国维先生通过对"禮"字

---

① ［德］汉斯·格奥尔·格伽达默尔：《诠释学 I：真理与方法——补充和索引》，洪汉鼎译，台北，台湾时报文化出版有限公司 1993 年版，第 382～387 页。

② 许慎：《说文解字》，北京，中华书局 1963 年版，第 7 页。

的考察，认为"盛玉以奉神人之器，谓之丰若豊，推之而奉神人酒醴亦谓之醴，又推之而奉神人之事，通谓之礼"，对礼起源于祭祀予以了肯定。[①]

"礼"所约束的范围，不但在社会政治生活之中，也深入人民的思想道德层面。既是具有纲纪性质的具有普遍约束力的社会行为准则，又有教化大众、安定秩序、树立品德的作用。因而，"礼"不但用于教化百姓，也是历代统治阶层制定成文法典的立法之本，如《唐律疏议》卷首即指出："德礼为政教之本，刑罚为政教之用，犹昏晓阳秋相须而成者也。"[②]

礼的本质是"尊尊也，亲亲也，长长也，男女有别"，即确认尊卑贵贱等级秩序，认为"天有十日，人有十等"。孔子崇尚周礼，推崇以礼治国，而礼治的根本就在于不同等级之人各守本分，君臣父子，尊卑有序。及至汉代董仲舒从理论上进一步论证了封建等级秩序的合理性，认为"三纲"是"天道"的演绎，是"天意"的体现，只要能够"臣死君而众人死父，亲有尊卑，伦有上下，各死其事，事不逾矩"，便可达到"寇贼不发，邑无狱讼"的目的。宋代大儒朱熹为了维护等级特权，主张以"三纲五常"为断狱听讼的原则。及至清末修律之时，礼教之影响依旧深远，在法理派与礼教派的论战之中，法理派也不得不在"干名犯义""存留养亲""亲属相奸""亲属相殴""子孙违犯教令""无夫奸"等问题上作出让步，而在《大清新刑律》之后加上《暂行章程》。

然而，揆诸法律史，礼和法两者走了一条由合到分、由分到合的道路，最终合二为一、对立统一，共同为维护专制王权服务。首先，西周至秦，礼法的由合到分。夏商古礼，其源尚矣，孔子时代虽损益可知，但于今却不甚了解。西周是典型的"礼治"时代，周公制礼作乐，对周部族的礼和殷夏旧礼进行了一番细致入微的加工改造，使礼系统化、成文化、规范化，

---

① 黄宛峰：《礼乐渊薮：礼记与中国文化》，郑州，河南大学出版社 1997 年版，第 21 页。

② 长孙无忌等：《唐律疏议》，刘俊文点校，北京，中华书局 1983 年版，第 3 页。

并且使礼成为最重要的社会规范，家国政治、风俗习惯、仪式仪表、君臣黎庶，上自朝堂，下至乡野，无不在其调整范围之中。西周时代虽也有刑，所谓"吕侯制刑"，但刑在礼中，刑只是礼实现的手段而已。所以西周时代是"礼治"的时代，是礼刑合一的时代。

春秋以降，战国至秦朝，随着周天子"天下共主"权威的式微，出现了"礼崩乐坏"的局面。此间虽有儒家不遗余力的鼓吹和提倡，但礼依然中兴无望。而此时的"法"（即西周时所谓的"刑"）由于法家的提倡，已上升为与礼平起平坐的主要规范。社会实践中法的作用越来越大，成为富国强兵、一匡天下的工具，而且在意识形态中，法家的主张由于法家人士的位高权重和竭力地宣扬，也已成为主流的思想和理论，以至于秦王朝承继战国时期商鞅变法以后秦国的传统，"专任于法"，使法家思想成为立国安邦、立法司法的指导思想。此时期便是礼法由合到分的过程。

其次，汉至清末，礼法的由分到合。在这一时期，礼法相分虽然是治理国家的需要，但两者在本质上却无根本区别。礼作为社会成员的行为准则，依然具有约束人们行为、稳定社会秩序的作用。因而礼的某些准则可以上升至国家法之中，使礼与法相结合。礼法由分到合的过程是较漫长的。

从儒法对立到儒法融通。儒家倡导"为国以礼""为政以德"，并以"复礼"为目标。孔子的"君君、臣臣、父父、子子"和"正名"，孟子的"内则父子，外则君臣，人之大伦也。"绝不可以背离。儒家批评法家的"不别亲疏，不殊贵贱，一断于法"，认为如此则"亲亲尊尊之恩绝矣""可以行一时之计而不可长用也"，并指责法家"严而少恩""不务德而务法"。儒法融通的先驱是荀子，他"隆礼""重法"。

礼法结合的路径。礼法结合是一个漫长的过程，而儒家的思想在其中起到了极为重要的作用，自孔子吸收周礼而推出儒家的"礼"之后，儒家思想经历了一个由指导立法，解释法律，到最终作为国家司法依据的过程。在这个过程中，礼作为社会道德不断地法律化，法也不断地道德化，特别是"三纲"的确立，使礼上了一个新台阶，也赋予法以最基本的内容。

最后，礼法结合的完成。随着传统社会的不断发展，及至唐朝，礼法结合也发展到了鼎盛时期，唐律可以说是礼法结合的集大成者，科条简要，覆盖广泛。礼所蕴含的宗法等级思想和制度基本上都完成了法律化，以至"一准乎礼"成为对唐律的评价。正如《唐律疏议·名例》所言："德礼为政教之本，刑罚为政教之用，犹昏晓阳秋相须而成者也。"自唐朝之后的历代政权也都在进一步完善礼法结合的过程。

诚然，礼在与法相结合的过程中，"礼"的某些价值观念也体现出了厌法的思想，例如孔子曾经说过："听讼，吾犹人也，必也使无讼乎。"[①] 其体现出来的价值观就是劝导人们在发生利益矛盾的时候，通过传统的伦理道德等观念来调节，而不是诉诸法律来解决。这不仅成为中国的传统习惯，也成为历代官员乃至国家法所追求的理想状态。在清代《钦颁州县事宜》中曾记载："州县为民父母，上之宣朝廷德化，以移风易俗；次之奉朝廷之法令，以勤善惩恶。……则由听讼以驯至无讼，法令行而德化亦与之俱行矣。"[②] 然而，上述对于礼法关系的梳理不难看出，礼与法在历史上经历了一个漫长的既对立又相互融合的过程。

因此，可以说中国的传统文化滋生了中国特有的民俗习惯与国家法，而这种文化本身就代表着传统，它不仅是在乡土社会，也是在任何社会中都不可断绝的。[③] 因而，由传统文化所孕育的民俗习惯和国家法，即便历经了岁月洗礼、朝代更迭，其所固有的同根性都是不可磨灭的，虽然二者可能在表现形式等方面存在差异，但是其作为规范的本质都是相同的。

---

① 《论语·颜渊》。

② 转引自张中秋：《中西法律文化比较研究》，南京，南京大学出版社1999年版，第336页。

③ 费孝通：《乡土社会》，北京，北京大学出版社2009年版，第75页。

三、民俗习惯与国家法具有同质的秩序理性诉求

无论是民俗习惯的形成，还是国家法的制定，其目的都是维持社会的稳定，没有秩序的社会是难以存在和发展的。秩序、公平、公正等理念一直都是构建和谐社会，实现人们利益的有效保障。这就是人们所具有的朴素价值观念，也是人们所期望达到的目标。那么什么是秩序呢？古语有言："秩，常也；秩序，常度也。"秩序也作秩叙，犹言次序，指人或事物所在的位置，含有整齐守规则之意。①

民俗习惯作为维护社会秩序的一种规范，具有特殊的表现形式，和其他诸多规范一样，这种表现形式也是通过调整人们的行为来形成内心约束和外在限制的。国家法之所以能在司法实践中运用，重要的一个方面即在于国家法本身有着一种对于秩序理性的诉求，然而不容忽视的是，民俗习惯虽然不具有国家法意义上的"大传统"的表现范式，但也有着对于秩序理性的诉求，而且不同于国家法的是，民俗习惯在追求秩序理性的同时，又不断建构和谐的秩序体系。

（一）民俗习惯是产生秩序的规则本身

学者哈耶克曾经提出过这样一种观点，他认为"文化既不是自然的也不是人为的，既不是通过遗传继承下来的，也不是经由理性设计出来的，文化乃是一种由习得的行为规则构成的传统"②。这种观点体现出的意思，一是文化的形成具有一定的客观性，它并非由人们刻意制造出来的；二是文化是一种传统，而这种传统，是由人们习得的行为规则构成。这里所谓的行为规则，其实就是被人们所认可并且反复适用的民俗习惯，因为人们遵

---

① 卓泽渊：《法理学》，北京，法律出版社 1998 年版，第 106 页。
② 哈耶克：《法律、立法与自由》，北京，中国大百科全书出版社 2003 年版，第 500 页。

从了民俗习惯的规范，所以产生了这种由民俗习惯而来的秩序，这或可解释民俗习惯是产生秩序的规则本身这一观点。哈耶克还认为文化传统并非由人刻意制造出来的，也就是说民俗习惯作为一种社会秩序非由人为而成，而是自发而生。哈耶克在后续的研究中也佐证了这一观点，他在研究西方社会发展问题时，提出了"自生自发秩序"的概念，他认为："对一些习惯性惯例的普遍遵守，乃是人们生存于其间的世界得以有序的必要条件，也是人们在这个世界上得以生存的必要条件"[①]。哈耶克在这一阶段的研究中再次肯定了民俗习惯这种社会秩序是自发自生形成的，秩序的表现形式在于规范人们的行为，而这种人人遵守的行为模式就是规则，其在初始的产生中是自发而生的，但是随着人们认识水平的提高和反复的实践和总结，这种由本能形成的规则就发展为系统而清晰的论述："它就如同社会生活赖以为基础的语言、货币或大多数习俗和惯例一样，不可能是任何人的心智发明所致。"[②] 而把这些由民俗习惯约定俗成的行为规则发展成一套系统明确的民间法体系，是对繁多的民间规则给予细致挑选和总结的过程。凡是符合民俗习惯的行为就予以肯定，不符合民俗习惯的行为就予以否定，在这种去粗取精、去伪存真、由此及彼、由表及里的过程中，寻找诸多规则中的共性加以归纳总结，从而得到一种自发秩序的机制。[③]

　　对民俗习惯的普遍遵守，实际上就是对体现出的习惯性的恪守，相比于其他规范而言，对习惯性的遵守无疑更具有内心上的认同，而其他规范与民俗习惯相抵触时，人们无疑更倾向于民俗习惯。因为这种习惯性是根植于社会生活之中的，是由人们长久以来的生活经验归纳总结而成的，来源于生活而应用于生活。因而，在其与国家制定法的比较之中就具有很大

---

① 哈耶克：《法律、立法与自由》，北京，中国大百科全书出版社 2003 年版，第 133～136 页。

② 哈耶克：《自由秩序原理》，上海，上海三联书店 1997 年版，第 185 页。

③ 邓正来：《法律与立法的二元观》，上海，上海三联书店 2000 年版，第 17 页。

的差异性，无论是外在表现形式，还是内在规则逻辑等方面，其都显现出一种非正规性特质。由此，秩序的产生与维续，对民俗习惯而言，是一种自生的过程，而不是刻意的人为制造过程。

就如今的中国法治建设而言，其形成的过程并非完全是本土社会法治自身发展的结果，更多的是在政府主导下的对其他国家法律的移植与借鉴。诚然，法律移植无疑可以使我国更加方便快捷地建成与世界接轨的现代化法律制度和法律体系。但是，忽视本国的法律传统，缺乏对自身国情中法律现实的研究，否认那些自发而生的民俗习惯和社会秩序，强势推进国家法主导的建设进程，由此而建成的法律体系是并不完善的。

民俗习惯根植于中国社会之中，既表现为一种生存经验，也表现为一种民族心理或文化传统，在中国社会尚未发生根本性的社会变革之前，它的生存土壤是不会消亡的。民俗习惯或可作为一种价值取向而被国家所认可并上升到法律体系之中，或在影响深远的地区作为衡量社会行为的准则而具有实践的现实意义。民俗习惯既表现为一种内心的约束而在思想上为公众所认同，也表现为一种外在的强制而规范人们的行为模式，从而形成一套由民俗习惯构成的民间的社会秩序体系，并通过这种秩序所约定俗成的规则来引导和调节人们之间的关系。从民俗习惯在调解纠纷中体现出来的作用来看，虽然其无法取代国家法的权威性、终极性的调节作用，但在诸多领域，尤其是民事纠纷领域依然发挥着不可替代的作用。

民俗习惯可以说是本土社会发展起来的民间社会秩序，是根植于本土社会的结晶，在乡土社会气息依旧厚重的中国社会之中，民俗习惯的意义依然十分重要。尤具代表性的就是农村社会，其体现出的乡土气息极为浓厚，是较为典型的熟人社会。在这种情境中，民俗习惯比国家法更容易塑造出一种稳定的社会秩序。在乡亲邻里之间，用法律来解决纠纷和矛盾，无疑会瓦解这种以情分维持的熟人社会，而以民俗习惯来处理，则会在解决问题的同时保留余地而不至于由此生恨，而且还可以因为众人的参与形成内心的认同，从而起到教化他人的作用，并为以后处理相似的问题提供参考。因此，民俗习惯在追求秩序理性的过程中，总是不断地建构新的符合社会秩序的规则体系。

（二）民俗习惯影响主体的行为模式

　　各国学者对社会秩序的界定各不相同，而哈耶克从主体的角度对其进行分析，认为它是"个人能够执行一项一以贯之的行动计划，然而这种行动计划之所以能够得到执行，原因是他几乎在执行此计划的每一个阶段上都能够预期其他的社会成员作出一定的贡献"①。从他的观点出发，社会秩序的存在和发展除个人的行为之外，更重要的是他人行动的配合，体现出对合作的需求。个人依照风俗习惯办事，是出于对他人同样依此办事的期待，因而风俗习惯必须首先在社会成员中得到普遍的认同和遵守，为实现合作提供可能。基于这一特性，民俗习惯也拥有了类似于国家法的规范作用，例如在特定的区域中，民俗习惯为人们提供某种行为模式，指引人们可以这样行为、必须这样行为或不得这样行为，从内在和外在两个方面影响着人们的行为。而根据这种指引，人们可以依据民俗习惯的规定事先估计到他人将如何行为以及这种行为可能产生的结果，从而采取相应的对策。这些预期的基础虽然并不是国家法的明文规定，却也是自祖上传下的"规矩"，违背了这些"规矩"虽不至于被法律所惩戒，却也会被这片区域的"圈子"所抛弃。人是社会的产物，为了自身的生存和发展也不会轻易触碰这一底线。正如马克思指出："人的本质是一切社会关系的总和"②，"社会关系的含义是指许多个人的合作，至于这种合作是在什么条件下，用什么

---

① 邓正来:《自由与秩序——哈耶克社会理论的研究》，南昌，江西教育出版社 1999 年版，第 22 页。
② 《马克思恩格斯选集》（第 1 卷），北京，人民出版社 1995 年版，第 60 页。

方式和为什么目的进行的，则是无关紧要的"①。从这些观点我们可以看出，人是具有社会属性的，而社会关系的核心是人与人之间的合作，无论这种合作是直接的还是间接的，抑或是其他的形式。例如，在我国西北某些地区，普遍存在着"打平伙"的民俗习惯。所谓的"打平伙"是指由若干参与者中的一人去附近的市场买一只全羊，把羊价按照参与者的人数平均分开，每人在吃之前交上这一份子钱，这种方式有些类似于现在流行的"AA制"，在法律上说属于民法中按份共有的范畴。这种民俗习惯最初设立的目的，无非就是加强人际交往，培养友谊之用，而随着这种民俗习惯不断地常态化和固定化，慢慢形成了一种民间的社会秩序，开始作为规则对人们的心理活动和行为模式产生影响。

人生而爱好和平，向往有序和谐的生活。这既是人作为人的生活的需要，也是由人组成的社会的发展要求。人依靠社会而生存，安定有序的社会环境无疑更有利于自身的安全，而社会作为一个整体在历史的大势之中，总是遵循着由不文明向文明发展，由非理性向理性发展的规律。人类追求秩序的欲望出于本性也源于社会，而民俗习惯作为一种特殊的社会秩序，其存在的基础源于人们相互之间的信任，通过社会成员之间的内心认同来表达。这些风俗习惯承继于文化传统，表现为人们普遍遵从的社会风俗和伦理道德，根植于人们对反复使用的民间规则的认同，作用于人们实际生活的方方面面。

民俗习惯适用于特定的区域，以族群的共同生活经验为基础，从而在人与人之间的相互交往实践中形成一套规则体系。这些规则来源于以往生活经验而作用于现在的实践生活，以成文方式编集者有之，以不成文方式适用者有之。然而，当这些民俗习惯被这些生活在同一片区域、传承同一种文化的群体所共同认可之时，它往往自发地形成一种适用于这个群体的

---

① 《马克思恩格斯选集》（第1卷），北京，人民出版社1995年版，第66～67页。

行为模式。民俗习惯的产生与人们的具体行动后果之间没有必然的联系，其藉由社会的文化、历史、经济及秩序等因素来形塑，从文化传播学的意义上来讲，它是一种内生性文化的演进过程。因为这些民俗习惯传承自同一种文化，故而他们拥有相同的语言、相同的信仰、相同的节日、相同的礼节，从而形成一种独特的气质，即使身在异乡互不相识，也能在人海中认出彼此，品味共同的方言，庆祝共同的节日，遵循共同的社会风俗，从心底里产生强烈的认同感。这种对民俗习惯的情感，远不是人们对行为模式的遵从这种表面的形式，而是深入人们的思想信念，从内心得到承认。

（三）民俗习惯传承中国传统的伦理秩序

中国古代的经济基础一直是小农经济占主导地位，而与这种生产方式紧密相连的则是家族制度，因而我国长期以来都表现为一种家国同构的社会结构，而"家国同构"则是宗法社会的显著特征。在这种社会之中，服从宗法等级制度、遵守伦理道德是人与人之间交往的基础。由此形成了以伦理规范为表现形式的民俗习惯。同时，在宗法社会之中，家与国的系统组织与权力配置都由血亲与宗法关系来统领，遵循严格的家长制，因而传统社会中的伦理规范，主要表现为家庭伦理方面的规范，是对人们在血缘、辈分方面的规定，也是评价人们行为是否得体的标准[①]。

在中国传统的乡土社会之中，人自出生伊始，就降临在一个熟人的社会，地域的限制和血脉的相连既确定了一个人的人际关系，也限定了一个人的价值追求，对家庭、家族乃至国家的认识和责任绝非所谓的世俗理性所能冲破的藩篱。宗法社会的伦理规范传承至今，即使现代法治建设颇有成效，也不能忽略民俗习惯对伦理秩序的诉求。现代推行的法治秩序其实

---

① 马长山：《法治进程中的民间治理——民间社会组织与法治秩序关系的研究》，北京，法律出版社 2006 年版，第 131 页。

是以国家的强制力作为后盾的强制性秩序，通过制定法提供确定的行为模式来约束人们的外在行为，从而构建安定有序的社会秩序，然而这种外在的强制力想要真正被恪守与遵行，还需要人们在内心上真正地认同这些行为规范。与国家法相比，民俗习惯是从人们积累的生存经验中产生，而不是由人们的理性制定而成，它天然地具有被人们理解和接受的优势，而且对于秩序而言，风俗习惯又是孕育秩序的规则本身，因而在建设现代法治秩序的进程中，民俗习惯是必不可少的。作为伦理、道德、习惯规范的表现形式，民俗习惯蕴含着丰富的内涵，它的缺席可能使我们的政治法律制度缺乏深厚根基而变得"不能承受之轻"，也可能使法治因缺乏亲和力而无法形成信仰基础[①]。可见，离开了道德、习惯、伦理秩序的支撑，现代法治秩序的建设也将难以为继。民俗习惯的秩序体系来源于生活经验，也来源于生活实践，是自生自发的，它所代表的诉求是人们最基本的、最朴素的需要，国家的建设和法律的制定理应建立在这些需要之上。只有充分尊重道德和人伦的理性秩序，安定有序的社会秩序才能切实地建立起来。

在 2012 年 11 月份的一次田野调查之中，我们与几位同事前往了河北省沧州、衡水等地，就民俗习惯的司法适用情况进行了调研。在此期间，我们访问了这些地区的十二个村落，并与一百多位当地的村民进行了交流，每当问及"你是因为什么原因愿意遵循民俗习惯"之时，这些淳朴的村民总会回答："这是祖宗传下来的嘛，这么多年了大家都认可这个理，怎么能不遵守呢。"如此朴素的回答，恰恰体现了民俗习惯的本质。民俗习惯作为一种社会规范是脱胎于人们的生活经验之中的，在日常生活中往往表现为我们所熟知的伦理道德。诸多的伦理道德规范，通过人们内心的强制力，形成了一种伦理秩序，它来源于生活经验，活跃于流行的特殊区域，既维护着人们的日常生活，又确保其理论的传承性。

---

① 　马长山：《社会转型与法治根基的构筑》，载《浙江社会科学》，2003 年第 3 期。

与此同时，来源于生活经验的民俗习惯又实实在在地作用于人们的生活之中，它的理论和价值观潜移默化地被民众所认可，进而在生活中得到普遍性的遵守：按照其规则办事成为一种本能，而违背这些规则会受到谴责和惩戒。它首先在人们内心的层次获得了普遍的认同，进而影响人们的外在行为模式，以达到调整社会关系，维护社会秩序的目的，使这些遵循民俗习惯的地区达到一种社会和谐，安定有序的状态。

四、民俗习惯的制度适用空间具有法定性

民俗习惯的制度适用空间具有法定性，这一点在少数民族的民族区域自治中有着具体体现，下文将以此为例，通过民族区域自治制度和法律中的具体体现等方面加以分析阐述。

（一）民俗习惯的制度空间突出体现在少数民族的民族区域自治制度之中

民族区域自治制度既是我国的一项基本政策也是我国的一项基本政治制度，制定的意义就是在维护国家法制统一的基础上，尊重各少数民族固有的风俗习惯，制定适用于本民族的法律，以便促进民族团结和更好地管理少数民族聚居的自治地方。出于这一目的，我国的民族区域自治制度体现出两个显著的特征。首先，中国的民族区域自治是国家统一领导下的自治，各民族自治地方都是国家领土不可分割的一部分，设立的自治机关都是国家的一级地方政权，因而自治权的行使必须服从国家的统一领导。其次，我国大杂居、小聚居的民族分布情况是由历史、地域、经济、文化等因素的共同影响而形成的，因此我国的民族区域自治既不是单纯的民族自治也不是纯粹的区域自治，而是把民族自治与区域自治相结合，综合考虑各种因素，创设出的具有中国特色的民族区域自治制度。因而我国的民族

区域自治制度不仅体现出了民族因素与地域因素的结合，也考虑到了历史
与现实，政治与经济，制度与法律，风俗与文化等多方面因素的有机统一，
真正立足于中国的具体国情，摆脱了联邦制和单一制的局限性，在国家结
构和民族关系层面创造了有利于民族问题长期有效解决的新形式。民族区
域自治制度尊重民族情感，尊重各民族主体地位，尊重民族创造精神，[①] 是
人人平等价值理念的内在体现，这种平等既包括对民族差异性的承认和尊
重，也包括对多元民族文化的理解和包容，这不仅是处理民族关系的基本
态度，也是实现民族平等、团结和共同繁荣的有效保障。

（二）民俗习惯制度空间在宪法和法律中的具体体现

民族区域自治制度不仅体现了国家对少数民族民俗习惯的认同和尊重，
同时也为民俗习惯进入国家法律提供了可操作的空间。宪法和法律的相关
条款也为少数民族民俗习惯进入国家法提供了有力的保障。《宪法》第 115
条规定："自治区、自治州、自治县的自治机关行使宪法第三章第五节规
定的地方国家机关的职权，同时依照宪法、民族区域自治法和其他法律规
定的权限行使自治权，根据本地方实际情况贯彻执行国家的法律、政策。"
宪法是国家的根本大法，具有最高的法律效力。这一规定表明：第一，民
族自治地方自治机关享有双重职权，除了享有一般地方的权力之外，还享
有法律规定的自治权；第二，自治权在很大程度上表现为根据本地方的实
际情况，贯彻执行国家的法律、政策。对于不符合本地方实际情况的法
律、政策做适当变更后执行。《宪法》第 116 条规定："民族自治地方的人
民代表大会有权依照当地民族的政治、经济和文化特点，制定自治条例和
单行条例。自治区的自治条例和单行条例报全国人民代表大会常务委员会
批准后生效。自治州、自治县的自治条例和单行条例，报省或者自治区的

---

① 贾庆林：《坚定不移走中国特色解决民族问题的正确道路》，载《求是》，2010 第 24 期。

人民代表大会常务委员会批准后生效，并报全国人民代表大会常务委员会备案。"《民族区域自治法》第 19 条规定与《宪法》第 116 条的规定几乎相同，只是备案机关增加了国务院。该规定明确了民族自治地方自治立法的形式与程序，即少数民族民俗习惯进入自治立法的形式与程序。《民族区域自治法》是贯彻民族区域自治制度的基本法，其中第 6 条第 2 款规定："民族自治地方的自治机关根据本地方的情况，在不违背宪法和法律的原则下，有权采取特殊政策和灵活措施，加速民族自治地方经济、文化建设事业的发展。"第 10 条规定："民族自治地方的自治机关保障本地方各民族都有使用和发展自己的语言文字的自由，都有保持或者改革自己风俗习惯的自由。"作为规范立法活动的法律，我国立法法对民族自治地方的自治立法做出了限制性规定，同时也规定了变通立法的效力和适用情况。《立法法》第 75 条第 2 款规定："自治条例和单行条例可以依照当地民族的特点，对法律和行政法规的规定作出变通规定，但不得违背法律和行政法规的基本原则，不得对宪法和民族区域自治法以及其他有关法律、行政法规专门就民族自治地方所作的规定做出变通规定。"第 90 条第 1 款规定："自治条例和单行条例依法对法律、行政法规、地方性法规作变通规定的，在本自治地方适用自治条例和单行条例的规定。"这也就意味着，如果以少数民族民俗习惯为基础，对法律行政法规作出变通的，少数民族民俗习惯优先适用，原有的法律条款在民族自治地方不再具有法律效力。此外，我国刑法、民事诉讼法等多部法律也规定了民族自治地方不能全部适用该法律规定的，可以由自治区或者省的人民代表大会根据当地民族的政治、经济、文化特点和本法规定的基本原则，制定变通或者补充规定。自治立法在我们这样一个地域广阔、民族众多、发展不平衡而又风俗各异的大国不仅可以避免一刀切的弊端，而且能够发挥经久传承的少数民族民俗习惯的作用，因地制宜，切实保护少数民族的合法权益。

五、民俗习惯对法治实践与理论具有潜在知识价值

民俗习惯对法治具有潜在知识价值，但是无论是自治立法还是理论研究均有所忽视和滞后，这也是需要我们重点发掘和研究之所在。

（一）自治立法对民俗习惯知识价值的忽视

尽管宪法和法律为少数民族民俗习惯进入国家法提供了有效的制度设计，但是民俗习惯依然无法进入民族地方立法者的法眼。有学者在研究刑事民俗习惯时曾尖锐地指出，民俗习惯可能具有的理论机能、智力资源与现实能量，在相当意义上仍然无法进入立法者的视域，以至于构成整个立法过程的盲区。当然，这样的境况不能完全归咎于立法者的短视。主流刑法学者漠视民俗习惯这一久远的知识传统，不注重挖掘其潜含的理论意义与价值，从而无法形成一套系统的说明性学理和公共话语，是导致这一状况的主要原因。在某种意义上，刑事制定法对于民俗习惯的轻视与贬抑，是在朝者与在野者的一种共识，是立法者与刑法学家的一种合谋。[1] 不单单是刑事民俗习惯在现行的民族自治地方自治立法中找不到踪影，除了婚姻法的变通与补充规定部分吸收了当地民俗习惯外，宪法和法律为民俗习惯预设的制度空间基本上被束之高阁。自治立法尤其是自治条例在结构上千篇一律，内容上大同小异，照搬照抄宪法及民族区域自治法的内容，操作性不强，针对性差，缺乏地方和民族特色，俨然地方"小宪法"或组织法。各个民族自治地方制定的共计 700 余件自治立法中，[2] 真正吸收民俗习惯的寥寥无几。"法治的基本原则之一就是强调法律规则的普遍性，即对所有人的相同问题都适用同样的规则，这一抽象的看起来非常必要和公正的原则，

---

① 杜宇：《重拾一种被放逐的知识传统：刑法视域中习惯法的初步考察》，北京，北京大学出版社 2005 年版，第 41 页。

② 马启智：《新中国 60 年民族法制建设》，载《求是》，2009 年第 20 期。

在不同地区哪怕针对的是类似事情，适用起来也一定是麻烦多多，争议多多。作为法律人，往往会强调法律条文的普遍性，不看具体情境，但具体的执政者、执法者和司法者则必须面对那些无法为抽象文字所涵盖的纷繁复杂的具体问题。"[1]中国有着广大的少数民族人口，同时有着超过 50 年在其国土 2/3 的地区实行民族区域自治的历史。对于政治、经济、社会和文化发展差异较大的中国，以自治立法的方式承认和认可少数民族民俗习惯，从而平衡统一性和差异性矛盾，协调不同的价值观以实现有效的社会治理，具有重要的理论意义和实践价值。然而，从民族自治地方的立法实践上看，其重要性和意义远未得到应有的重视，几乎完全被忽略了。

（二）与民俗习惯相关的法制化理论研究滞后

近年来民间法与少数民族民俗习惯（习惯法）受到一些学者的重视，在一些"小众"范围内成为持续关注和研究的重点。专门刊载此类研究成果的《民间法》集刊至今已出版 30 卷，《山东大学学报》《西南政法大学学报》《甘肃政法大学学报》专门开设了民间法、习惯法研究专栏。学术界和实务界对民间法与少数民族习惯法展开了多视角、多层面的研究，出现了很多有价值的成果。总体来讲，民俗习惯及其相关研究呈现以下特点：首先，研究成果数量可观，并呈持续稳步发展态势，学术界对此表现出了高度热情。其次，研究主体的多样化，除了学界之外，法官、律师等司法实务工作者也逐渐参与其中。最后，民间法、习惯法的学理研究向民俗习惯司法适用研究的转向。一方面，一些学者近年来逐渐关注民间法、民俗习惯的司法适用，这也反映了学者和司法实务界人士的学术自觉。另一方面，一些地方法院对民俗习惯的司法运用也进行了积极的探索，如江苏省泰州市姜堰市人民法院结合本院司法活动的具体情况，对当地的民俗习惯展开

---

[1]　苏力：《法治与发展的特殊性创造性》，载《人民日报》，2011-07-06（17）。

调查、甄别与整理，并颁布了若干规范性文件指导民俗习惯的司法适用。但是纵观民间法及习惯法研究成果，仍然存在着较大的局限性和研究误区。"近年来习惯法和民间法研究渐成热点，学说纷纭，论作迭出。在这一片喧嚣和热潮中，专家学者醉心于历史考证、理性思辨、体系建构和逻辑推演，而从部门法机理加以分析、从现行法律规范的缝隙为少数民族习惯法寻求空间的研究却并不多见，尤其缺少对现有制度空间的充分挖掘以及习惯法在立法司法过程如何引入与操作的技术细节的论证。"① 学者们或是热衷于对相关问题进行历史考察，寻根溯源；或是针对某些并不具有典型性的案例不断论证、反复研讨；或是针对其中若干理论问题进行学理探究，忽略制约条件和法律背景探讨制度建构；纸上谈兵、闭门造车的研究倾向严重，缺乏的是真正基于实地调查的经验总结和理论提升，本应来自田野和乡间的习惯法研究成为纯书斋的学术探讨。尤其耐人深思的是，探索如何利用现行的制度空间提升、确认少数民族民俗习惯，使之具有法律效力，从而解决国家法与习惯法的冲突研究方面成果少之又少。民族法学（民族区域自治法）研究与少数民族习惯法研究截然分开，成了毫不相关的两张皮，民间法和习惯法研究在促进和推动立法方面的作用微乎其微，甚至基本没有得到立法部门的关注，学理研究和实际立法尚缺乏某种程度的联结。目前民俗习惯司法适用研究已经成果斐然，而民间法和习惯法研究如何推动地方立法尤其是民族自治地方自治立法，还有漫长的路要走，而这无疑也为民俗习惯司法适用的必要性提供了理由。换言之，只有在司法实践中加大对民俗习惯的适用力度，才能从根本上提升民俗习惯在法治理论与实践中的地位。

综上所述，若要在司法过程中实现案结事了的目标，援引民俗习惯不失为一个好的"策略"。换言之，民俗习惯在司法过程中被援引不仅是可行的，也是必要的。但相较于一个纯粹的适用过程中的可行性与必要性而言，民俗习惯在司法适用中的现实价值究竟何在则是一个更为重要的问题。

---

① 张殿军：《罪刑法定视域的少数民族习惯法》，载《甘肃政法学院学报》，2009 年第 3 期。

第二节　民俗习惯在司法适用中的现实价值

价值是一个具有多重意义的词汇，不论是在伦理学、哲学、经济学还是社会学等领域，所表达的核心都是一种功能。在法学界，有关民俗习惯的适用功能主要体现在两个层面：第一，民俗习惯对成文法的补充作用；第二，民俗习惯对提高司法公信力的积极意义。

一、民俗习惯可以弥补成文法的不足

成文法犹如一个呆板的书虫，让人觉得无趣，而民俗习惯犹如一个活泼好动的少年，让人觉得充满生机、朝气蓬勃。成文法调整的是一些最普遍、最基本、最主要的社会关系。因此，成文法不可能把社会中所存在的所有问题都包揽其中。在民事司法中，用习惯规则补充法官面临的法律漏洞，以习惯补充法律漏洞，这是最常用的方法。[1] 通过民俗习惯对法律所无法涉及的地方进行有效补充，不仅能够增强法律调整范围的广泛性，也能使人们增强对审判结果的信服，弥补法律的不足。[2] 正如苏力先生所说的，在中国法治追求中，最重要的或许不是对那些西方法律的移植，而是应关注中国传统的民俗习惯、调解制度等，虽然它们往往容易被人们所忽视，但在中国社会中却起着重要作用。在完善中国式社会主义现代法治体系重要时期，我们应当重视民俗习惯在司法适用中的价值，它有利于弥补成文法的不足。梁治平认为，民间法为国家法的补充和基础。成文法内容明确而具体，有利于维护法制统一，但任何法律都不可能包罗万象，法律只能

---

[1]　陈建华：《论习惯在民事司法适用中的现状、困境与出路——基于我国司法实践的视角》，载《民间法》，2016 年第 17 卷。

[2]　颜琪录：《民俗习惯司法适用研究》，硕士学位论文，西北师范大学，2021 年。

对过去发生的事件进行总结和归纳，进而抽象为一般规则。这就决定了法律对于新生事物不可能完全适用，僵化适用反而会适得其反。相对于成文法，民俗习惯富于灵活性及弹性，是在社会生活中实际运行的活着的、具有生命力的规则，通过适用民俗习惯，避免成文法调整的机械、僵化，使法律灵活调整不断变化着的社会实践，这从另一方面说明了民俗习惯在司法适用中所发挥的难以估量的作用。作为一种集体意识，民俗习惯还具有规范人们言行的功能，有助于营造良好道德环境，增强人们的规则意识。[①]

民俗习惯的规则体系往往具有地域性特征，是对本地文化传统的继承，外在的文化对其发生、发展基本没有太大的影响，它主要是通过行为心理进行传播和传承的。主要通过生活于其中的人们，在情感心理上的认同价值、取向上的共同性以及社会舆论来维持它的效力和影响。通过与成文法的比较可以发现，民俗习惯在我们的生活中不可缺少。

第一，成文法在一定程度上存在不确定性和模糊性的弊端。成文法能够被人们所普遍遵守的前提是法律必须是明确和稳定的，法律规定不明确就无法为人们提供准确的行为模式，法律规定不稳定就会使人们不知遵守何种法律而无所适从。"法律的确定性意味着法律规定了一定行为与一定后果之间稳定的因果关系，将人类一定行为模式固定化、法律化了。"因而，法律确定性特征意味着其能够指引人们的行为，使公民能够正确地评价和预测自己的行为和后果。然而，成文法看似十分明确，但是在真正的实践过程中，成文法的法律条文仅仅作出了轮廓的阐释，有一些条文的具体规范鲜少提及。

在这个日益纷繁复杂的社会中，如果让法律把生活方方面面都明确化，一方面不实际，正如一位智者所言，"任何一个人的天分都没有高到使他具

---

① 李晓悦：《地方民俗习惯融入乡村治理的功能价值、现实挑战与路径选择》，载《百色学院学报》，2022 年第 6 期。

有预见到一切人类将遭遇到的并制定出恰当规则予以调整的先见之明"，因此成文法存在的局限性是不可避免的。另一方面会激发人民潜在的不满，人们的自由价值将会受到限制。由此可知，法律的确定性和不确定性并不是绝对的，在某些案件中，虽然有法律规定的大前提，有案件事实的小前提，但这并不意味着我们一定能够推断出准确的结论，事实上这种结论往往是不确定的，如果依照这种成文法处理事情，就难以判断当事人具体的、确定的行为。导致法律的可操作性非常差。这种成文法所存在的不确定性和模糊性是它自身所存在的。

不可否认的是，法律往往是先在意识之中形成，然后才以语言文字的形式表现出来的，但是受限于语言文字本身的缺陷，对法律的解读往往是不明确的甚至有时会产生歧义，必须把它运用到实际的问题之中才能读懂它的真实含义。但是，要做到这一点，就像制作一双万能鞋，让任何人穿起来都合脚那样困难，放之四海而皆准的规则条例是难以制定出来的。语言文字作为法律的表现形式已然难以表述清楚立法的本意，那由其所表达的法律内容就更难以明确解读。依据现实主义法学家弗兰克的观点，法律的多样性和模糊性特点是难以避免的，过去如此、现在如此，即便以后法学能够获得更大发展、立法更加成熟也是一样。正是因为法律的这种固有的模糊性，所以其确定性是受到压抑的、是相对的，而其不确定性却是不可避免的，这就给习惯法的引入带来了机会。习惯法在成文法所难以牵涉到的范围内可以大放异彩。在我国古代，在成文法制度不健全的情况下，一些官员就从当地的习惯法中寻找依据，使问题得到很好的解决。从妥善化解社会纠纷的角度看，民俗习惯由于经历了历史的考验，内容比较具体，可操作性强，这就为法官提供了解决问题的途径。总体上讲，相对于成文法，民俗习惯是在人们的生活中自生自发而成的，更容易被人们所理解和接受，因而其在化解矛盾纠纷等方面天然地具有优势。虽然成文法调整的社会关系十分广泛，却难以深入社会的所有方面，在成文法没有明文规定或者不适宜调整的社会领域，如果有民俗习惯加以规范，而且民俗习惯具备操作可能的情况下，其无疑如雪中送来的"炭火"一般及时，让一些法官从中得到启发而顺应民意、解决问题。民俗习惯可以以一种善良风俗进入司法裁判，作为参考或理由，使一些模糊和不明确的法律条文具体化。作为成文法的补充，民俗习惯正在发挥着自身的优越性。

第二，成文法的滞后性可以通过习惯法的发展得到变化发展。其一，成文法作为一种维护统治阶级的根本利益和社会秩序的工具，在修改法律可能危及统治阶级利益时，统治阶级会寻找各种理由来阻碍这些法律的颁行实施。历史上这样的例子不胜枚举，最典型的就是维新变法的失败。其二，成文法要想得到贯彻执行就必须具有权威性，而法律要保持权威性就必须保持必要的稳定性，但是在飞速发展的社会生活中，成文法所调整的社会关系显然比成文法的变化速度要快，因此当统治阶级考量众多的利益而意识到成文法可能危害自身利益之时，对那些并不适合于当代需求的法律，统治阶级仍会故步自封，并对那些积极变法者给予严厉的打击。这种力量上的对比使得改变成文法的难度犹如摘取天上的星星般可望而不可即。因此，只有改革是统治阶级自上而下发起的，并且得到最广大人民拥护时才会推动成文法的修正。

此外，由于成文法本身修改程序的复杂性及内容的严格性等因素导致了成文法发展的滞后性，继而对现存的法律提出了巨大的挑战。与之形成鲜明对比的是一些地区的民俗习惯，一方面由于它们与利益集团针锋相对的抗衡带来的冲击力较小，使得一些统治阶级忽略这些小的不稳定因素。另一方面，由于习惯法对于当地的群众来讲是根据当地的具体情况具体分析的结果，因此我们可以从一些民俗习惯的应用实践中看到，它的变化发展大部分是最底层的老百姓发起的，群众是历史的推动者，一些接受新文化的群体会针对当地情况采取适合当地实际的措施。这就会使得一些先进的理论和思想融入民俗习惯发展之中，民俗习惯虽历经岁月的洗礼，但它的内涵会更加精纯，民俗习惯在社会中的地位更是不可替代的。法律滞后性的另一体现是法律总会把一些成熟的东西引入法律，这就使得一些处于萌芽状态的先进法律思想、法律观念和法律方法难以及时融入法律规定，使法律难以跟上时代的步伐。

按照学界通说，民间规则不像国家成文法，其可适用的时效更为长久。一方面，民间规则内部存在着一种逻辑链条，依靠人们的内心确认层层相连，牢固而可靠；另一方面，民间规则本身就是一种文化，一种独特的内文化，以地域为经线、传统为纬线，沿着时间的坐标轴不断转动。但是，需要指出的是，这并不意味着民间规则是一套封闭的规则体系，或者说是一套有限开放的规则体系。众所周知，在城市文化的迅速发展和国际化、现代化的冲击下，一些民俗习惯也受到了潜移默化的影响。在民俗习惯与现代化思想碰撞之时，民俗习惯的适时变化性弥补了成文法的滞后性。民俗习惯是群众自发形成的，从某种程度上说群众的积极情绪高涨，继而导致群众的接受程度高。有一些民俗习惯与当时的社会环境相适应，并且推动了整个区域的发展，姜堰等地的实践就是比较成功的案例，他们把民俗习惯纳入法律工作之中，得到了当地群众的认可和赞扬。

第三，成文法的僵化需要民俗习惯的变通处理。虽然成文法调整的社会关系十分广泛，但是作为国家颁布施行的法律，不可能细化到每一个事物，因为它所面向的是效力范围内的所有主体，所以成文法的内容只能是经过概括和抽象的规范。法律始终呈现出一种抽象的概念、规则、原则陈述模式，这种抽象性造成了法律内在结构的机械性：它只能规定一般的适用条件、行为模式和法律后果。因而法律的僵化性体现在形式结构之中。但是，在实际的法律实践中，极少有能恰如其分地符合法律所设定的一般模式的案件，相反，这些案件往往具有各种特殊情况。既然这些具体的案件具有了这种特殊性，那么再一味地运用抽象而固定的法律规范去解决问题，结果不言而喻。成文法这种定型化、模式化的法律形式缺乏一些人性化因素，如何能更好地兼顾个体化的特殊权利是成文法难以企及的。

成文法实施所面临的困境就是如此，它在制定之时为了在有限的文字内解决可能面临的一般性问题而极尽概括，但在面临具体问题时却又因规定过于笼统而无所适从。因此成文法的这种僵化可能导致表面上的公平和实质上的不公平。这种"一刀切"会引发人们对法律的质疑，不利于法律的实施，很难达到成文法立法者所期盼的法律效果。尤其是一些地区强行推行僵化成文法的行为，让拟逐步替代民俗习惯法的成文法最终因缺少民间土壤的滋养而注定不能生根开花，国家成文法也会丧失社会基础和权威。民俗习惯本身置于社会群体之中，它们的社会影响力以及普遍的接受程度都比成文法高。成文法适时地吸纳民间法可以使成文法更有亲和力，更能得到群体的认同与遵守。

民俗习惯本身就存在价值性，它是当地群众或民族从历史中积累起来的经验和对优秀的文化传统的继承与发展。民族的优良传统，只有在深入研究民俗习惯后，才能有效挖掘出来。民俗习惯对于国家的政治进步以及调整社会关系的社会功能不容小觑，我们应充分认识其存在的现实合理性，在保证国家成文法权威和尊严的同时发挥民俗习惯的优越性，实现两者在法制现代化这一历史前提下的互动整合，达到社会关系和谐、降低执法成本、提高执法效率的目标。充分发挥民俗习惯在各个领域尤其是国家法不宜涉足的领域之中解决矛盾纠纷的功能，提高办事效率，建立相互沟通、互利双赢的多元化纠纷解决机制。

第四，人们在遇到纠纷而诉诸成文法时，门槛要求特别高，这些可以从刑事诉讼法和民事诉讼法中得到有力的证明。刑事诉讼的立案要求：有犯罪事实且此犯罪事实应当有证据证明，需要追究刑事责任。如果这些条件不能满足，纠纷则难以用诉讼方式加以解决。而民事诉讼的起诉条件也较为复杂：一是原告是与本案有直接利害关系的公民、法人和其他组织；二是必须有明确的被告；三是具有明确的诉讼请求和事实理由；四是案件的管辖要符合级别管辖的规定并且属于人民法院受理的范围。可以看出，每一个条件都存在门槛的限制性规定。

这就会导致人们的诉讼成本增加，人们懒得将纠纷诉诸法律。这就导致一些成文法的自身启动十分困难，一些法律条文名存实亡，不能有效发挥立法者所期望的作用。相比之下，一些民俗习惯的启动限制比较少，人们能够比较方便而快捷地保护自己的权益，因而这些民俗习惯的规则也容易被人们所接受，以至于人们会选择性地忽略成文法律的存在。民俗习惯的可诉性更有利于人们调解纠纷，以便于更好地调整社会关系，保护人们的利益。梅因是历史法学派代表人物，他从传统与现代关系的角度出发，提出了"最现代的法制也有古代法的影响"之观点，印证了民俗习惯对成文法的重大影响。中国的法治进程进入了一个新时期，机遇与挑战并存。因此，我们应该充分运用民俗习惯，这既是依法治国的需要，也是从书本上的成文法走向行动中法律的一个重要举措，有利于建立安定有序的和谐社会。此外，把民俗习惯运用到司法工作之中，能够切实增加人们对司法工作的认同感，真心服从司法机关作出的裁判，这无疑对后续执行问题具有重要的积极作用。

二、民俗习惯有利于提高司法审判的公信力

当今社会，国家制定法已经成为社会治理的主角，即便这样，我们也还是应理性认识到国家制定法并不是唯一有效的社会治理规则，千百年传承发展的道德、习惯、习俗、惯例等作为民间规范也对维系良好的社会秩序发挥着重要作用，应该被考虑在内。而且，这些民俗习惯是人们根据生活经验总结出来的，往往具有更坚实的群众基础，是没有这种自发秩序的支撑，仅仅依靠国家法是无法建立长期稳定的社会秩序的。纵观中国法治发展进程，法治现代化的基础没有充分考虑中国本土自然产生的民间习俗、

习惯。欧洲大陆法系的法制虽有诸多可取之处，但终非中国土地滋生的法律传统，这种仅凭政府和少数人依据理性设计建构出来的司法体系，往往并没有在民众的真实生活中寻找、提炼规则，也没有对传统的风俗习惯、社会惯例给予中肯的评价。如此情境之下，出现"规则与事实不符，法意与人心脱节"的情形就不足为奇了，甚至在部分地区还形成了被遗忘的法律和被法律所遗忘的社会并存的畸形现象。

孟子曾说："徒法不足以自行。"放在现代语境下，意思是法律的生命在于实施，法律若是不能被实施、被信仰，那么法律也就只是一纸空文。法律既不是铭刻在大理石上，也不是铭刻在铜表上，而是铭刻在公民的心里。[①] 形式上的法律要被信仰，则不可避免地要向行动中的法律转化，这个过程即是司法。"司法依赖于民众的信仰而存在。"我国行使司法职能的主要机关就是人民法院，其设立的目的就是为人民群众解决纠纷、化解矛盾，可以说良好社会秩序的建立与人民法院职能的实现息息相关。但是，当前我国各类案件居高不下且信访量过大，间接地说明了我国司法裁判的社会认同感还需要进一步提高。民众对当前司法裁判的不满情绪和不信任感，会长期影响社会成员对司法的信心和信念，这会使得司法体系权威感不足。因此，司法判决不能仅仅停留在照本宣科的层面，而应该与影响判决的各种社会因素相联系，深刻挖掘人民群众的真实诉求，探寻人民群众所认可的公平正义，使司法裁判能够切实为人民群众排忧解难，为构建社会主义和谐社会保驾护航。由人们理性制定的法律规范与现实中的法治是有区别的，每一个案件都有自己的特殊之处，恪守三段论而用演绎法得出的结果，并不能说就一定是正确的。司法工作不是展示法律技术，脱离"人情社会"所作的裁判即使严格适用法律、程序公正，也可能造就一件孤芳自赏的作品，不会被社会公众认同。机械地适用法律而不考虑是否合乎情理会在一

---

① 卢梭：《社会契约论》，何兆武译，北京，商务印书馆 2003 年修订版，第 70 页。

定程度上挫伤公众情感，导致公众对司法不够信任和认可。我们举个例子说明在司法过程中是否充分汲取本地资源，是否尊重当地善良风俗所作的判决在民众心中公信力的差距。

甘肃陇南的李某一家曾就女儿是否应该负赡养义务闹上法庭，最终法院判决由儿子全额负责老人的赡养费，照顾老人生活起居，女儿也应配合照顾老人，多探望老人，在经济范围内也可适当自愿分担老人的生活费。本案判决较为符合公众对此种情形的社会判断和认可，但是应该注意，这种善良风俗在老一辈人的心里根深蒂固，不宜过分强化渲染，特别是家里只有一个孩子的情况下，如果不与时俱进，还固守"嫁出去的女儿泼出去的水"的观念，众多老人的生活将得不到保障。所以，民俗习惯的适用具有时空效力，该改进的改进，该摈弃的摈弃，既不能一味全部继承，也不能一味全部否认。本书认为，"嫁出去的女儿泼出去的水"这一民俗可适当适用在生育有多个儿女且信仰该习俗的家庭中；对于一些独生女儿家庭，赡养老人依然是女儿不能逃避的法律责任和道德上的义务。①

民俗习惯产生于人们的生活经验，它受文化传统和生活地域的影响，自生自发从而形成一种社会秩序，它通过人们的内心认同而作用于人们的心理活动和行为模式，从而引导和规范着民众的社会生活。不同于国家法的外在强制力，民俗习惯对社会成员的约束源自人们的内心，是一种自我强制的规范。

民俗习惯之所以能够长期存在而被人们所遵从，是因为它来自当地的生活经验，在长期的反复实践中被人们所熟知和认同，从而逐渐成为人与人交往所必须遵守的准则。民俗习惯为人们提供了社会交往中的行为模式，引导人们的正常生活，一旦有成员违背了这种行为模式，就会受到整个群体的谴责甚至是惩戒，在一定程度上具有教化大众、解决纠纷的功能，从

---

① 案件来源：《人民法院报》。

而使社会形成一种秩序。显然，这与乡土社会运行的理念不谋而合，在具有深刻乡土社会气息氛围的中国土地之上，忽视甚至否定民俗习惯在规范和调整社会关系上的作用，显然是行不通的。而且，我们还应该注意到民俗习惯与普通法律的差异性和互补性。正如苏力教授的观点："中国的法治追求应当重视中国社会中那些起作用的也许并不起眼的习惯、惯例，注重人们经过反复博弈而证明有效有用的法律制度，否则的话，正式的法律就会被规避而无效，而且可能会给社会秩序和文化带来灾难性破坏。"[①] 因此，将民俗习惯引入司法裁判过程无疑有助于提高司法裁判的社会公信力。法律适用有两个重要的目标，即可预测性和可接受性，这也是形式法治和实质法治的要求，可预测性要求司法裁判严格按照法律条文作出裁判，避免武断，可接受性要求法官力求裁判的正当性，按照实质价值或者某些道德考量来裁判。但是，这两者在实务中常有冲突，也就是情、理、法的不统一。人情、天理作为根植于老百姓心中的价值认同蕴藏于民俗习惯中。社会矛盾纠纷纷繁复杂，法官应灵活处理，兼顾并结合法律条文和民俗习惯，有效地化解社会矛盾，实现"案结事了"的司法目标。[②]

三、民俗习惯与民事调解的契合

通过司法途径解决纠纷主要有两种方式：审判和调解。在我国，调解制度是纠纷解决的重要机制之一，被国际上称为"东方经验"。调解制度根据调解主体的不同，可以划分为法院调解和社会调解两种。由不同主体主持下进行的调解有着各自不同的程序和特点，其中法院调解相比于其他调解在纠纷解决方面具有更大的影响力。由于笔者关注的基本问题在于探

---

① 苏力：《法治及其本土资源》，北京，中国政法大学出版社 1996 年版，第 36 页。
② 王聪：《论民俗习惯在法律渊源中的地位》，载《广西政法管理干部学院学报》，2011 年第 2 期。

析民俗习惯在司法过程中的作用，因此本书将对调解制度的探讨限定在法院调解之中，也就是诉讼过程中的民事调解，与诉讼外的社会调解相区分。当前我国正处于经济发展和社会转型的特殊时期，严格依照法律规范的审判活动相对于纷繁复杂、急剧变化中的社会关系而言有时是有滞后的，甚至是无能为力的，以柔性见长的调解制度则获得了更大的作用空间。①

从调解制度的特点和功能而言，调解与审判虽然都是通过公力救济方式来解决纠纷，但是相较于审判而言，两者在运作前提、基本要素以及效果追求等方面是截然不同的。调解制度更鼓励当事双方对于纠纷解决过程的积极参与，以达成合意从而迅速解决纠纷。为了实现这一目的，调解最大程度上尊重当事双方对于纠纷解决的态度和意愿。民俗习惯由于为民众所普遍接受而深刻影响着他们的行为模式、思维方式、情感倾向等，在纠纷解决中起到关键性作用。调解中注重当事人双方的合意，而民俗习惯对于人们达成合意所需要的共同思维方式、道德认知、生活逻辑等因素有着深刻影响，这使得民俗习惯进入了法院调解的视野，或者说调解制度在纠纷解决中的特点和功能设置为民俗习惯的进入留下了生存空间。正是在此意义上，有学者指出"民俗习惯偏爱调解"。换言之，民俗习惯与民事调解是相互契合的，具体体现在以下两方面。

一方面是纠纷解决目的上的契合，二者在纠纷解决目的方面都力求缓和当事人的对立，以实现合意，解决纠纷。从民事调解的价值和功能而言，调解制度自产生之时起一个重要的目的和优势就是迅速简便地化解纠纷。相比于判决，在程序上，调解通过调解人的引导实现当事人的协商妥协；在效果上，调解制度避免了对抗双方的激烈冲突，缓和了当事人之间的对立情绪，有利于恢复和维持长久的人际关系。民俗习惯的产生发展以及在

---

① 参见孟烨：《明代地方纠纷解决模式的历史变迁——以徽州裁判文书为考察对象》，载《复旦学报》（社会科学版），2021 年第 5 期。

发展过程中形成的自身性格，对于调解制度在解决纠纷时实现这一目的具有促进作用，二者在这一方面是契合的。具体而言，民俗习惯是在特定地域之上的共同生活体中的成员在生产生活的相互交往中，经过利益的反复博弈，在不断的摩擦、试错后相互妥协而产生的最终结果，在民俗习惯的产生过程中，社会成员充分参与其中，他们的意识与评价深深地渗透其中，因此民俗习惯的内容和价值目的里充盈着民众丰富的情感因素，反映了民众的心理期待和预期，在很大程度上是在社会个体成员对于道德和情理普遍认知基础上达成的共识。因此，相较于国家法的严格、统一、权威，民间风俗习惯更为缓和与温情，更侧重于不同行为主体之间的合意和自治。人们遵循民俗习惯并使用它来解决纠纷，尤其是在乡村，"起决定作用的并不是从书本上学来的国家法的知识，而是从生活经验中习得的民间法知识，是那些能解决纠纷的种种日常权力技术"。① 因此，民俗习惯的特征使得在民事调解中运用民俗习惯更有利于实现解决纠纷的目的。

另一方面，纠纷解决范围的契合。通过对民俗习惯的界定可以看出，民俗习惯与民众生活是紧密贴近的，有着深厚的社会基础并为广大民众所接受和认同，在社会生活中发挥着不可替代、不可否认的独特作用。从民俗习惯的这一理论界定出发，民俗习惯无论在理论研究还是司法实践运作中必然比国家法更加贴近社会生活和广大民众的生活。从民俗习惯的内容和作用方式来看，民俗习惯是人们"在经验和实践中学习的不断扩展的社会秩序"。因此，对于人们社会生活中最为普遍的民商事关系，民俗习惯规定得最多，也较为具体、详细和丰富。与民众生活最为密切相关的家庭关系问题、婚姻关系问题、继承关系问题、产权交易问题、邻里纠纷问题等都包括在民俗习惯的调整范围之内。同样，在民事调解案件中，家庭纠纷、

---

① 强世功：《知识、技术与权力——一起乡村民事调解案》，载《战略与管理》，1997 年第 4 期。

赡养纠纷、相邻关系纠纷、宅基地纠纷、一般人身损害赔偿纠纷等类型的案件占了很大比例。在基层司法实践中，这些案件的双方当事人一般是熟识的，熟人之间产生纠纷的案件比较适合采用调解的方式结案。由此可见，民俗习惯发挥作用的范围恰恰契合了民事调解案件的基本类型。因此，有学者指出，"习惯情理等民间规范的作用主要是通过调解（包括诉讼调解、民间和行政调解）实现的"。

民俗习惯在司法活动中作用的发挥可以通过民事调解来实现，但具体途径如何？笔者认为可以从调解依据入手分析这一问题。调解依据是指运用调解制度来解决纠纷时所遵循的规则、原则等根据。《民事诉讼法》规定了调解应当合法，但是并没有规定所有的调解依据必须局限于制定法，在司法实践中，为了妥善地解决矛盾和纠纷，法官在调解依据的选择上往往根据个案的实际情况，因时、因地、因人制宜，在不违反法律规定的情况下选择最优化的方案进行。此时，与民事调解制度相契合，在解纷过程中具有诸多优势并为民众所认可和普遍接受的民俗习惯就成为法官可以选择的调解依据之一。

第四章
民俗习惯司法适用的表现
样态及主要障碍

第一节　　民俗习惯在司法适用中的表现样态

一、民俗习惯司法适用的类型

（一）作为规范

作为规范的民俗习惯就是指将民俗习惯作为案件处理及裁判结果的依据，作为三段论逻辑推演的大前提，这是民俗习惯司法适用最重要的种类。根据民俗习惯成为规范的进路，可以将作为规范的民俗习惯分为三个类别，通过立法程序转化为制定法被适用、通过司法解释的补充和调整后被适用，以及通过法官合法选择被适用。

1. 立法程序转化适用

我国目前以制定法为主，在法制改革以政府为导向的现实背景下，立法是民俗习惯进入司法程序最重要的途径。通过立法程序将民俗习惯纳入国家制定法体系，将民俗习惯转化为制定法，使民俗习惯以国家制定法的形式得到适用，既体现了国家法对民俗习惯的接纳，又可使民俗习惯的适用有了载体，具备了司法适用的正当性。

在我国现行制定法体系中，民俗习惯藉由立法程序而被载入成文法的现象早就存在。[①] 由此看出，民俗习惯主要以通过立法流程明确其法律意义

[①]　例如《民法典》第 10 条规定："处理民事纠纷，应当依照法律；法律没有规定的，可以适用习惯，但是不得违背公序良俗。"先前的规定如《民法通则》第 7 条："民事活动应当尊重社会公德，不得损害社会公共利益，破坏国家经济计划，扰乱社会经济秩序。"《合同法》第 136 条规定："出卖人应当按照约定或者交易习惯向买受人交付提取标的物单证以外的有关单证和资料。"《物权法》第 85 条规定："法律、法规对处理相邻关系有规定的，依照其规定；法律、法规没有规定的，可以按照当地习惯。"

作为进入司法适用的主要路径。在国外法律体系中，民俗习惯藉由立法程序而载入成文法的现象也屡见不鲜。如 1907 年的《瑞士民法典》第 1 条规定："如本法无相应规定时，法官应依据惯例；无惯例时，依据自己作为立法人所提出的规则裁判，在前款情况下，法官应依据经过实践确定的学理和惯例。"此外，德国、日本民法典也强调了民俗习惯的法律地位。"在普通法国家的法治模式里，习惯与司法裁决从过去到现在均为最基本（尽管不是唯一）的法律来源"①，即便普通法国家没有统一民法典，但习惯的司法适用仍然在私法体系中起到重要的作用，如美国《统一商法典》规定了行业习惯的作用，英国法仍然将商业习惯作为现代社会调控商事关系的重要规则。将习惯提高到法源的高度，为民俗习惯作为规范进入国家成文法从而有效解决纠纷提供了最具权威保障的路径。

撰诸外国法制发展史，自国家层面来搜集或认可民俗习惯的潮流从未间断过。如在 16 世纪后期的法国、德国等国，官方曾一度搜集、汇编各个地方的风俗习惯，并赋予其相应的法源地位。其实，"在近代欧陆，当君主手中渐渐掌控立法大权时，习惯编修就进入官方导向阶段。官方掌控习惯编修实际上是一种立法方式。例如于法国开展的官方编修惯例活动。相比较后世的立法而言，其就是单纯地把地方习俗规整出来，经过当地议会的审核批准，然后由国王之名义予以公布。如此一来，习惯的功效来源渊源就会扭转，由官方给予其威信并强制贯彻，成了真正意义上的法律。"②

在立法过程中，立法者首先对民俗习惯进行考量和甄别，结合社会发展的需求从中抽象出具体规则，再为其披上制定法的外衣，使得原本实际存在于社会中的民俗习惯在存在形态与表现形式方面都发生了转变，民俗习惯与制定法合为一体。在司法程序中，二者都将被视为制定法，毫无二致。

---

① 　[美] 埃尔曼：《比较法律文化》，贺卫方、高鸿钧译，上海，上海三联书店 1990 年版，第 44 ～ 45 页。

② 　王林敏：《民间习惯的司法识别》，博士学位论文，山东大学，2007 年。

2. 司法解释调整适用

"解释"这一活动反映了解释主体和解释对象之间的互动关系。司法解释作为司法领域内的解释活动，反映的是作为解释主体的法律职业工作者（主要是法官）与作为解释对象的法律文本及其他表现形式的法律彼此间的促进关系。但是，关于司法解释宏观理论问题在西方法学界一直存在着派别差异。

古典自然法学是较早阐述司法解释基础理论的派别，其就司法解释权的诸多问题都曾展开过深入阐释。该学派认为，人类具有一种与生俱来的理性，人类基于自身的理性能够制定出内容完备的成文法，法官只能对法律条文进行字面上的逻辑推演。以孟德斯鸠为代表："一个民族的法官，只不过是宣布法律字词的喉舌，是没有生命的人，他们既不能改变法律的效力，也不能修正其严格性。"① 后来的概念法学派在学术思想与分析范式等方面因袭了早期古典自然法学派，其认为，作为拥有完美无缺的理性的立法者完全可以使法律在内容上达到毫无瑕疵，现实中的任何纠纷都能够在制定法中找到解决方案。② 随着 20 世纪西方资本主义在经济领域的发展，概念法学因为无法解释经济发展过程中的诸多矛盾，从而受到了前所未有的挑战，随之而起的是法的社会化运动在欧陆和北美诸国的兴起。法社会学学派关注法官对法律的灵活适用与解释，反对法典万能主义。有关于此，德国法学家赫克指出："法官单纯凭借逻辑论证无法使人圆满地调处生活之所需。立法者一定要维护权益，需要去权衡彼此争夺的生活利益……法律和生活期望的是如此一类法官，即成为研究助手帮助立法者，不光强调语言和要求，而且分析立法者的想法，并且细致检验相关权益，传达法律之

---

① [法] 孟德斯鸠：《论法的精神》（上册），张雁深译，北京，商务印书馆 1961 年版，第 155 页。
② 转引自季卫东：《法律解释的真谛》（上），载《中外法学》，1998 年第 6 期。

功效，即便在立法者并未明确界定的状况下也是如此。"①

当今，无论是大陆法系还是普通法系，都肯定法官的司法解释权，那种否定法院或者法院司法解释权的陈旧理论已经被淘汰。

在我国，司法解释规制机制的构建主要受到苏联法律解释制度的影响。司法解释权由最高人民法院和最高人民检察院行使，在司法裁判活动中其颁行的司法解释与法律发挥的功用基本同等重要。因而，通过司法解释把民俗习惯融入司法实践过程是一种相当重要的途径。目前我国司法解释已经对民俗习惯的司法适用作了相应规定。② 除了最高院的司法解释以外，地方法院根据各地区的审判实践工作、结合审判工作需求制定的指导意见也对民俗习惯的司法适用产生了巨大的影响。③ 此类法院裁判指示建议直接结合地区审判需求、紧扣民众化纷止争中的常见问题，为民俗习惯在司法适用中的具体使用提供了指引。

与法院指导意见相类似的还有指导性案例。众所周知，具有典型意义的案例越来越多地为司法实践所肯定，现今，构建案例指导制度已经成为司法改革的一项重要工作。案例指导制度的第一次正式提及是 2005 年最高人民法院发布的《人民法院第二个五年改革纲要（2004—2008）》，此后该制度长期受学界之深切关注。2012 年 10 月国务院新闻办公室公布的《中国司法改革白皮书》肯定了案例指导制度在法治国家建设中的重要位置。④ 案例指导制度类似于外国的判例制度，不同于我国传统的司法解释制度，它以指导性案例为形式，以类似案件类似处理为根本原则。可见，中国的案

---

① W. Friendmann, *Legal Theory* (the fifth edition), Columbia University Press, 1967：334.

② 如最高人民法院《关于贯彻执行民事政策若干问题的意见》第 55 条第 2 款规定："期限届满后逾期十年或未载明前经过三十年未赎的，原则上应视为绝卖。"这里的"期限"，便是根据民间的习惯大致估算出来的。

③ 比如江苏省姜堰市人民法院制定的《关于将善良风俗习惯引入民事审判工作的指导意见（试行）》、泰州市中级人民法院制定的《关于民事审判运用善良习俗的若干意见（试行）试行》等。

④ 关于案例指导制度，白皮书中写道："中国的案例指导制度是在以成文法为主的法律体系下，运用案例对法律规定的准确理解和适用进行指导的一种制度。"

例指导制度是在以成文法为核心的法制框架下，在具体案例中对法律规范
进行精准认知、引导适用的一种制度。

作为民俗习惯司法适用的种类之一，司法解释相对于立法而言有两大
优势：第一，更加贴近社会需求。司法解释所欲解决的问题是直接针对审
判实践的，更能直接反映实践需求、解决实际问题；第二，成本更低。立
法虽然可以为解决某一社会问题提供最权威的方案，但是立法有其固有缺
陷，其一般都是耗费时间较长，需要集合更多的人力、物力、财力等，而
司法解释相对立法而言其经济性特征更为明显。因此，重视司法解释制度
的完善，强化司法过程对民俗习惯的适用技术至关重要。

3. 法官合法选择适用

时间是一条永不停歇的河流，我们不知未来该股水流会流向哪里。与
之同理，法律人永远也无法在立法时穷尽所有可能遭遇的棘手案件，也不
可能事事以司法解释概括规定，因此法官在面对既无相关法律规定又无司
法解释规定，或者以上文件规定不明确的情况时，适当的自由裁量就是必
要的。

合法选择首先必须合法，这意味着要以一定的法律原则、法律精神为
基础，不能违背法律的禁止性规定和社会公序良俗，不能偏离法律法规对
司法机关办案的程序要求，法官所援引的风俗习惯应当符合当前法律体系
对行为规范的评价标准，还应当符合解决目前案件的要求。

合法选择的主体是法官，这意味着在诉讼过程中，除法官之外的任何
参与人都无权进行该选择，他们只能为法官的选择作相应的铺垫、辅助或
者准备工作。然而，于此程序之中，牵涉到当事人针对风土民俗的证明、
当事人各方律师关于该民俗习惯提出质疑以及适用建议等问题，但最终决
定适用与否并将其以逻辑推演、说理的方式运用到判决中的主体只有审判
人员。

合法选择暗含着一个选择的前提，这一前提要求在具体案件中，法律法规没有相关规定，法官无法从现有的正式法源中找到解纷依据。如果法律法规对某一问题有所规定，则法官当然要适用已有的法律法规，在此不存在法官合法选择的问题。换言之，法官的合法选择要以尊重现有法律体系为前提。

法官的合法选择往往只是民俗习惯司法适用的起点，是民俗习惯司法适用的最低限度，而实现定纷止争与公平裁决才是这一活动的目的。实现这一目的，仅仅合法选择是不足够的，审判过程千头万绪，认定事实、理解法律都需要法官立足法律事实、把握全局，对各个因素作全面考量和细致分析。

中国地大物博、地区间发展不平衡，法治建设进程也因为地区差异而呈现出快慢不一的局面。在沿海及经济发达地区，法治建设进展较为顺利，普法教育工作开展较为顺利，公民的法律意识较强、法律知识较丰富，当他们自身权益受到损害时，也更易于诉诸法律寻求解纷之道。在经济发展落后的偏远地区，比如西部少数民族比较集中的地区和农村地区，民众的法律意识相对较弱，法律知识较少，当他们遇到纠纷时更加注重的是实体公正。因此，在这些地区，民俗习惯的适用空间无疑会更广阔。此时，法官如何判断民俗习惯的实质及在多大程度上可以使用民俗习惯，其实质就是一个司法过程中的合理裁量、选择过程。

（二）作为事实

本书所指的事实是案件事实，是被法律所规范的事实。在司法程序中，案件事实是以生活事实为基础与目的，以证据为媒介进行重构的，因此被重构出来的用于裁判的事实与现实中的生活事实可能存在差距甚至不一致。

作为证据目标的事实最根本的性质是具有稳定性，一旦被证据支持并得以证明，则无论是否真实存在于现实生活，都会被假定为客观的。在各国法律中，大部分事实必须由当事人予以举证证明，还有一些是无需证明的事实。^① 这些无需证明的事实并非未经证明，而是在特定的司法程序中无需再次证明，它们或者已为民众所知悉，或者已获权威机构的认证，因此没有必要再在司法程序中重复证明其存在的正当性和合法性。民俗习惯作为案件事实，一般而言属于第一种无需举证证明的事实，即众所周知的事实。众所周知中"众"的范围并非绝对，而是限定在一定范围的地域内。民俗习惯是民间风俗与普遍惯行的行为方式，在相当一段时间内为该地区的人所知晓、认同并实践，所以众所周知是民俗习惯的应有之义。在特定情况下，民俗习惯也需要作为证据证明的对象，通过举证证明其存在性、真实性和合法性。

无论民俗习惯在司法程序中是否需要经过具体的举证证明程序，民俗习惯作为事实的判断都必不可少。法律是基于权利和义务而发展形成的理论逻辑系统，然而，所有权利和义务均能够恢复成为现实问题，^② 作为事实的民俗习惯与法律不可分离。完整的法律规范必须首先表述出特定情形的事实状态，包括主体、行为、客体或者对象、时间、地点等相关因素，并赋予与该事实构成符合情况下所对应的法律后果，这样与该法律事实构成相对应的案件事实才能有适用的依据，适用该特定法律规范才会有法律意义。

对民俗习惯作为事实的判断包括以下几个层次与类别（见表4-1）。

---

① 例如我国《民事诉讼法》中规定：众所周知的事实，自然规律及定理，根据法律规定或者已知事实和日常生活经验法则能推定出的另一事实，法院生效裁判所确认的事实，仲裁机构生效裁决所确认的事实、有效公证文书所证明的事实等是无需举证证明的事实。

② 谢晖：《论法律事实》，载《湖南社会科学》，2003年第5期。

表 4-1　民俗习惯作为事实判断的分析模型

参照类别	主要方式与内容
以解释为基础	以感知作为判断基础只能传递人们外部行为的信息，无法获得人们为什么如此行为的答案，这是感知判断的局限。以解释为基础的判断是以人们的行为作为解释对象，以语言为基本工具以使他人理解被解释行为的目的取向。特定案件中，相关民俗习惯的解释会涉及该民俗习惯的起源、延续时间、对人们日常生活的实际效用等
以价值为基础	以价值为基础的判断就是判断者对事实的评价，反映了判断者的立场，在司法程序中多反映的是法官的立场。事实上，价值判断已经超越了单纯的确认事实，例如，对彝族中"死给"行为①违背社会善良风俗的判断就是以价值为基础的判断，虽超越了确认事实存在这一问题本身，但也是判断民俗习惯的重要部分。作为事实的民俗习惯对于司法裁判而言是法律中的事实，对于民俗习惯的认定不仅仅是证据证明的问题，同时关乎法律对民俗习惯的评价
以感知为基础	判断者通过自身感知获得与民俗习惯有关的信息，这类信息告诉我们：在某时期某地域遇到特定情况有此类行为方式。可见，以感知为基础判断民俗习惯时，是以一系列观念形象为依据的，它包括但不限于时间要素、地点要素、行为要素及特定条件要素，仅凭单一的要素无法完成对民俗习惯的事实判断

在司法裁判中，民俗习惯往往只是案件事实的一个组成部分，民俗习惯的认定离不开法律的调整，一个公正的裁判应当以证据支持的事实与法律规范规定的事实相符合为前提，同时司法过程要求法官提高事实判断的能力、全面认识案件事实、不断总结以民俗习惯为事实认定对象的经验，提高认定民俗习惯的能力。

（三）作为证据的民俗习惯

证据是用以证明案件事实的材料。传统观点认为证据有三性：客观性、

---

① 参见高其才主编：《当代中国少数民族习惯法》，北京，法律出版社 2010 年版，第 59 页。"'死给'是'死给某人'的简称，是凉山彝族地区一种独特又普遍的社会现象。通常情况是'死给者'通过一种目的性的、对象明确的自杀，让对方——'被死给者'对自己的死亡负责。"

关联性和合法性。根据不同的分类标准，证据可以分为直接证据与间接证据、原始证据与派生证据、主要证据与次要证据、本证与反证。我国《民事诉讼法》第 63 条规定："民事诉讼证据的种类有书证、物证、视听资料、证人证言、当事人陈述、鉴定结论。"

民俗习惯作为证据具有以下特征。

第一，多为言词证据。民俗习惯在现实生活中表现形式多样，有的有文字记载，可以直接作为证据使用，有的没有可考的文字记录，只有现实生活中人们的行为与内心信念，但无论是否有文字记载，民俗习惯作为证据多数为言辞证据，可以表现为书证、证人证言等证据形式。

第二，多为间接证据。民俗习惯是抽象的规范，与道德风俗、宗教礼仪、法律规范一样，调整的是一般事项，不针对具体个案与特定个人。司法程序中的直接证据具有直接证明待证事实的功能，因而直接证据和具体个案、特定个人紧密结合，作为一般抽象规范的民俗习惯在诉讼中一般不可能具有直接证明待证事实的作用，与直接证据相比，它更可能作为证据链中的某一环发挥作用。因此，民俗习惯多是间接证据。

第三，获取程序上的合法性。民俗习惯作为证据必须满足证据三性之一的合法性。民俗习惯在获取程序上不能违反法律程序、不得损害他人合法权益或者国家社会公共利益，在司法实践中应不断累积收集和获知民俗习惯的经验，发展和强化民俗习惯取得机制。此时，民俗习惯内容本身是否具备合法性并不是其作为证据时的考量因素。

综上，民俗习惯是一类特殊的证据，有其自身的特点，尽管民俗习惯作为证据时形式多样、表现不一，但万变不离其宗，一旦其在司法程序中作为证据使用，就应遵循证据法和相关诉讼法的规定。

二、民俗习惯司法适用的阶段

司法过程是一个特定的纠纷处理过程，其存在着阶段性问题阶段性处理的情况。相较于成文法在司法全过程中贯穿的权威性，民俗习惯的司法适用具有较为隐蔽的特征。有关这一点，可从和解、调解及审判等阶段来展开分析。

（一）和解阶段

和解是当事人根据自己的意愿对纠纷处理方式进行协商、达成合意的处理过程。和解最常发生在民商事领域，也存在于刑事领域。刑事领域的和解是加害人主动与被害人进行沟通，加害人通过认罪、偿付损失、赔礼致歉等诸多方式同被害人达成合意。

相对于调解、诉讼程序而言，和解的特点是当事人意思自治空间较大，受法律程序规制的程度较低，当事人可以最大限度地发挥其自由意志，选择处理纠纷的方案，并进行更改。但是，和解达成的协议没有强制效力，一旦和解协议中规定的义务不被当事人所履行，另一方当事人不能根据已经达成的和解协议请求法院强制执行。从性质上来说，和解是合同的一种。

和解是民俗习惯司法适用的第一阶段。在这一阶段中，争议双方可以自由选择用民俗习惯来解决争议问题，亦可以选择与民俗习惯的规定不一致的其他处理方式，但由于民俗习惯被一定范围内的人们所确信，因此在实践中，人们大都倾向于根据民俗习惯对纠纷作出处理。例如，在青海省一些较为偏远的民族聚居区域存在这样的现象：命案出现以后被害人亲属邀请部落、村调解会进行调和而非报警，在诉前进行私了或者进入裁判程序后希望减轻或免除处罚；近五年来青海省有些藏区法院审理"赔命（血）价"案件共255件314人，有百分之八十的案件运用"赔命价"习惯法调处化解，有的地区甚至高达百分之百。① 可见，民俗习惯在特定地区的影响力极大，人们内心确信适用民俗习惯能够达到他们内心所确认的公平正义。因此，鼓励公民运用民俗习惯进行和解对化解矛盾、维护社会稳定、促进社会和谐、节约司法成本有重要的意义。

和解在司法空间内存在的范围很广，以刑事案件为例，包括侦查阶段的和解、起诉阶段的和解及审判阶段的和解。侦查、起诉、审判阶段的和解，其内容视犯罪案件的严重程度而不同。对于罪刑较轻的案件，不仅可以针对定罪的问题开展和解，也可以针对量刑多少开展和解。侦查阶段达成和解后，侦查机关会参照相关和解和赔偿情况形成起诉或不起诉意见。而对于重罪案件，一般不能进行和解，在犯罪嫌疑人对被害人或其家属进行赔偿、道歉、进行悔罪，经由被害人或其亲属体谅后，在侦查过程中，由侦查机关在提出公诉意见时依据具体案情建议从宽处理。

（二）调解阶段

当代中国的调解制度已形成了包括人民调解、法院调解、行政调解在内的体系。2002 年 9 月 27 日，司法部和最高人民法院发布了有关人民调解的司法解释和规定，标志着我国司法改革在调解制度构建上的新动向。2004 年 8 月 18 日，最高人民法院公布了《关于人民法院民事调解工作若干问题的规定》提倡在司法工作中坚持进行调解、鼓励调解的司法政策导向，确立了"能调就调，当判必判"的这一全新的裁判思维。此后，全国各地法院积极响应司法政策，组织学习工作、制定内部规定等活动，掀起

---

① 余慧玲：《浅议刑事和解制度及其限度——寻求藏区"赔命（血）价"习惯法与刑事司法之间的衡平》，载于万鄂湘主编：《探索社会主义司法规律与完善民商事法律制度研究——全国法院第 23 届学术讨论会获奖论文集（上）》，北京，人民出版社 2011 年版，第 407 ～ 416 页。

了司法机关调解工作的高潮。① 调解制度是中华传统法律文化的一部分，作为传统法律资源的一个类别，调解的技术便是民俗习惯的适用技术，其具有诸多的社会功能和有益价值，如今愈加被司法机关看重。

当事人的在调解阶段中的自由度次于和解但宽于审判，与和解不同的是，调解协议并非全部没有强制执行力。调解过程将当事人置于平等的位置，但又赋予其一定的强制性意味。调解阶段可以完全依照民俗习惯的规定处理纠纷，也可以部分适用，同时结合其他规范，比如将国家法与民俗习惯相结合。调解在司法程序中适用的空间很大，因此调解过程是民俗习惯在司法运用流程中的核心构件。

"由于不同的纠纷类型中双方当事人之间的社会关系不同，对重新分配权利义务的要求不同，因而在对调解程序的需求上和调解成功率上有所不同"②。有些案件适合通过调解来解决，在调解的过程中也应当更多地遵循和考虑民间习惯，但是在有些案件中，能够找到明确的法律依据或者在一些对立、冲突比较激烈的纠纷中，不适宜运用调解制度来解决，或者说不适宜用民间规范来进行调解。在民事调解中由于家事纠纷、乡民纠纷、邻里纠纷等案件占了很大的比重，民间习惯在民事调解中获得了独特的调控范围和更大的弹性空间。这些案件通过调解结案相比于审判而言往往能够一次性妥善地解决纠纷，从而在更大程度上实现司法活动的法律效果与社会效果的统一。

由于民间习惯的特征、民事调解制度在解决纠纷中的独特优势，民间习惯作为民事调解的依据具有理论上的可行性和司法实践中的必然性，但

① 例如，河南省高级人民法院将 2009 年确立为全省"调解年"，截至 2009 年 11 月 20 日，完结的各类民事案件中调解案件有 215789 件，调解比例超过一半；人民法庭民事案件调解比例为 83.79%，部分人民法庭调解比例超过了 90%；基层法院刑事附带民事案件调解比例为 87.11%。
② 田成有：《乡土社会中的民间法》，北京，法律出版社 2005 年版，第 212 页。

是并不是所有的民事案件都可以通过调解来解决，也不意味着所有的民事纠纷都适合采用民间规则作为调解的依据，在民事调解制度中运用民间习惯有着特定的案件范围。因此，必须注意民间习惯适用于调解制度时的具体范围。

在调解中，一般遵循这样的程序：第一步，调解中的解纷主体（在法院调解中也就是主持调解的法官）首先根据纠纷当事人提出的要求和主张判断纠纷双方的主要争议点，将当事人的要求转化为更为明确、客观的主张。确定双方的争议点后，法官对于纠纷的具体事实和主张作出实质性的初步判断。第二步，法官根据自己的判断，寻找双方的合意点，找到最适合解决纠纷，也能够为当事人双方最大程度认同和接受的规范。第三步，法官根据当事人双方认同的规范，采取有利于促进合意的方法手段，引导当事人双方形成合意，进而解决纠纷。简言之，在我国的民事调解中，法官作为主持方对于整个纠纷解决过程起着主导的作用。因此如果从调解主体在调解中的基本功能的角度来看，整个调解过程可分为三个关键步骤：法官对于争议事实的判断，法官选择纠纷解决的依据，法官对于双方当事人合意的引导。

1. 法官对纠纷事实的判断

卡多佐认为，法官需要在裁判的过程中"反省自己的思想，要追寻影响或引导他得出结论的种种影响力，要掂量各种可能冲突的考虑因素——逻辑的、历史的、习惯的、道德的、法律的确定性和灵活性、法律的形式和实质，等等"[①]。法官在调解中占有重要的地位，能否使双方达成一致的调解意见，妥善地解决纠纷在很大程度上需要法官法律思维方式的合理转换。"法官思维方式就是指在行使国家司法权的过程中，为了能够公正、公平地处理案件，法官按照法律的逻辑来观察问题、分析问题和解决问题的理性

---

① ［美］卡多佐：《司法过程的性质》，苏力译，北京，商务印书馆1998年版，第22页。

思维方式"[1]。在司法实践中，受过专业法律思维训练的法官，受到法律的权威性、确定性的制约和影响，其作为一种典型的法律职业在行使司法权时必然遵循着法官所具有的独特法律思维方式。影响法官思维方式的因素有很多，例如法律专业知识、知识结构、法律理念、民族语言和民族文化等。同样，风俗习惯等民间规范也会对法官思维方式的转化发挥重要的作用。民间规范在调解中判断事实时的运用对于法官也提出了要求，尤其是基层法院的法官，在运用调解制度处理这些纠纷时，由于这些纠纷中家事纠纷、邻里纠纷等熟人纠纷占大多数，因此需要法官不仅具有专业的法律知识和技能，更需要法官尊重民间风俗习惯、礼仪情理并具有人本精神和对民众的深厚关怀。在调解过程中运用民间习惯首先需要法官对于风俗习惯等民间规范的尊重和接受。

2. 调解依据的合理选择

上文中已经探讨过民间习惯作为调解依据的基础和优势。调解的目的是解决纠纷，而不是形成与法律规定严丝合缝的裁判结果。在调解过程中，调解依据在不违反法律规定的情况下，应当尽可能地适应纠纷双方的文化水平、风俗习惯、社会常识等，符合纠纷双方的心理期待和认同。法官应当鼓励和引导当事人自主选择适宜的规范，这样才能更顺利地促使当事人在对于某一规范共同认可的基础上达成合意，顺利解决纠纷。因此对于当事人的选择和意向，法官应当尊重。相比于法律规则而言，由于民间习惯具有特定地域上特定成员中的高度认同性，以及为民众所熟悉和了解等特点，当事人更倾向于采取这一规范来解决纠纷，并且在此基础上更容易达成一致意见。因而，法官通过对民间规范的运用也能够更好地尊重和引导当事人的选择。

---

① 陈金钊:《关于法律方法与法治的对话》，载《法学》，2003 年第 5 期。

3. 调解语言的通俗化

法官在形成了事实判断并选择了合理有效的调解依据后，接下来的关键步骤就是引导纠纷当事人达成合意，最终形成调解协议以解决纠纷。调解的引导过程中，能否顺利促进当事人的妥协并在共同认识的基础上达成合意，法官的调解语言和调解技能是非常重要的因素。语言是人们沟通的工具，语言在调解活动中同样发挥着十分关键的作用。目前已有学者专门研究法庭调解中调解语言的特点，可见调解语言是调解过程中一个非常重要的因素。[①] 司法过程中的法律语言要求精确、规范。但是在司法实践尤其是基层司法实践中，参与诉讼的乡民文化素质不高，对于法律语言更是知之甚少，如果法官坚持使用法言法语这一在法律人中没有障碍的沟通方式，就会使法官与当事人之间产生隔阂，阻碍调解的顺利进行。但是，如果法官恰当地运用民间规范，在调解语言的选择上必然会避开法言法语的生硬使用，会以通俗易懂、合情合理、更贴近于民众的语言方式来劝导当事人，这会收到良好的效果。可见调解过程中语言的通俗化对于解决纠纷有十分重要的作用，因此，法官的语言表达及思维方式的转变是必要的。基层法院的法官运用民间习惯，能够尽量避免机械套用和表达法律规定，在其语言选择中做到实用化、通俗化、乡土化。

（三）审判阶段

审判阶段是作为裁决者的法官在司法裁决进程中对法律的运用过程，这里的法律就包括了民俗习惯。审判阶段是民俗习惯司法适用的最后一环。在审判中援引民俗习惯能够体现司法对民意、对舆论的关注从而增强判决结果的可接受性。同时，审判阶段适用民俗习惯有利于处理结果的执行。然而，必须承认的是，现今在我国各级法院的审判阶段，如何适用民

---

① 程朝阳：《法庭调解语言研究》，博士学位论文，中国政法大学，2007 年。

俗习惯仍然存在着诸多制度及理论上的问题，关于这一点，本书将在其他部分论述。

　　法官在审理阶段援引民俗习惯，最为常见的便是有关婚姻彩礼类的纠纷处理。[①] 目前而言，一方面，我国法律并未就民俗习惯的司法适用给出一般性依据，仅在个别法律中规定了在制定法缺位时民俗习惯被适用的可能性；另一方面，我国司法制度没有在司法适用机制上给予民俗习惯充足的支持。因此，当前我国在司法裁判活动中虽存在民俗习惯司法适用的实例，但民俗习惯在司法程序核心的审判阶段究竟如何适用还缺乏进一步的规范和明确的指导。

三、民俗习惯司法适用的特质

　　虽然说民俗习惯在司法过程中的各个阶段还在一定程度上存在适用的不确定性，但从目的主义的视角来看，民俗习惯在司法过程中也呈现出特殊的目的样态，即法源地位上的补充性、适用方式上的间接性、实体法运用多但程序法运用少及各阶段适用情况不一等。

---

① 2004 年 10 月，江苏省姜堰市人民法院结合最高人民法院《关于适用〈中华人民共和国婚姻法〉若干问题的解释（二）》第 10 条有关彩礼的规定、该院以往对彩礼纠纷案件的裁判情况以及当地"男方回女方彩礼不退还，女方回男方彩礼全退还"的民俗习惯制定了《婚约返还彩礼纠纷案件裁判规范指导意见》并开始试行；此后泰州市中级人民法院也开始了将民俗习惯引入司法实践是否具体可行的调研活动，并最终在此基础上制定了《关于民事审判运用善良习俗的若干意见（试行）》。法学理论界和司法实务界都对泰州市两级法院这一积极的司法尝试反响强烈，江苏省高级人民法院将它们的做法向全省转发推广并报告最高人民法院，此事也引起了最高人民法院的关注，与此同时，"关于民俗习惯在审判工作中的运用"也被列为 2007 年度的重点调研课题。全国范围内，西安市两级法院、江西省高院等多地法院也都组织了对民俗习惯司法运用的调研。广东省高级人民法院民一庭还联合中山大学法学院对广东省各个地区的中级法院和基层法院以及新疆、西藏、内蒙古、甘肃、贵州、青海、山西、四川等地的各级法院进行了调研。与此同时，民俗习惯的法律渊源探究，民俗习惯怎样鉴别、举证，民俗习惯获得司法制度上怎样的适用与支持等问题，也越来越受到学界和司法实务界的关注与重视。

（一）法源地位上的补充性

民俗习惯在制定法没有相关规定的情况下才会进入司法适用的程序中，它是弥补制定法缺位、填补制定法漏洞的工具。就某一问题在制定法和民俗习惯同时存在解决方案的情况下，制定法的适用是第一位的，民俗习惯的适用是第二位的，两者在法源地位上有主次之分。民俗习惯的适用范围有条件限制，不能想当然地适用于任何案件，不能径直作为法官裁判案件的根据来源，要首先适用相应的制定法。民俗习惯在司法适用中的补充性是由我国特定的法律制度类型最终决定的，我国的法律制度类型决定了制定法与民俗习惯不同的法源地位，进而决定了两者适用的优先顺位。我国法律体系以制定法为绝对主体，制定法是我国司法机关在审判活动中处理案件的主要依据，尤其在刑事领域，我国刑法明确规定了罪刑法定原则，法无规定不为罪、法无规定不处罚的精神贯穿于刑事立法和司法工作的始终，这使得民俗习惯在刑事领域难以有适用的空间。司法审判工作除了以法律明文规定为依据以外，也受到其他规范的影响，比如政府的决策、命令，执政党的政策，民俗习惯、商事惯例，等等。然而，其他规范的法源地位仍然是制定法明文规定或者授权的。① 可见，在我国以制定法为主的法律系统架构下，民俗习惯在法源层级上处于次要地位，这也决定了它在司法适用中的补充地位。此外，民俗习惯司法适用的补充性也是由民俗习惯自身的特质所决定的。民俗习惯具有民族性、地域性和历史性，因不同群体不同的生活习惯、地域风情以及历史传统而有所不同，因此其作用的范围有限。人民法院援用民俗习惯解决纠纷时只能适用当地的民俗

---

① 　例如《物权法》第 85 条规定："法律、法规对处理相邻关系有规定的，依照其规定；法律、法规没有规定的，可以按照当地习惯。"《税收征收管理法》第 3 条第 1 款规定："税收的开征、停征以及减税、免税、退税、补税，依照法律的规定执行；法律授权国务院规定的，依照国务院制定的行政法规的规定执行。"《引渡法》第 52 条规定："根据本法规定是否引渡由国务院决定的，国务院在必要时，得授权国务院有关部门决定。"

习惯，而不能适用其他地区或者不为当地群众所普遍认可的民俗习惯。在这一点上，民俗习惯不可与制定法同日而语，不能替代制定法在实现整个国家民族法制统一中的地位，因而也注定了其当前在我国司法适用中的补充性地位。

（二）适用方式上直接引用少，间接运用多

直接引用是指在裁判中直接作为裁判结果的依据，以"根据""依照"或者其他近似意义的连接词直接引入有关规范的做法。在我们所熟识的三段论演绎推理中，该"根据"或者"依照"等词后所引入的内容是作为裁判结果的大前提存在的。间接运用是指不直接作为裁判前提，经过对被运用内容的理解、审视、判断、吸收、提炼，为了加固已经存在的裁判依据，间接作用于裁判结果的做法。间接运用中，被运用内容不直接出现在"根据""依照"或者其他近似意义的连接词之后，但实际却起到了辅助甚至决定裁判推理结果的作用。形象地说，在直接引用中，被引用的内容"有名有分"，而间接运用中被运用的内容"有分而无名"。民俗习惯往往"有分而无名"，多被转化运用于司法实践中。"绝大多数案件的法院处理是：法官仅仅在案件裁量过程中将民俗习惯化作解决纠纷的论理来源；在判决文书中则彰显为法官借助自己的裁判经验和水平，使用自由裁量权对善良风俗予以鉴别和扭转，或者是利用法律条文对善良风俗开展合法性研讨，再予以转变运用。在裁判文件中径直把民俗习惯作为裁判规范来源或者论理方式的则尤其少见。"[①] 多方面的因素共同促成了这种现象，而成文法主义的固有思维方式是主要原因。成文法主义认为，只有具备国家法成文形式的法律规则才是法，或者这一类法绝对高于其他法律规范。因此，在司法实践中，国家法理所当然地作为所有案件处理的依据，除此以外，依据包括

---

① 韩红俊：《民俗习惯的说法运用机制研究》，载《前沿》，2010 年第 2 期。

民俗习惯在内的其他所有规则都不足以使司法裁判的结果具备依据国家法处理案件所得裁判结果的权威性和正当性。关于成文法主义的法律思维惯性对民俗习惯司法适用的影响在本书后文中有所详述，此处不再赘述。受这种固有思维的影响，司法机关在适用民俗习惯处理案件时，往往就采取了转化的技巧，而很少直接引用，以保障审判结果在这种固有思维中所应具备的权威性。

（三）实体法运用多，程序法运用少

中国传统司法文化存在重实体、轻程序的特点，司法机关很大程度上依附于行政机关，未能真正独立，行政程序和司法程序也盘缠交错。时至今日，相较于程序的合法性，公众更关心的还是司法对案件处理结果的公正性。以刘涌案为例，黑老大刘涌在一审中被辽宁铁岭中院判处死刑，该案在二审时排除了一份涉嫌刑讯逼供的关键证据，遂改判为死缓，二审的判决引起了民众的一片哗然，最终在再审程序中最高人民法院判处刘涌死刑立即执行。民众认为对于黑老大刘涌这样如此罪大恶极的人，法律应当严加审办，而不是因为程序问题改判。通过这一典型个案，我们不能得出究竟程序与实体究竟谁更重要这一问题的答案，但从民众对于审判结果的期待来看，还是无法否认结果公正性在中国社会场域的现实意义。

民俗习惯作为传统、保守的一方，体现了中国法律传统中对实体法的重视，因为民俗习惯大多调整的是实体法律关系，而不是程序法律关系。

（四）阶段运用状况不一

民俗习惯在调解阶段的适用远多于在判决阶段的适用，在诉外程序的运用多于诉讼程序中的运用。广东省高级人民法院民事审判庭与中山大学法学院合作编写的《民俗习惯在我国审判中运用的调查报告》谈到，"本次考察得到的汇总数据表明，将近60%的法官常常将民俗习惯适用于调解过程之中，18% 的法官（将民俗习惯）适用到司法活动的每个环节，唯有 10% 左右的法官只（将民俗习惯）适用于判决过程中，大大不及调解阶段的适用比例。"同时，"运用民俗习惯进行民事调解的则为数不少，并且成功率也较高。"[①] 民俗习惯在调解中的高成功率是可以预见的，因为民俗习惯更贴近民众所信服的情理，通过民俗习惯得到的处理结果对当事人和社会而言具有更强的可接受性。民众往往更易理解其生活了多年的地区所不断遵从着的风俗习惯，并对这种风俗习惯怀抱着一种信仰，因而这种民俗习惯久而久之被民众认为是解决各类纠纷的规范。对于有经验的法官而言，也应倾向于在司法实践中运用民俗习惯解决纠纷，"在调解阶段主动地运用民俗习惯，实际上是基层审判实践工作中一种'行之有效的经验'。"[②] 不仅仅调解活动对民俗习惯进行适用，在仲裁、和解、行业自治中对于民俗习惯的适用相对诉讼程序而言更为频繁。民俗习惯是在一定区域范围内的某些团体组织，在长期的社会生活经验中形成的一套行为规范，这类行为规范对人们日常生活的纠纷解决、行为方向有重要的指引作用，即便它们不像制定法那样有国家强制力的保障，但是人们在心理上服从它、尊重它，违反这一类规范的人会因为背离了自己内心长期的确信而受到社会各方面的压力，尤其是精神方面的压力。所以，人们能够不通过诉讼程序，而是灵活运用民俗习惯化解生活中的矛盾纠纷，这种化解方式也更符合民众内心情感的需求。

（五）地区使用情况各异

民俗习惯在乡村范围内适用的较多，在城镇区域适用较少。农村地区

---

① 广东省高级人民法院民一庭、中山大学法学院：《民俗习惯在我国审判中运用的调查报告》，载《法律适用》，2008 年第 5 期。

② 董淳锷、陈胜蓝：《放宽法律的视野——民俗习惯在我国审判中运用的现状研究》，载《西部法学评论》，2008 年第 6 期。

经济发展较为落后，城市地区市场经济发展较快，在城市，无论是人们的日常生活还是科技发展、信息通讯，节奏在整体上都快过农村。民商事活动、经济案件的性质要求快速而有效率地解决利益冲突，因此在城市地区法律发展也更成熟。面对日新月异的变化，人们的法律需求也在变化，相比农村居民而言，城市地区居民的法律素养较高，更愿意将案件提交给法院处理，而农村居民更保守、更注重传统，在乡土气息浓厚的熟人社会中，面对纠纷，人们更重视所处地区的传统惯性和人情事理，而这些传统惯性、人情事理在日新月异的城市未必能满足纠纷解决的需求，亦未必能受到跟风追潮的城市居民的青睐。但是农村不同，大部分农村保留了传统乡土社会的特色，是熟人社会，纠纷更易化解，案件类型也较为简单。因此，同样作为保守一派的民俗习惯在城市的适用空间相较农村就小得多。但是商业惯例却是一个例外，在城市中，商业惯例的运用比农村多。这同样是发达水平和发展需求决定的。城市的商事关系多过、复杂过农村的商事关系，交易更频繁，数量更大，在一次又一次的交易经验累积中易形成交易习惯和行业惯例。商业惯例可谓民俗习惯在区域适用特质上的一个例外。

（六）不同性质案件间适用有别

民俗习惯在民商事案件裁判中适用较多，在刑事案件裁判中适用较少，"民俗习惯在民商纠纷（含执行案件）（21%）的出现概率大大高出刑事纠纷（11%）"[1]。造成这种差别的原因与刑法的性质有关。在刑法中，罪刑法定是最基本的原则。罪刑法定，也即判断某一行为是否为犯罪行为、是否应受到刑法制裁、受到多大程度的刑法制裁都要严格遵照刑法的规定，除刑法之外，不认可任何其他定罪标准。罪刑法定原则对于刑法而言是最坚

---

[1] 韩红俊：《民俗习惯的说法运用机制研究》，载《前沿》，2010 年第 2 期。

固的原则，是刑事法律存在的基础，是刑法所调整的社会关系的特殊性、调整手段的特殊性和现代社会关注人权趋势的必然要求。首先，刑法调整的是具有严重社会危害性的行为，具有严重社会危害性的行为对他人合法权益、社会公共利益、国家方方面面的发展的危害是巨大的，因此刑事案件与其他案件相比起来更容易引起社会关注。其次，刑法以刑罚为处罚手段，而刑罚是法律制裁中最严厉的手段，刑罚种类的轻重程度从罚金、没收财产等财产刑到拘役、有期徒刑、无期徒刑等自由刑，再到生命刑，它们对犯罪分子的人身权益往往造成巨大影响甚至伤害，刑罚的执行与其他法律制裁手段相比也需要更多的人力和财力，这决定了刑罚适用的谨慎性。随着国家和社会对人权的保护程度日益加深，公众的人权意识也随之加强，立法也更加重视程序法律的完善尤其是刑事诉讼程序的完善以保障犯罪嫌疑人的合法权利，进而保证实体上冤假错案的减少。以上所有因素决定了刑法必须能够事前为人所明知，并且最大程度地减少其模糊性、保证其明确性，而制定法是符合这些因素的最佳选择。民俗习惯虽然也在刑事领域发挥一定的调整作用，但远不能满足刑法性质对刑法形式上的要求。相比而言，民商事法律的性质则与刑法不同，它们以意思自治、诚实守信为基本原则，在以公序良俗、国家利益为底线的前提下，充分尊重当事人之间的合意，在法律没有明确禁止的情况下，当事人可以自由选择与他人的民事关系的处理方式和自己的民事权利。因此，与刑法相比，民商事法律在法律形式上对明确性并没有绝对严格的要求。民俗习惯作为一种不成文的民间规范，受到不同案件性质的约束，适用于民商事案件较多，适用于刑事案件较少。

（七）民俗习惯与国家法在司法过程中的冲突

在日常生活中，民俗习惯是一类"自觉自生的规范序列"，"……一旦生成，它就能作为人们社会活动与事务中的一种常规性的固化习俗本身所覆盖的团体、社群或社会中成员的现象型行为，从而它本身也就作为一种事态、一种情形，像一种社会规则那样对成员各自行为有一种自我强制性的规约"[①]，发展为人们通常交流沟通的标准，平争止讼、解决纷争的一类标尺，潜在地、客观理性地展现着难以缺少之功用。然而，有些冲突产生后，单纯依赖乡规民约方式难以解决而起诉到法院，希望寻求国家的威信来处理时，纠纷与对立便难以忽视。如果官方成文法要求的内容与民俗习惯的要求趋近或目的相似，在审判程序中即使潜在地运用了习惯法，审理的结果也不可能过分地远离当事人的设想；如果官方成文法与民俗习惯均有所规范且趋向相悖，有着相互矛盾的意义走向，也就是说契合国家法的行为违反了习惯法，符合习惯法的行为违反了国家法，事关该类内容的案例于司法中的矛盾也十分突出。其中比较有代表性的情况是：（1）被掩盖的矛盾——国家法被故意地回避；（2）国家法与民俗习惯的两重司法。例如民族区域的刑事类案件，考虑到民族自治地区并没有按照我国《刑法》第90条进行变通性规定，所以在实际案例中，自然会发生无法可用和难以适用的状况，导致民族地区某些刑事案件必须要寻求深入人心且颇有成效的民间习惯法。简单地看，民俗习惯与国家法貌似并无直接矛盾，而实践过程中，在寻找案件法律依据时，司法人员必然会十分重视和审慎考虑当地区域特点与地情实际，融合现代办案的思维、模式和当事人的情绪推进司法能动工作，统合考察案件的现实危害性、行为轻重等要素，灵活且合法地诠释刑法规范，让民俗习惯的运用显得合情合理。民俗习惯在审判人员具有的自由裁量权的适用空间中得以吸收，在当前规范体制的角落和夹缝里发现了颇为窘迫的位置，甚至改变、替换了官方制定法。

　　两重司法主要体现在"赔命价"或相似案例中，"赔命价"通常指出

---

① 韦森：《经济学与哲学：制度分析的哲学基础》，上海，上海人民出版社2005年版，第156页。

现杀人案件后，受害一方家属向侵害人或其家属要求相当数额的财物或钱财之赔偿；施害人或其家属则需要给予一定量的钱财，并就此形成合意。刑法是法律的底线，是以国家公权力为后盾而推行的，而在"赔命价"一案中却彰显了官方制定法与民俗习惯间的明显对立，二者并用，相互冲突、抵牾，彼此退让和协调，产生了两法并立、两种观点并行之格局。人民法院根据刑法规范对被告依法惩处后，被害人家属及有关群众又要求依照"赔命价"的风俗习惯要赔命钱。拿到赔命钱后，死者一方又手持"赔命价"判决书或"协议书"向人民法院上访请愿，为被告说辞，希望从轻处理，反对给被告判刑或者请求减刑。"赔命价"的习惯不但广泛地影响着若干少数民族聚居地区群众的思想和行动，甚至包括法官本身都会不知不觉地深受其干扰，在裁决案件时会顾及"赔命价"的习惯传统之遵守。这样的结果是，国家法与民俗习惯彼此妥协退让——国家法作出让步，继而从轻量刑，罪刑法定和罪刑相适应原则无法得到严格落实；民俗习惯继续通行，"赔命价"照样给付，而给付"赔命价"所希冀达到的通常目的，即将犯人释放出来却难以实现，以罚代刑的习惯未能得到官方的支持。国家法与民俗习惯于此相与而行，判归判，罚归罚，一个案件不仅要受到官方制定法的规制和处理，还要受到有关民俗习惯的规范和惩治，分别由国家司法机关严格依据法律审判，依据当地民俗习惯予以惩处，被告人受到了双重审判。怎样协调维护法治统一与顾及地区风俗习惯，不仅维护司法完整与威信，践行司法权威，还能够保证广大公众对当地民族传统法律文化的内心赞同，巩固良好的生产生活秩序，科学而合理地建设一系列最优制度模式和化解冲突对立的规范系统，的确是要努力解决的一类困难。①

---

① 于语和：《民间法》，上海，复旦大学出版社 2008 年版。

第二节　民俗习惯在司法适用中的主要障碍

民俗习惯在司法过程中的适用有着极为复杂的现实样态，与表现样态相关，我们还能看到民俗习惯在司法适用中同样存在着一些现实障碍。

一、成文法主义的法学惯性思维

根据《中华法学大辞典》的解释，成文法又称"制定法"，与"非成文法"的名称相对，它是指国家立法机关依有关程序制定或认可的，以规范性文件形式表达出来，并用文字公布贯彻之法。① 按照历史法学派法律进化论的观点，法在形式上是不断演化的并以法典为发展的终点。萨维尼在其著作《论立法与法学的当代使命》中将法的发展分为自然法、学术法和法典法三个阶段，② 其中自然法具体表现为习惯法，学术法则存在于法学家的意识中，法典法统一了习惯法与学术法，达到了法律发展的完善阶段。梅因在《古代法》中也表达了他对法律由不成文到成文发展规律的认识，认为法的演变和进化具体经由"地美士第""习惯""法典"三大过程。"地美士第"是指文明一经诞生就已经存在于人类意识中的一种信念，以神授予法官脑海之中的神谕的形式存在并依此作出司法判决，"非常难以想到会有某种类型的立法机构，甚至某一确定的立法者，法律尚未达成习惯之程度，它仅为一类惯行，借用一段法国谚语，它实际还仅是一种'氛围'"③。习惯法则指一种不成文法，它为特权阶级所掌握并隐藏，由其进行解释和行使，显然此时的法只是少数特权阶级人士用以维护自身利益、巩固其统治的工

---

① 孙国华主编：《中华法学大辞典·法理学》，北京，中国检察院出版社 1997 年版。
② 参见 [德] 萨维尼：《论立法与法学的当代使命》，许章润译，北京，中国法制出版社 2001 年版。
③ [英] 梅因：《古代法》，沈景一译，北京，商务印书馆 1959 版，第 5 页。

具。"法典"是指以文字的形式经过整理编订而成的、系统的、官方公布实施的法律。梅因认为，法律进入法典阶段以后，人类社会就进入了一个新的时代，"世界上最卓著的一类法治系统始于一部法典（code），也伴着它走向消亡。"①

成文法与作为当代西方国家两大法系之一的大陆法系渊源至深，人们将大陆法系称为法典法，而将英美法系称为判例法，可见以法典为主要法律形式还是以判例为主要法律形式是大陆法系与英美法系的一大区别。

大陆法系的法典化传统可上溯至公元 6 世纪《国法大全》的编纂。从公元 528 年到公元 534 年，东罗马拜占庭查士丁尼皇帝主政时期，其命人成功编纂了《查士丁尼法典》《学说汇纂》《法学阶梯》，开启了对古罗马法律发展史乃至对世界法律发展史具有深远影响的法典编纂运动。查士丁尼皇帝死后，法学家们整理编纂了《新律》，与前三者结合在一起，统称为《国法大全》。这部法律"凝聚了最杰出的罗马法治发展之精髓，也正是基于该类法律的统一编修，为注释法学者传授罗马法奠定了牢固的基础。"② 罗马法的编纂影响深远，不仅为当时欧洲各国所争相模仿，也对后世各国法典的编纂提供了范本。1804 年《法国民法典》被誉为"典型资产阶级社会的法典"，主要消化和承袭了《法学阶梯》的法治精髓；1900 年的《德国民法典》则受到《学说汇纂》的影响更大，被誉为"现代学说汇纂"。③ 两部法典的诞生相继开创了大陆法系的两个子法系——法国法系与德国法系。这种法典编纂的形式也为比利时、丹麦、荷兰、西班牙等国家所参照借鉴，成为影响欧洲法典编纂的主要模式。

相比而言，中华法系是中华民族数千年法律实践的结晶，它缔造了灿

---

① ［英］梅因：《古代法》，沈景一译，北京，商务印书馆 1959 版，第 1 页。

② ［比］R.C. 范·卡内冈：《法官、立法者与法学教授——欧洲法律史篇》，薛张敏敏译，北京大学出版社 2006 年版，第 80 页。

③ 王小波：《早起东罗马帝国立法活动探析》，载《法学杂志》，2008 年第 5 期。

烂的法制文明，对周边各方国家的法律制度影响颇深。就成文法与非成文法的选择上而论，中国自古就有成文法的传统，正如唐人孔颖达所说："李悝作法，萧何造律，颁于天下，悬示兆民，秦、汉以来，莫之能革，以今观之，不可一日而无律也"①。所谓"夏有乱政，而作禹刑"；"商有乱政，而作汤刑"；"周有乱政，而作九刑"。三代成文法相互承接，已经显示了成文法传统的开端，而后春秋时期郑国铸刑书、晋国铸刑鼎，使成文法的内容得以为社会民众所知晓。自中国进入封建主义发展时期以后，国家制定法的发展从未中断。统一的汉政权建立之后，制定了正律九章、傍章律等五十一篇，魏晋南北朝时期即便政权割据、更迭频繁，但立法活动仍然没有停止，《北齐律》承前启后为隋唐所宗。唐朝是封建主义在中国发展的鼎盛时期，经济、政治、文化各个方面的发展都走向成熟，立法活动亦如是，形成了律、令、格、式等制定法的形式。之后，宋、元、明、清在制定法上也各有创新，使得制定法在无论是形式、内容上，还是在体系上都趋于完备。因此"中国四千年的法制史是以国家制定法为主干的，源远流长，绵延不绝"②的说法非常有道理。③

进入近代，随着大量西方文化的传入，中国学术界掀起了研究西方近代法律和政治制度的热潮。魏源编纂的《海国图志》中论述的"议事听讼，选官举贤，皆自下始，众可可之，众否否之，众好好之，众恶恶之，三占从二，舍独洵同，即在下预议之人，亦先由公举，可不为周乎"，便是对美国代议制的赞同。大量的法律类书籍被翻译为中文，如《工法总论》《国政贸易相关书》《列国碎记政要》《日本东京大学规制》，等等。此外，资产阶级改良派还创办了一系列报纸杂志，介绍和评议资产阶级的法学著作

---

① 《春秋左传正义·昭公六年》。
② 张晋藩：《中国法律的传统与近代转型》，北京，法律出版社 2009 年版，第 282 页。
③ 参见罗冠男：《中国传统社会基层治理的法律机制与经验》，载《政法论坛》，2021 年第 2 期。

和文章。尽管英国打开了中国近代史的大门，但是中国在法律形式上并没有吸收英美法的判例制度，而是受到了继英国之后的侵略者德、日的深刻影响，制定法仍然作为中国法律表现的主要形式而存在至今。在国家立法层面，经过晚清修律、民国立法，出台了大量制定法，诸如1908年编定的《大清现行刑律》、1909年颁行的《法院编制法》，1908年制定的《大清商律草案》，北洋政府统治时期制定的《民国民律草案》《暂行新刑律》，等等。直到中国人民摆脱了半殖民地半封建社会的被剥削者身份，成立新中国、进入新纪元，制定法仍然是法律形式的主导，现今这种主导地位甚至更加强势，这表现在判例、习惯等其他法律渊源很少，甚至几乎不能在司法审判中发挥非常关键的作用。当然，随着司法体制的改革和法律工作者对我国司法审判工作的研究与反思，我国逐渐开始重视存在于国家法之外的法律渊源，对"软法""民间法""风俗习惯""案例"等非正式法律渊源的研究逐步深入，人们不再单一地将法律视为法律条文的规定，而是更理性更全面地看待法律在实践中的形态。但即便如此，成文法仍然占据了法律渊源以及法律形式的主要方面。

民俗习惯的司法适用要求法官在审判活动中援引民俗习惯作为处理纠纷、解决争议的依据。而制定法论的理论主张，唯有凭借国家机关依立法程序创设，以规范性文件的形式展现出来，并开诚布公推行之法才能够在司法审判活动中为法官所引用，而那些不成文的规范，由于未经过权威性程序的认可，不具备一定的载体形式，因而不足以使其自身具备适用于司法实践的资格。成文法为主导的法律渊源的情势已经在中国存在并延续了四千年之久，以至于成文法主义已经形成了一种法学惯性思维，深入民众的骨髓，正如人体记忆一般，欲动摇之十分困难，并会遭致惯性思维的排斥。因为"立法地位上的缺失，使得民俗习惯在司法中的运用缺乏现实说服力"，也因为"没有赋予民俗习惯以法源地位，造成法官对于在审判中运用民俗习惯进行裁决的做法颇为犹豫，这是造成民俗习惯在民事审判中运用程度不高的主要原因"①。具体而言，成文法主义的法学思维通过以下几种进路影响了民俗习惯在中国司法适用过程中的推进。

第一，成文法因其权威性更易获得遵从。成文法总是与国家权力联系在一起，它是国家经过立法程序制定或者认可，最终以国家的名义或者国家机关的名义颁行和实施的。成文法是经过程序考量并能够依靠国家强制力保障实施的法律规范，与存在于民间抑或存在于人们意识中、有待司法辨别的软法相比，更易获得人们的敬畏，因此人们也更倾向于服从、遵守而不是质疑、反抗。在以秩序、效率为重要价值取向的社会中，这种类似于"有言在先"、能够给人们提供足以预测自己行为后果的法律规范更易满足人们对安全感的需求，更易满足社会发展，尤其是社会转型时期对纠纷控制、解纷效率的需求。在漫长的封建社会的历史中，公权力一直是调整社会关系与社会利益分配的主要角色，即便在当代中国，对公权力的遵从也已经成为一种思维惯性。对公权力的惯性遵从体现在法学思维上的一个侧面就是成文法主义的惯性思维。新中国成立以后，废除了"六法全书"，批判、排斥、否定判例法，严格奉行成文法主义，以苏联的法律制度为模型建立了新的法律制度。长期以制定法为本位导致的成文法才是法、成文法才是为国家所保障执行的惯性思维已经形成并继续发挥着它们的惯性作用，因此，在面对民俗习惯是否可以进入司法这一问题时，惯性思维会产生抵触反应。

第二，成文法因其物理性更便于司法实践的使用。首先，成文法有文字这一载体，使得成文法的可考性、统一性的实现与不具备物理载体而仅靠民间惯性存续的民俗习惯这种非成文的规范相比有了更大的可能性。文字、语言具有记录、传递、表达信息的功能，只要是国家制定出来的具有

① 陈建华：《论习惯在民事司法适用中的现状、困境与出路——基于我国司法实践的视角》，载《民间法》，2016年第17卷。

文字载体形式的法律规范，在表现形式上都统一地表现为法律条文，法官在司法实践中可直接按照法律条文的编排、分类顺序进行查找、适用，用作判决的说理依据。成文法的文字形式固定，只要在法律规范辐射的范围内，所有人面对着相同的法律条文、类似的语言环境，于是我们有理由期待适用同样的法律条文会得到大致相同的判决结果，以达致大众认为的公平正义。与此相比，民俗习惯却不具备相应的特质。民俗习惯虽具有历史延续性，但这种延续的过程总是会遇上忽明忽暗的阶段，在这种情况下，我们该如何判定民俗习惯是否依然存在？其次，民俗习惯具有地域性、民族性，不同的地域、不一样的人文环境甚至自然环境，民俗习惯的生长方向是不同的，对同一事项的调整方式、价值选择会有所差异，这无法满足法制统一性的需要，此时我们该如何抉择？或者，我们是否需要重新思考法制统一的内涵与意义？这种由民俗习惯不具备成文法所有的物理特性而引起的问题，都将我们引向了存在于制度框架下的矛盾之中，这亦让我们对民俗习惯的司法适用问题久久犹疑。

第三，成文法以其构建性更符合开放、自由的市场环境要求。风俗、习惯的形成是自发的，正因为它的形成内在于社会、扎根于民间，因此它必然需要漫长的历史过程，也正因为如此，民俗习惯往往和传统联系在一起。这也决定了民俗习惯所调整的社会关系的广度是有限的，它只能调整已经为人类所普遍认知的传统型社会关系，如婚姻关系、买卖关系、借贷关系，等等。而面对科技发达、应和着新生事物层出不穷的全球化时代产生的新型社会关系而言，民俗习惯无法发挥它的作用，因为新型社会关系是年轻的，以此为对象的践行没有时间的洗涤不可能成为一种风俗或习惯。在这种情况下，成文法主义理所当然地占据了优势。人们基于理性主义，认为自身能够创造出完美的规则，使得社会各类庞杂关系得到规整，从而使社会达至有序。因此，对成文法而言，我们无需理会规则在时间向度上可能的要求，可以转而直接制定我们认为有效的法律来调整新型社会关系，满足由此新型社会关系带来的社会利益被调整的需求。对传统型社会关系而言，成文法的作用层次则更深一步了。因为，人们可以随时依照自身的判断、以自己构划的社会关系为蓝图，选择对传统型社会关系的保留或革新。因此，对于开放、自由的市场环境和以发展为核心价值的社会而言，成文法主义优势突出。

正是受到成文法主义法学思维的影响，民俗习惯在我国司法适用中的推行过程尤为艰难。即便在认识到制定法的种种缺陷下，对民俗习惯的接受过程仍显缓慢。要加快民俗习惯司法适用的认可度，我们必须对成文法的法源地位，包括其来源、发展，有更细致的理解和思考。

二、法官对于民俗习惯合理性的价值判断

价值判断一词由价值和判断两个部分组成。"价值"表明了价值判断是对价值的判断，以此区别于对事实的判断；"判断"表明了价值判断是由主体发出的分析、判别和断定，以此区别于意识、命令。价值判断就是主体对于客体是否有价值、有多大价值的判断，价值判断既可以表示过程也可以表示结果。当价值判断表示过程时，它是发生在主体脑海中的、对客体进行判断、肯定、否定的活动，比如小孩可爱、苹果好吃、撒谎是恶行，等等。当价值判断表示结果时，它是指客体对主体有无价值、有多大价值、有什么价值的判别和断定，比如对我是否应该孝敬父母、中国传统文化是否应该被发扬和传承的断定就是表示结果的价值判断。主体的不同、客体的差异都会导致价值判断的结果不同，简言之，价值判断是因人而异、见仁见智的。

价值判断与事实判断对应，按照休谟的观点，人类理性的对象可分为两种，观念的关系（Relations of Ideas）和实际的事实（Matters of Fact），[①]

---

① ［英］休谟：《人类理解研究》，关文运译，北京，商务印书馆 1957 年版，第 26～28 页。

对前者的判断通常采用"应该"或"不应该"作为连接词，对后者的判断则通常用"是"或"不是"作为连接词，^① 如此就在知识论上截然划分开了事实与价值的界限，揭示了它们不一样的思维进路。因此，诸如审美判断、道德判断、法律判断这些包括了对好坏、善恶、美丑等具体价值判定的活动都属于价值判断。

价值判断在法学理论和实践中都非常重要，离开了价值判断，我们就无法认识社会现状、无法认识发展目标，如此一来既丧失了法学分析的基础，又没有了实践操作的思想指导。罗斯科·庞德有言道，"在每个法律史发展的经典时刻，不管是古代抑或是近代世界中，关于价值准则的鉴证、批评或符合推理的运用，都始终是法学家们的核心工作。"^② 所以，价值判定对法学是必不可少的，司法作为法学研究的一部分，自然地，价值判断问题亦不可不被提及。

司法领域中的价值判断总是以法官的价值判断为核心。法官的价值判断问题主要涉及两个层次：第一层次的问题是法官在司法活动中是否进行及应不应该进行价值判断。^{③④} 这种概念性的、机械性的法学思维等同于将人的某一阶段性的认识视作一成不变的东西，而否定了其变化性、发展性，因此很容易被社会的历史所淘汰。19 世纪末、20 世纪初以后，几乎所有的法学流派都主张法官自由裁量权、肯定法官的价值判断。美国大法官霍姆斯的名句："法律的生命从来都不是逻辑，法律的生命是经验"，以及

---

① 　[英] 休谟：《人性论·下》，关文运译，北京，商务印书馆 1980 年版，第 509～510 页。
② 　[美] 庞德：《通过法律的社会控制》，沈宗灵译，北京，商务印书馆 1984 年版，第 55 页。
③ 　如孟德斯鸠指出，"一个民族的法官只不过是宣布法律之语词的喉舌，是无生命的人，他们既不能变动法律的效力也不能修正其严格性"。[美] 本杰明·卡多佐：《司法过程的性质》，苏力译，北京，商务印书馆 1998 年版，第 106 页。
④ 　意大利著名法学家贝卡利亚曾提出，"当一部法典业已厘定，就应逐字遵守，法官唯一的使命就是判定公民的行为是否符合成文法律"。[意] 贝卡利亚：《论犯罪与刑法》，黄风译，北京，中国大百科全书出版社 1993 年版，第 13 页。

与霍姆斯同一时期的美国哈佛大学教授格雷所言的"法官不是发现法律而是创造法律"等都是对拘泥于法律概念、法律形式的观念的批判，他们认为一定要将法官在司法过程中的创造性、自由裁量的必要性有力地凸显出来。梅里士法官在某个裁决中也提出这样的观点："百分之九十的衡平法和普通法都是由法官创设的。"① 第二层次的问题是法官在司法过程中发挥其价值判断的幅度有多大，或者说法官有多大的自由裁量权的问题。这一问题可以简要表述为：法官是不是在任何情况下都能进行价值判断？如果不是，法官在什么情况下可以进行价值判断？法官在进行价值判断的时候是否可以随意而为？如果不是，那么法官的价值判断应该如何进行？有无原则遵照？事实证明，不同的国家对法官自由裁量权的限度问题采取了不一样的回答进路。以英美法系为代表，法官在司法审判过程中享有较大的自由裁量权，这也正如美国法学家德沃金在其名著《法律帝国》里所言："法院是法律帝国的首都，法官是法律帝国的王侯。"

就法官在民俗习惯的司法适用中的价值选择而言，其面临的主要问题体现在对民俗习惯的时代适应性与否的价值判断上。民俗习惯的性质决定了民俗习惯一定是历史的、陈旧的、传统的，并非所有的民俗习惯都能适应社会发展的需求和体现人们不断变化着的普遍价值观，因此并非所有的民俗习惯都可以被吸收到司法程序中用来调整当下的社会关系与人际关系。这需要法官对具体民俗习惯的性质进行考察，考察民俗习惯的时代适应性，即民俗习惯是否与当代社会提倡的善良风俗、与国家推崇的主导价值相冲突，如果冲突，则该民俗习惯不应被法官适用于司法实践中，只有那些与当代社会提倡的善良风俗、与国家推崇的主导价值不相冲突的民俗习惯才有被司法适用的意义。事实上，所谓的良俗与恶俗之分也是对民俗习惯时代适应性的甄别。良恶之分本是随着时代变化着

---

① 程汉大主编：《英国法制史》，济南，齐鲁书社 2001 年版，第 451 页。

的，正如封建时期妇女裹足之习在当时被认为是良俗，体现了妇女的德行，而现在被认为是封建糟粕一样。但是，并非所有的民俗习惯的时代适应性都易于判断。例如我国是多民族国家，地区发展不平衡，这对民俗习惯的时代适应性之判断的倾向性都有决定性的影响。所以，我们不能保证所有的法官对民俗习惯时代适应性的判断能够大致相同。这无疑对一直信奉法制统一的我们而言是一种冲击。于是，问题又回到了我们对法官自由裁量权、法官价值判断的认识，亦即法官拥有多大的自由裁量权才符合当代中国的社会预期，我们该如何规制这种自由裁量权。然而，当前的司法现状让我们缺乏对法官具有合理价值判断的充分信任，究其原因主要有以下几点。

首先，法官素质有待提高。法官的素质直接影响其价值判断结果，提高法官素质，加强其培养录用及考核必须是重点。1995 年前，我国法官队伍很大一部分是自部队复员的军人，他们或是转业，或是退伍后被安置到法院，只有很少一部分接受过正规的法学知识训练。1995 年国家颁布了《法官法》，后又经过 2001 年的修改，彼时国家对法官的年龄标准、政治标准、从业年限和专业知识要求等才有了统一而明确的标准。客观上看，我国法院民事法官的整体素质比以前有较大提升，但依然有相当一部分属于单纯业务型法官，即实际处理案件水平较高，但理论方面较为薄弱，一旦出现法律真空的时候，需要民事法官对个案进行解释、推理和论证，这种情况下许多民事法官都会对如何适用民俗习惯感到束手无策。同时，大多数年轻民事法官都是从法学院校刚毕业就直接进入法院，生活阅历、社会知识相对较少，对民俗习惯知之甚少，更不用说适用。上述因素都不利于形成民事法官对民俗习惯的尊重和信仰，进而影响到民俗习惯在司法中的适用。[1]与发

---

① 　陈建华：《论习惯在民事司法适用中的现状、困境与出路——基于我国司法实践的视角》，载《民间法》，2016 年第 17 卷。

达国家相比,我国法官任职过程仍显得太过"顺利"。在日本,法律专业大学生在通过司法考试之后还要接受司法考试审查委员会主持的第二次考试,成为司法研修生,学习并接受两年培训,两年后还必须通过第三次考试,几番周折才能加入法官队伍。[①] 对比而言,我国法律职业资格考试和公务员考试虽一定程度上保证了选拔的公正性,但并不符合法官精英培养要求,法官素质仍然是司法改革不得不重视的一环。

其次,司法权有待加强。在我国,法院作为国家司法机关,与行政机关相比明显处于弱势地位,这就为行政机关干预司法提供了机会。在财政体制上,司法机关的经费及司法工作人员的工资、奖金和福利待遇等都被行政机关所"控制",因此,只要涉诉尤其是行政诉讼,司法机关很难不受行政机关的影响。在人事管理上,目前,法官、检察官的任职是参照公务员进行的,人事权也掌握在行政机关手里。这种管理制度设计,于司法公正而言百害而无一利。民众如何能信服依赖行政机关的法院能保持中立进行审判呢?此外,除了行政权以外,司法权与各种势力的关系万般头绪、难以权衡,比如司法机关与立法机关的关系、与传媒的关系,都是分散司法精力,使法官不能专注于审判的牵绊。

最后,法官价值判断缺乏规则制度。法官价值判断是相对独立的、针对个案和个人的,即便我们能提高法官素质、加强司法权,提升法官价值判断的信服力,但依旧不能解决如何使法官针对个案的价值判断与审判规则、法律规范体系整体的对接问题。法官的价值判断意味着司法权的加强,而任何权力都必须凭借一定的制度、规则使之得到规整,制度、规则的缺乏将使人们对权力加强本身感到恐惧。

正因为司法现状的种种难题未解,所以社会、群体、公民个人等对法

---

① 在德国,法官必须先进入正规大学学习法律,通过国家考试后担任两年见习法官,然后进行第二次国家考试,才能成为候补法官。只有过五关斩六将,经过一轮轮选拔的人才有成为法官的可能。

官的价值判断设防颇多，只有从根本上提高法官素质、从制度层面保障法官价值判断的有效展开，法官才能在司法过程中选出那些符合案件事实、契合司法精神的民俗习惯来。当然，这还有很长的一段路要走。

三、法理与情理的诸般轩轾

法官对民俗习惯展开的价值判断是否合理、合情？除了法官个人主观上的文化素质、兴趣爱好、司法技术等原因外，还有一个不容忽视的因素，即对情理与法理关系的认知程度。

何为人情？《礼记·礼运》有曰："喜、怒、哀、惧、爱、恶、欲，七者非学而能。"即人的情感可以不用学习就能获得，是人生来就具备的。何为理？从宋明理学家所崇尚的存天理、灭人欲一说来看，理与欲乃先天对立排斥。何为情理？明清之际，戴震提出"理者，存乎欲者也"，即理和情是相近相亲而非相冲突的，理倚赖于情，因此不能以理来消除情。可见，情理一词本身达到了中庸的境界，所谓情理，既要合乎理性又要满足人们在情感上的需求，"理生于情，理寓于情，理以节情，理以化情"是也。[①]

情理精神是中国文化的一个基本特点，情理中蕴含着民俗与习惯，在以儒学为主流的中国传统文化中普遍重视人性的情感方面。[②] 诚实的人应当为盗窃的父亲作证，而亲属之间则不当彼此揭发罪行，而是要相互祖护，这在中国古代传统文化中是被肯定的。情感取向深深影响了中国人在纠纷方式选择上的判断，对人情的处理是中国人在日常生活中必须面对的问题，情感与理性的交融在中国人际网络中处处可见。"中国人的活动方式是人情导向的，活动者了解自身的职责来处遇现实困境，以及以活动者过往合作

---

① 肖群忠：《论中国文化的情理精神》，载《伦理学研究》，2003 年第 2 期。
② 在《论语》中孔子与叶公有这样的对话，叶公曰："吾党有直躬者，其父攘羊，而子证之"，孔子对曰："吾党之直者异于是：父为子隐，子为父隐。直在其中矣。"

经验为铺垫。同时前述如此内容均有繁杂的架构流程，此种繁杂性不仅体现为横向方面关系紧密，而且纵向上也会彼此影响作用。这些横向及纵向关联会作用于一起并达成适配架构，并成为某种境况从而统合而全面地对参加者的活动发生干预，继而达成人情导向的公众运转方式。"①

情理精神产生于人的社会性本质，产生于人与人之间沟通与交流的必然需求，产生于作为个体的人结为集体以发展壮大自身的生存法则。情理精神的核心是说情讲理，即把大家公认的民俗给说出来，把大家都接受的习惯给讲出来。"这种人情关系发生出现并展现功用的历史积淀凭借的是血缘亲疏为伦理道德的传统社会，古代社会中，它自然拥有正当性与合法性……真实的'人情'哲学、亲情伦常自然是人类天生拥有的人性关怀，它能够增强各方的亲和感和共鸣感。"②

法理，是强制、约束人们行为规范之理，是法律规则背后所蕴含的原则、规律、价值观及与其相关的理论。我们可以从法理与法律规则的关系上来把握法理的特点。

法理与法律规则是抽象与具体、一般与特殊、指导与规范的关系。法理是抽象而一般的，法律规则则是具体而特殊的，法律规则有特定的结构模式，例如假定条件、行为模式和法律后果，不同的行为对应不同的法律规则，由不同的法律规则调整，法律规则试图与其欲调整的人们的行为建议形成对应关系，因此法律规则所传递的信息也相对明晰、确定。然法理却并非如此，法理概而广，同样的法理运用于不同的国家、区域、民族，且结果可能非常不同，它们可能在假定条件上有所不同，抑或是在行为模式的规定上存在差异，又或者是在法律后果中实施不一。人们通过法理可以大致了解其维护或者所期冀的价值，从而了解不同的行为种类可能导致

---

① 王思斌：《多元嵌套结构下的情理行动——中国人社会行动模式研究》，载《学海》，2009 年第 1 期。

② 肖群忠：《论中国文化的情理精神》，载《伦理学研究》，2003 年第 2 期。

怎样的法律评价。通过一个国家存在的既定的法律条文，我们可以迅速获知其有关规则的信息，但是却不能直接得出有关法理的认知。

自中国人开始认识到现代法治与中国乡土社会的诸般不适应性、冲突性之时，法理与情理的轩轾就开始了，我们时常徘徊于法理体现的程序、形式艺术与情理所彰显的人情与温暖之间，既为法理中时常表现的冰冷与漠然而惴惴不安，又寄希望于它的铁面无私能消除实现公平的障碍，治理国家社会中的裙带关系、贪污腐败。另外，随着法治社会的逐步建设，越来越多的人认识并接受了现代法治理念，转而开始反思传统文化中人情的价值，期待在自我批判中找到符合中国发展需求的理念和道路，在这个过程中人情社会的弊端也被人们所发现。"但是考虑到中国自古的面子哲学与亲情伦理总是无法摆脱和血缘宗法的紧密联系，再者在现实的为人处世实践中通常容易掺杂世俗的功利考虑，所以有些人主张，中国人虽然十分看重人情面子，却并不能理解真正的感情，生活中唯有亲情少有感情，如此必将形成对熟悉的人友好而对陌生人排斥的困惑状况。情感伦理貌似由孝的慈爱发展为通常的仁爱，仁者爱人固然正确，而儒家所谓的仁爱从根本上就明确了'爱有差等'之原则，如此事实上让真正的爱为世俗的礼教道德所吞噬，人的纯真感情沦为等级有序的礼教伦常的附庸，不然就归入大逆不道之列。"① 我们寓情于理、以情阐理、以理抒情的情理精神与现代法治精神是有冲突的，因此我们对情理与法理在特定情境下如何抉择、如何使之相容展开了漫长的探索。

在弘扬社会主义法治精神作为当前国家发展政策之一的背景下，法理与情理的关系成了我们必须面对的问题。情理对法治建设而言是一把"双刃剑"，运用得当有助于补充法律漏洞、树立法律权威、巩固法律适用实效，运用不当则会对法治建设产生消极的影响。首先，情理的运用要求法官使用自由裁量权，而法官的自由裁量权的使用则暗含着徇私枉法、司法

---

① 肖群忠：《论中国文化的情理精神》，载《伦理学研究》，2003 年第 2 期。

腐败的风险，如果出现这类事件，即便只是少数情况，也会大大损害司法权威，降低法律在公民心中的地位。其次，情理作为人们情感与理性的矛盾统一体，与法律相比更好地反映了社会中大多数民众的价值观，虽然对这一类价值观的顺从有可能保障法律的实施效果，但也带来了削弱司法独立性、专业性的风险，毕竟并非多数人的判断总是正确而公平的。以刘涌案为例，黑老大刘涌在一审中被辽宁铁岭中院判处死刑，后在二审时因排除了一份涉嫌刑讯逼供的关键证据，改判为死缓，但二审的判决引起了民众的一片哗然，民意认为黑老大刘涌应该被判为死刑立即执行，民众不能理解对于如此罪大恶极的人，法律为什么要因为所谓的程序问题而展现宽容。最终司法不敌民意之汹涌，在再审程序中，最高人民法院判处刘涌死刑立即执行。在此案中，民意的视线始终集中在法院对刘涌的判决内容上，民众只看到了法律应该惩治坏人，当然这一点无可厚非，但民众没有看到最终改判是对刑讯逼供的变相纵容，没有看到这次纵容对以后刑事审判造成的消极影响，也没有看到我们正努力完善的人权保障机制、权力监督机制因为被个案忽略而遭受的损失，而这等机制的不健全可能为冤假错案的增加提供可乘之机。由此可见，情理并非只一味促进法治建设、保障法律的实施，它也会侵蚀法治的根基，阻碍法治的发展。

以上关于情理与法治建设之间错乱迷离关系的论述同样也适用于民俗习惯与法治建设、与制定法关系的论述。民俗习惯是存在于民间、为人们所信赖的情理具体表现形态之一，国家法对民俗习惯的吸收意味着对相应情理的接受，反之，国家法对民俗习惯的拒绝则意味着对相应情理的排斥。情理与法理关系的认知方式直接影响了民俗习惯与制定法的关系，可以说民俗习惯与制定法的关系正是法理与情理关系投射到具体社会行为规范的影像。如果我们能厘清情理与法理关系处理的一些原则，那么对民俗习惯司法适用的态度也就明朗了。

第五章
民俗习惯司法适用的程序机制

第一节　民俗习惯司法适用的实践案例

一、"吊唁""祭奠"民俗习惯司法适用案例

（一）"吊唁"民俗习惯的司法适用 ①

案例一：陈某的儿子驾驶摩托车发生交通事故，撞死自己的妻子（即陈某的儿媳）。在事故处理过程中，通州市公安局交通巡逻警察大队将尸体处理通知书给了陈某，陈某擅自将尸体火化，并未通知死者近亲属姜某等人，引起死者家属强烈不满。姜某等四人认为自己同样享有对死者遗体的管理处分权及吊唁权，并以陈某擅自将死者火化而未通知近亲属吊唁造成姜某等四人精神上极大痛苦为由，将陈某诉至法庭，要求陈某公开赔礼道歉并赔偿两万元精神损害抚慰金。法院经过调查审理认为：陈某是死者的公公，在陈某之子因交通事故被刑事拘留期间，其手持通州市公安局交通巡逻警察大队交与的尸体处理通知书，负责处理儿媳殡葬相关事宜，是符合一般民俗习惯的。吊唁作为丧葬礼俗的重要一环，能够使得死者近亲属表示最后哀悼，属于正当的民俗习惯，符合一般社会生活中的道德观念，理应得到法律保护。在交通事故发生后，死者近亲属姜某等四人对死者被陈某的儿子撞死一事十分郁结，痛愤难当，双方协商善后事宜时爆发矛盾，且经乡里和公安部门多次协调仍未达成一致。陈某手持尸体处理通知书提

---

① 江苏省南通市港闸区人民法院〔2007〕港民一初字第 0398 号判决"姜某等诉陈某侵权案"。

出于 1 月 28 日火化，理应积极通知死者近亲属参加吊唁，尊重死者与近亲属之间的血浓情深。然而陈某在姜某等四人未到场的情况下便将尸体火化，不管缺席之理由是否正当，都使姜某等四人失去了最后吊唁的机会，并在精神上遭受巨大痛苦。从人伦亲情的一般衡量标准看，姜某等四人的吊唁权值得法律保护，也非一般的赔礼道歉所能抚慰，所以对于姜某等四人要求陈某予以精神损害抚慰金的要求也应予以支持。据此，法院依照《民法通则》第 5 条、第 106 条第 2 款，《最高人民法院关于确定民事侵权精神损害赔偿责任若干问题的解释》第 1 条第 2 款、第 8 条第 2 款、第 10 条第 1 款、第 11 条之规定，作出陈某对姜某等四人赔礼道歉，并于判决生效后 10 日内给付姜某等四人精神损害抚慰金 2000 元的判决。

（二）"祭奠"民俗习惯的司法适用 [①]

案例二：于某与胡某于 1933 年结婚，生育一子于甲。胡某去世后，于某与冯某于 1955 年结婚，并先后生育乙、于丙、于丁、于戊。于某于 2003 年 1 月 31 日去世，同年 9 月冯某去世后，二人合葬于新乡市福泰公墓。墓地里面有于某、胡某的遗物以及冯某的骨灰，但墓碑上只有于某和冯某的姓名，并未刻上胡某姓名。针对此事，于甲认为于乙、于丙、于丁、于戊侵犯了其对母亲的祭奠权，并将四人诉至法院，要求共同拥有位于新乡市福泰公墓的父母墓地使用证，更换墓碑及相关碑文；要求于乙、于丙、于丁、于戊赔礼道歉并支付精神抚慰金 5000 元。法院经过调查审理，认为祭奠是对逝者的一种悼念仪式，表达生者的敬意与追思，能够体现中华传统孝文化。丧葬风俗作为一种寄托哀思的情感活动，只要在法律、法规和有关政策允许的范围内，不违反公序良俗，就应当受法律保护。本案当中，

---

① 河南省新乡市牧野区人民法院〔2004〕牧民一初字第 346 号判决"于甲诉于乙等四人祭奠方式纠纷案"。

于甲生母胡某去世较早，于某后与冯某再婚，胡某、冯某与于某之间均属合法夫妻，死后子女将三人遗物、骨灰等共同葬于新乡市福泰公墓，树立碑文亦属民间善良道德风俗，没有违反法律和有关政策的规定。但墓碑上仅刻有于某和冯某姓名，未刻胡某姓名，不符合我国道德伦理和传统风俗的要求。于甲要求墓碑上应刻其生母胡某姓名，符合我国的道德伦理、传统风俗，亦在情理之中。祭奠方式虽然不限于一种，但根据本案情况与民间风俗，于甲主张的更换墓碑并增刻胡某姓名的请求应予支持，但具体事项双方可协商处理。因没有相关证据，关于于甲请求的赔礼道歉、支付精神抚慰金及共有墓地使用证等请求法院不予支持。后法院依据《民法通则》第 5 条、第 7 条之规定判决：根据死者胡某、于某、冯某的合葬情况，其墓碑应按民间墓葬风俗刻有胡某姓名，于乙、于丙、于丁、于戊不得干涉于甲履行上述行为。并驳回于甲的其他诉讼请求。

就上述案例而言，可以看出民俗习惯在法院处理民事纠纷的工作中意义重大。在案例一中，通过适用民事习惯使得死者亲属对死者的"吊唁权"得到了应有的保护，尊重了死者亲属的感情，保护了亲属对死者享有的"吊唁"习俗利益，值得肯定。案例二中通过适用民俗习惯对死者亲属的"祭奠权"进行了保护，同样也尊重了死者亲属的情感，保护了亲属对死者享有的"祭奠"习俗利益，同样值得肯定。

二、交易习惯的司法适用案例

案例三 [①]：朱某计划于 2007 年 1 月举办婚礼，因此于 2006 年 10 月 13 日与丁山酒店签订婚宴服务协议，双方约定由丁山酒店在 2007 年 1 月 20 日于酒店大宴会厅为朱某提供预计 35 桌的婚宴服务，每桌中式婚宴套餐的

---

① 江苏省南京市中级人民法院〔2007〕宁民二终字第 452 号判决"丁山酒店与朱某饮食服务合同纠纷上诉案"。

价格为 2288 元（不含酒水）。在双方商议好的婚宴菜单中，共有 16 道菜（含冷盘），其中包含"白灼基围虾"这道菜。合同签订后，朱某于当日向丁山酒店支付定金 32000 元。婚宴举行前，丁山酒店与朱某确认了预定桌数等事项，并订立了补充协议。2007 年 1 月 20 日，朱某婚宴如期在丁山酒店举行，丁山酒店为其提供共计 41 桌婚宴套餐。在婚宴举行期间，朱某对婚宴中的"白灼基围虾"是否为"基围虾"存有异议，认为酒店所用之虾为"沙虾"，因此在婚宴结束后并未立即支付余款，双方争议无法解决，引起诉讼。丁山酒店认为双方签订的婚宴服务合同业已实际履行完毕，要求朱某支付所欠婚宴余款 63065.6 元及逾期利息。朱某则认为丁山酒店在履行婚宴服务合同期间，用沙虾代替基围虾，构成消费欺诈，要求按照每桌基围虾价格 285.2 元的标准双倍赔偿朱某损失共计 23386.4 元。法院经过审理后认为，案件当中的主要争议焦点在于"白灼基围虾"中所用的虾是"基围虾"还是"沙虾"。丁山酒店与朱某在婚宴合同中未明确约定"白灼基围虾"所用的虾是何种虾，事后对此也未协议补充。根据相关法律规定，当事人对于质量等内容没有约定或约定不明确的，可以协议补充，不能达成补充协议的按照交易习惯确定。丁山酒店对此提供书籍，载有内容写到"刀额新对虾，俗称基围虾、沙虾"等，即在生物学上，沙虾与基围虾是同一种虾，但法院在对南京市最大的水产市场——下关区惠民桥水产批发市场等部门调查后，结合证人证言等证据，认定涉案的沙虾与基围虾是两种不同的对虾品种，在价格、色泽、口感上差别显著，沙虾不是基围虾。因此，书本上的解释与现实生活中的对于"沙虾"和"基围虾"是否相同的问题上，存在不一致。我国地域广阔，基围虾在书籍上的名称与生活中的名称有可能不一致，朱某作为南京市民在当地举办婚宴，在订立婚宴服务合同时所理解的婚宴菜单中"白灼基围虾"的含义，参照的应是本地餐饮行业、水产市场中通常理解的基围虾，遵守的是与之有最密切联系的本地交易习惯。根据法院对南京本地水产市场所做的调查，"沙虾（学名为南美白对虾）"与"基围虾（学名为日本对虾）"完全不同，价格也差异较大，因此，丁山酒店在履行婚宴服务合同时，应当按照普通市民生活中的理解选用"基围虾"而非"沙虾"。故"白灼基围虾"一菜不应当选用"沙虾"，丁山酒店构成了消费欺诈。

由此可见，案例三中对于"白灼基围虾"一菜应当选用"沙虾"还是"基围虾"的判断，参照的是民俗习惯而非书本知识，比较融洽地化解了矛盾，明确了当事人双方的民事权利和义务，是值得肯定的。

三、哈萨克族彩礼返还民俗习惯的司法适用案例

尽管彩礼习俗并没有得到法律的认可，但是在新疆哈萨克族聚居地区，婚前依据世代相传的习俗给付彩礼是普遍存在的。当然，依习俗给付的彩礼和借婚姻索取财物无论是从法律上解释，还是从风俗习惯角度理解，都是存在差异的。从主观角度来看，对于男方家庭而言，给予彩礼是出于自愿的，而被女方借婚姻索取财物显然不是自愿的；对女方家庭而言，收受彩礼是为了缔结婚姻关系，依据当地普遍认可的习俗属婚前必经的程序，而借婚姻索取财物显然不是以结婚为目的，结婚只是索取财物的手段，索取财物才是其目的。从客观结果来看，借婚姻索取财物的价值往往大于依据习俗给予彩礼的价值。司法实践中，法院也正视了这一差异，在彩礼返还纠纷案件中，对民间彩礼返还习俗给予了回应，下文从司法实务案例中具体分析法院如何对哈萨克族彩礼返还习俗进行司法考量。

案例四：原告阿某（哈萨克族，女方）与被告努某（哈萨克族，男方）于 1995 年建立恋爱关系，并于 1997 年领取了结婚证。在二人结婚前，原告阿某与别人发生两性关系而怀孕，并在婚后育有一女，随阿某、努某二人一同生活。婚后阿某与努某经常因为一些琐事争吵。1999 年，阿某将努某诉至法院，要求与其解除婚姻关系。被告在答辩中声称同意离婚，但要

求原告返还彩礼。法院经审理认为：原、被告在婚后生活中常常为一点小事而争吵，彼此之间互不相让，双方感情业已破裂。现原、被告均同意离婚，予以准许。对于被告努某要求返还彩礼一事，因二人结婚时间较短，故应酌情予以返还。对于原告阿某向被告努某索要的彩礼共计两峰骆驼、五匹公马、四匹母马、一匹一岁马、四头犍牛、一头奶牛、一头一岁牛、两只山羊、九只绵羊、一辆摩托车（3600元）、现金10800元，可分三次还清。①

案例五：原告努尔某（哈萨克族，女方）与被告阿克然某（哈萨克族，男方）经自由恋爱后结婚，婚后有段日子过得很好，但也常为生活琐事争吵，被告几次殴打原告，以致双方感情破裂。1997年7月，原告向法院起诉要求解除婚姻关系，被告在答辩中声称，如果原告坚持要离婚，那么原告应返还自己在婚前给付给原告的彩礼，即九头马和牛及1万元现金。一审法院经审理认为，在调解阶段原告坚持离婚，应判决准许原告努尔某与被告阿克然某离婚；原告退还被告彩礼5000元。被告阿克然某对判决不服提起上诉，要求努尔某归还因婚姻关系收取的37850元彩礼。二审法院经审理补充查明：双方确立恋爱关系后于1994年11月自愿住在一起，并未前往婚姻登记机关进行婚姻登记并领取结婚证。法院认为：双方自愿住在一起但未办理结婚登记的行为，违反《婚姻法》和《结婚登记条例》的规定，属于非法同居关系，一审法院准予双方解除婚姻关系的判决是不妥当的，应当予以改判。二审法院遂判决解除被告阿克然某与原告努尔某之间的非法同居关系。被告阿克然某要求原告努尔某全部归还收取的彩礼没有事实根据，原告努尔某应根据自己的经济条件归还一部分。原告努尔某向被告阿克然某归还因婚姻关系收取的

---

① 新疆维吾尔自治区青河县人民法院1999年就阿某诉努某离婚彩礼返还案作出的民事判决书；转引最高人民法院中国应用法学研究所编：《人民法院案例选》，2001年第4辑，人民法院出版社2002年版，第86页。

5000 元现金、两匹马、两头三岁牛。^①

上述两个案例都涉及哈萨克族当事人彩礼返还的问题，这在新疆哈萨克族聚居地区基层人民法院的日常工作中经常遇到。在新疆哈萨克族聚居地区，基层人民法院审理的民事案件中离婚案件占到总数的五分之三以上，彩礼退还的问题则是离婚争议的焦点。^② 从上述离婚案件发生的时间来看，无论是婚姻法，还是最高人民法院出台的有关司法解释，都没有对彩礼返还问题作出规定，存在法律上的漏洞。但是，彩礼返还问题又是新疆哈萨克族聚居地方离婚案件争议的焦点，当地的法院作出了回应，没有忽略哈萨克地区普遍存在的彩礼返还习俗，尊重了习俗承载的民族情感、道德观念、价值认同、文化底蕴，是值得肯定的。正如苏力先生所说："一个理想的法官在法律并未规定之处，是可能依据惯常做法以及相关政策性规定或原则以及多年的司法经验作出实践理性的决断，填补法律空白。"^③ 上述两案例中，不同法院基于哈萨克族对本民族的传统习俗规则在心理上、精神上、观念上具有强烈的亲切感和认同感，被本民族的成员所普遍接受，其作为"活法"在本民族内部具有的巨大影响力，在处理哈萨克族彩礼返还纠纷时，对其彩礼返还习俗予以了重视。

案例四中，为了尊重和适用哈萨克族的彩礼返还习俗，法官认可了努某基于习俗享有的权利，即基于习俗男方给予彩礼是为了与女方缔结婚姻关系。但婚姻关系如果被解除，给付彩礼的目的将落空，出于公平的考虑，男方有权要求女方返还彩礼，法官将此援引到借婚姻索取财物而产生的法

---

① 新疆维吾尔自治区阿勒泰地区中级人民法院就努尔某诉阿克然某离婚案作出的〔1997〕阿中法民终字第 139 号民事判决书。转引古丽努尔·玛纳斯：《少数民族婚姻习惯与〈婚姻法〉的冲突与协调——以哈萨克婚姻习惯法为例》，硕士学位论文，中国政法大学，2012 年。

② 王军：《浅谈规范哈萨克族离婚案件彩礼退还的执法尺度》，载《中共伊犁州委党校学报》，2002 年第 1 期。

③ 苏力：《送法下乡——中国基层司法制度研究》，北京，中国政法大学出版社 2000 年版，第 6 页。

定权利中，融合地把习俗和国家制定法共同作为裁判的依据，从而"隐性"地实现了民俗习惯的司法适用，使得习俗权利在裁判文字的背后得到尊重和适用。这种习俗的司法适用方式，称为援引性适用。虽然法官通过援引性方式适用习俗时，借用了"借婚姻索取财物"的有关法律规则，有混同基于习俗给付彩礼与借婚姻索取财物之嫌，其妥当性值得商榷，但法官并未将哈萨克族收取彩礼的行为定性为借婚姻关系索取财物，尊重了哈萨克族的风俗习惯，符合哈萨克族聚居地区婚姻关系的实际情况。从最终结果来看，通过让阿某对自身的过错，即婚前与别人发生两性关系而怀孕并在婚后生下一女，承担退还所收全部彩礼的责任，保护了男方的利益；同时又基于阿某的实际经济状况，判决阿某分三次向努某退还全部彩礼，灵活地处理了女方一次全部退还存在的实际困难，也兼顾了女方的利益。法官的判决公平、合理地处理了彩礼纠纷，收到了较好的法律效果与社会效果。

案例五中，法官在适用哈萨克族彩礼返还习俗时，并没有采取案例一中的做法，没有通过援引性的方式进行适用。而是将基于习俗收受彩礼的行为与借婚姻索取财物的行为区分开来，没有将二者混为一谈，对祖辈沿袭下来的习俗予以了直接的认可，尊重了哈萨克族聚居地区群众的民族感情，符合少数民族地区的实际情况。法律对于彩礼返还问题没有作出相关规定，存在法律上的漏洞，法院通过直接适用习俗，保护了阿克然某基于习俗规则而享有的习俗权利。该案判决符合当地的社会情况，尊重了哈萨克族的婚俗。对于努尔某应向阿克然某返还彩礼的范围和比例问题，一二审法院的意见不一，导致裁判结果也不同。但从最终结果上看，还是较好地平衡了男女双方之间的利益，取得了较好的社会效果和法律效果。

由此可见，在司法实践中，处理彩礼返还纠纷时，法官对哈萨克族彩礼返还习俗予以考量，不仅能够弥补国家法存在的漏洞，体现了习俗对法律的漏洞补充作用，而且其处理结果也容易得到哈萨克族民众的内心认同，有利于实现裁判结果、法律效果和社会效果的内在统一。

从整体来看，由于司法实践中对如何适用民俗习惯缺乏应有的程序规则，使得法官在适用民俗习惯时随意性较大，也缺乏规范性，从上述案例中也能窥见一二。虽然上述两个案例中的法官要么直接适用了民俗习惯，要么间接适用了民俗习惯，但是由于对哈萨克族彩礼返还民俗习惯的内容存在不同的认识，如案例五中，两级法院对努尔某应向阿克然某返还彩礼的范围和比例有不同的意见。在大量的婚约彩礼返还案件中，由于法官对婚约彩礼民俗习惯的内容、适法性等存在不同的认识，导致了类似的案件存在不同的判决，有的以民俗习惯为由支持当事人的诉讼主张，有的认为该民俗习惯不合法不予支持，更多的是酌情判决，而且从裁判的过程来看，法官都没有按照一定的程序对民俗习惯进行判别和适用。尽管法官关照了哈萨克族彩礼返还民俗习惯，但是从裁判的过程来看，却没有反映出法官如何依照一定的程序对民俗习惯进行审查、甄别等，说明了司法实践中程序规则的缺失，在一定程序上必将影响法官对民俗习惯的适用。

从已有的实证调查来看，"超过半数的法官认为很难把握民俗习惯适用的尺度，因为在审判中运用民俗习惯'程序上无统一标准'"。[①] 由此，民俗习惯司法适用程序规则的欠缺可能导致的结果是，在法官感到难以判断的情况下，出于多年思维定式和谨慎的考虑，往往对民俗习惯放弃使用，甚至一概忽视和否定民俗习惯的运用，使得民俗习惯在本该得到司法适用的情况下不能得到司法适用，不利于案件的公正处理和乡土社会矛盾纠纷的有效解决。因此，有必要完善民俗习惯司法适用的程序机制，包括启动、举证和确认机制，下文将展开论述。

---

① 董淳锷、陈胜蓝：《放宽法律的视野：民俗习惯在我国审判中运用的现状研究》，载《西部法学评论》，2008 年第 6 期。

第二节　民俗习惯司法适用的启动机制

苏力认为："习惯进入司法程序的首要条件，是乡民根据他们所悉知并信仰的习惯性规则提出诉讼。"[①] 因此可见，民俗习惯进入司法程序需要一个机制予以启动，这也意味着不是所有案件都涉及民俗习惯的适用问题，而仅仅是特定案件中可能涉及民俗习惯的适用问题。由于民俗习惯运用的或然性，以及民俗习惯本身不是成文规范，而且法官未必熟悉，由此在特定案件中适用民俗习惯处理纠纷就需要一个启动机制，民俗习惯只有经过启动程序，法官才可能在具体的案件处理中适用。对于民俗习惯司法适用的启动机制，涉及由谁来启动、以什么样的方式启动、在什么期限内启动等问题。具体而言，如果由当事人在司法中主张适用民俗习惯，那么，当事人应以什么方式提出主张？在什么时间内提出主张最为适宜？在哪个诉讼阶段提出主张最为适宜？是各个阶段都可以，还是有相应的限制？进一步说，如果当事人没有在起诉时或答辩时以及诉讼过程中主张适用民俗习惯，那么法官是否可以提出民俗习惯作为判定事实和裁判纠纷的依据？法官应以什么方式提出？在什么阶段提出？等等。

一、启动的主体和方式

在民事诉讼中，处分权是当事人很重要的程序权利，在具体个案中，对于是否主张依据民俗习惯来认定案件事实或者作为裁判纠纷的依据，当事人享有选择的权利。由此，通常来说，民俗习惯在司法案件中的适用由当事人主动提起，法院一般不会主动建议当事人适用民俗习惯。虽然民俗

[①]　苏力：《中国当代法律中的习惯——从司法个案透视》，载《中国社会科学》，2000 年第 3 期。

习惯在司法案件中被法院适用后具有了准法律的属性，但是民俗习惯的这种准法律属性的取得，必须以其在司法案件中被适用为条件，也即，民俗习惯在没有被法院适用前显然不具有准法律的属性，只是一种社会现象或者社会存在，不具有法律上的意义。因此，法院一般不能主动提起民俗习惯的适用。但也有例外，正如法国学者勒内·达维德所言，为了使国家制定法律为一般人所知，法官就需要经常将习惯作为补充，因为立法者所用的概念要求借助习惯予以阐明，某些问题不借助于习惯就难以得到解决。^①美国学者博登海默同样认为，商业领域中在确定当事人权利、义务和责任时，法官不仅需要查明国家制定法中的相关规定，还需要查明案件涉及的特定商业领域中为一般人共知的商业惯例。通常来说，由于这些既定的商业惯例与银行和金融业的关系十分密切，它们的作用在解释商业合同和其他文件时也意义重大。^②具体而言，第一，如果某一民俗习惯已经被国家制定法援引，或者在先前有法院援用此惯例判决案件，那么针对同一地域范围内类型相同的案件，即使当事人双方并未主张适用该民俗习惯，法院也应根据案件审理的需要主动适用该民俗习惯。第二，在个别案件中，虽然制定法对于解决该纠纷提供了确定具体的规则，但是为了追究个别正义，法官适用民俗习惯。如江苏省姜堰市人民法院判决了这样一起案件：原告张某育有四子一女，均已组建新的家庭。原告妻子病故后，原告张某因生活无法自理，将四子诉至法院要求其承担赡养义务并支付赡养费用，具体每人每月给付原告生活费、护理费人民币 280 元。法院在庭审调解过程中，因其中一名被告未经法庭许可中途退庭，导致调解未能顺利进行。在案件审理过程中，法官注意到，在当地的农村家庭中，女儿出嫁后并不负担赡

① [法]勒内·达维德：《当代主要法律体系》，漆竹生译，上海，上海译文出版社 1984 年版，第 122 页。
② [美]E.博登海默：《法理学——法律哲学与法律方法》，邓正来译，北京，中国政法大学出版社 2004 版，第 498 页。

养义务，大多数由儿子轮流赡养父母。这一习俗在一定意义上对于本案的
最终合理解决具有相当的影响，因此法官随即启动了识别程序，各方当事
人均未对此民间习俗提出异议。在对多方因素进行综合考虑之后，法院最
终判决四子依长子、次子、三子、四子之序轮流赡养原告，每人轮流赡养
一个月。但原告的所有医疗费用、护理费、交通费及日后殡葬费等，由四
子各承担总额的五分之一。判决后，当事人都没有提起上诉，且后来履行
情况良好。[①] 第三，当事人在陈述中已经表示出适用民俗习惯的意思，但
没有诉讼代理人帮忙提出明确主张时，法官可以主动向当事人说明可以适
用民俗习惯，即行使释明权。释明权是在诉讼过程中当事人的声明和意思
陈述不清楚、不充分时，或提出了不当的声明或陈述时，或所取证据不够
充分却认为证据已足够时，法官通过发问和晓谕的方式提醒和启发当事人
把不明确的予以澄清，把不充分的予以补充，或把不当的予以排除，或者
让其提出新的诉讼资料，以证明案件事实而行使的权力。[②]《最高人民法院
关于民事诉讼证据的若干规定》被认为是规定法官行使释明权的规范依据：
"人民法院应在当事人举证时向其说明要求和法律后果，促使当事人在合
理期限内积极、全面、正确、诚实地完成举证。"以及"诉讼过程中，如果
当事人主张的法律关系的性质或者民事行为的效力与人民法院根据案件事
实作出的认定不一致的，不受本规定第 34 条规定的限制，人民法院应当告
知当事人可以变更诉讼请求"。有些地方法院的指导意见规定得更为明确，
如江苏省姜堰市人民法院《关于将善良风俗引入民事审判工作的指导意见
（试行）》第 7 条规定："法官在运用善良风俗时，应当充分行使释明权，并
以当事人意愿为准。"又如江苏省泰州市中级人民法院《关于民事审判运用
善良习俗的若干意见（试行）》中规定："善良习俗所蕴含的规则能够从法

---

① 张晓萍：《论民间法的司法运用》，博士学位论文，山东大学，2010 年。
② 杨建华主编：《民事诉讼法之研究》，台北，三民书局 1984 年版，转引自蔡虹：《释明权：
基础透视与制度构建》，载《法学评论》，2005 年第 1 期。

律上得到恰当解释时，法官应予以释明，使当事人得以提出法律上的请求或抗辩理由。"

但这里需要讨论、思考的一个问题是：法官行使释明权，提示一方当事人应该适用民俗习惯作为己方主张的根据，是否会违背法官中立原则。从理论上讲，法官在诉讼中为了维护其权威性，应当保持一种独立于当事人之外的中立地位，如果法官在诉讼过程中，主动为一方当事人提出诉讼主张的依据，显然偏离了诉讼的中立地位，对另一方当事人而言显然是不公平的。但是，由于我国诉讼活动追求的是服判息诉，从这一诉讼目的来看，如果当事人并未充分地理解诉讼中的每个细节，在判决后当事人上诉甚至不断上访等情形出现的可能性极高，那么通过事前的技术手段消除这些可能导致当事人对审判结果的不满意是妥当的，具有正当性。[①] 江必新在全国行政审判工作会议的讲话中也讲道："法官行使释明权，要通过必要、公正的诉讼指导方式，在诉讼过程中告知当事人举证责任及其他各种诉讼权利义务，充分听取当事人的质辩和意见，避免当事人因缺乏诉讼代理人的指导而承担对自己不利的后果。"讲话中的精神民事审判中也同样可以适用。

至于启动的方式，司法实践中，当事人对民俗习惯司法适用的提起，一般是以起诉或答辩的方式附带进行的，大多是在起诉书中注明自己享有何种习俗权利而对方依据当地民俗习惯侵犯了自己的这种权利，或者在答辩状中提出自己的行为符合民俗习惯或提出对方违背民俗习惯侵犯了自己享有的习俗权利，实际上就是依据习俗权利提出了反诉。此外，当事人也可以在诉讼过程中提出抗辩，这使得民俗习惯司法适用的启动往往与起诉、答辩、庭审调查与辩论等程序结合在一起。从形式上说，当事人提起民俗

[①]　王林敏：《民间习惯的司法识别》，博士学位论文，山东大学，2010 年。

习惯可以采取书面的形式，也可以采取口头的形式。[①]

二、启动的期限和阶段

对于原告来说，最早提起民俗习惯司法适用阶段应当是起诉时。特别是主张民俗习惯作为具体案件的裁判依据时，原告必须在起诉时提出，因为只有案件被法院受理了，法院才予以介入并解决纠纷。因此，原告如果想要法院受理自己的起诉，诉讼请求就必须恰当，事实和理由也必须明晰。如果原告表述不当或者理由选择不当，这些程序瑕疵就有可能成为法院不予受理的理由，从而无法保护当事人的实体权利。2007 年 11 月 3 日，四川省一个案例引起了人们的重视。四川省宜宾县横江镇柏林村的蔺洪军去世，他的儿子蔺兴才（该镇司法所所长）听信风水大师之言，将蔺洪军安葬在已去世 13 年的李富桃的墓地前。蔺兴才带人刨开李富桃的坟墓，将其棺木锯掉一截后安葬了自己的父亲。这一事件在当地引起轩然大波，此行径也为社会舆论纷纷谴责。经过宜宾县和横江镇有关部门干预，蔺兴才迁走了其父的墓地，并表示愿意赔偿对方一定的经济损失。其后，李家一直要求蔺家赔偿因此而造成的棺木毁坏、误工费用和精神抚慰金等损失，但由于双方分歧较大而未达成一致。2007 年 11 月 27 日，李家向宜宾县法院起诉，要求判令蔺家迁走遗留在墓地上的棺木，赔偿挖坟毁坏棺木等造成的经济损失 1.5 万元和精神抚慰金 3 万元。李家认为，蔺兴才的行为侵犯了原告及其亡父的合法权利，违反了公序良俗，应该对造成的物质损失和精神损失作出赔偿。但是，2007 年 12 月 3 日，宜宾县法院作出民事裁定：不予受理李家的起诉。理由是：起诉人所诉的棺木不是我国民事法律所保护的客体，不符合《民事诉讼法》第 108 条规定的起诉条件。李家的起诉被驳

---

① 公丕祥：《民俗习惯司法运用的理论与实践》，北京，法律出版社 2011 年版，第 149 页。

回后，家人立即陷入迷茫的境地：棺材被毁坏，法律不予保护，那是不是谁都可以把别人的坟墓和棺材毁坏？经向律师咨询后，李家决定向宜宾市中级法院上诉，要求撤销原裁定，受理并开庭审理此案。[①]

显然，该案件是原告基于民间习惯所享有的习俗权利受到侵犯而依据民俗习惯提起的诉讼，但是因为表达不当，一审法院没有受理。法院似乎找到了法律的依据，因为依据原《物权法》的规定，棺木并不在法律保护的财产范围，以至于法院不予受理。但很显然法院忽略了民间的丧葬习俗。在民间，让逝去的亲人"入土为安"是由来已久的一项丧葬习俗，生者认为只有亲人在九泉之下安息，才能使生者心灵得到安慰。"入土为安"，一方面"入土"意味着按照丧葬习俗及时安葬死者；另一方面"为安"也带有使死者死后得享安宁不被打扰的意思。因此，"挖人祖坟"是民间一项禁止行为。在中国，未经同意挖人祖坟，无论对生者还是逝者来说都是极大的侮辱，特别是来自私人的侵害会令受害人一方的尊严受到极大损害，甚至会使其在地方社区抬不起头来。因此，受害者要求物质、精神损害赔偿的要求是十分合理的。[②]但因棺木与尸体不是民法中财产意义上的"物"，家属享有的是基于人身关系而产生的特殊的精神利益，这种利益是与死者紧密联系在一起的，离开死者尸体的棺木是没有任何精神利益可言的。因此，上述案例中与棺木相关联的主要是一种身份利益和精神利益，而不是一种财产利益。[③]显而易见的是，李家人已经认识到根据民间的丧葬习俗自己享有的精神利益受到了侵犯，应得到法律的保护，但由于起诉时表述不当，却成为了一审法院不予受理的理由。类似情况，在电影《马背上的法

---

① 田富友、陈章采：《司法所长迷信风水强挖他人坟墓葬父》，《华西都市报》，2007 年 11 月 16 日；陈章采、田富友：《挖了我祖坟 司法所长赔我棺木！》，《华西都市报》，2007 年 12 月 7 日。

② 王林敏：《民间习惯的司法识别》，博士学位论文，山东大学，2010 年。

③ 王林敏：《民间习惯的司法识别》，博士学位论文，山东大学，2010 年。

庭》中猪拱罐罐案件的受理中也有体现。

　　那么，如果原告在起诉时并没有提及某种民俗习惯，或者说该种民俗习惯并不能作为当事人权利的依据，只能作为辅助证据时，法院受理后，在诉讼过程中，原告是否能够提出以某种民俗习惯作为权利根据或者作为待证事实的依据呢？笔者认为，在法庭辩论终结前都是可以提出的。当然，这里应当明确的是对于案件中辅助证明案件事实的民俗习惯，应当在事实调查阶段予以剔除。因为该种民俗习惯是用来证明案件事实的，而在法庭审理时案件事实属于法庭调查阶段查明的内容，因此，该种民俗习惯应当由原告在法庭调查阶段提出。比如在彩礼返还纠纷案件中，请求返还彩礼的一方主张自己已经根据习惯给付了彩礼，提出民间习惯证明自己给付彩礼的事实。法官就可以根据此项民间习惯辅以其他证据来判断当事人之间是否给付彩礼。①

　　对于被告来说，最早提起民俗习惯的司法适用，也只能是在答辩时。如前文哈萨克族彩礼返还纠纷中，民俗习惯都是被告提出来的。原告起诉离婚，被告在答辩时就提出，如果离婚，原告应当退还彩礼。如果被告将某民俗习惯作为权利依据或者认为其对待证事实起证明作用，被告当然也可以在诉讼阶段，最迟应当是在法庭辩论终结前提出。以"顶盆"案件为例，1997 年 12 月 1 日青岛市李沧区石家村居民石君昌去世，石君昌膝下并无子女，为了使死者入土为安，按照习俗，家族中的老人只能在其近亲里找个后辈来为其"顶盆发丧"。"顶盆"所产生的后果就是本家后辈相当于过继给了死者，死者的所有家产都归其继子。如果无人前来"顶盆"，死者就不能发丧。石君昌的侄子石忠雪最终被选定为其发丧，石忠雪同意"顶盆"，死者入土为安。石忠雪一家住进石君昌的房子后，直到房屋被拆迁的八年中，无人提及房屋产权的归属，也没有产生任何争执。房屋拆迁时，

---

① 王林敏：《民间习惯的司法识别》，博士学位论文，山东大学，2010 年。

石忠雪的叔叔石坊昌却拿出了一份公证书，证明石君昌已经将房屋赠与他。石坊昌认为，无论从法律还是从习俗上，他都是唯一的继承人，按照《继承法》的规定，应该由石坊昌作为石君昌遗产的法定继承人。2005年9月，石坊昌以非法侵占为由向青岛市李沧区人民法院起诉，将石忠雪告上法庭，请求依法确认自己和石君昌之间的赠与合同有效，判令被告立即腾出房屋。在诉讼中，石忠雪提出了自己"顶盆过继"的事实，但这个说法被石坊昌一口否认。石坊昌认为"顶盆"不能成为过继的理由。石坊昌的代理律师认为，即使当地有"顶盆过继"的风俗习惯，但是相对公证书的效力而言，这种风俗习惯则显得微不足道。石忠雪提出，即使是石坊昌的公证书载明房屋已经赠送给他，但是时间已过八年，早已经超出了"民事权利应该在两年之内主张"的诉讼时效期限。再者，即便石坊昌当时是房产的唯一法定继承人，可八年前石君昌去世的时候，石坊昌已经以"顶盆发丧"为条件，将房子口头赠与侄子石忠雪。石忠雪的律师认为：在法律上讲，这就属于一个附义务的赠与关系，附的义务就是"顶盆发丧"。石忠雪完全履行了该义务，所以他有权利得到涉争房屋。青岛市李沧区人民法院经审理后认为，被告石忠雪是基于农村习俗，为死者石君昌戴孝发丧而得以入住石君昌留下的房屋，从戴孝发丧当晚入住至今已长达八年之久，被告并非非法侵占上述房屋。主审法官认为，原告在死者去世之前已经持有这份公证书，但是从来没有向被告主张过这项权利，说明他是知道"顶盆发丧"事实的，"顶盆发丧"虽然是一种民间风俗，但并不违反法律的强制性规定，所以法律不应该强制地干涉、破坏已经形成的社会秩序。2005年12月李沧区人民法院作出如下判决：驳回原告石坊昌的诉讼请求。原告石坊昌不服，提出上诉。2006年3月，青岛市中级人民法院对本案作出了维持原判的终审判决。本案判决的依据，一是石坊昌起诉对象错误，二是法院充分考虑了"顶盆发丧""顶盆过继"的民间习俗，对这种客观事实和并不违反法律的传统风俗给予了一定的尊重。[①]

　　显然，该案中，被告继承房子的依据来自民间"顶盆过继"的习俗，并且在诉讼中提出了该"顶盆过继"的民俗习惯作为自己继承房子的权利依据，以支持自己的主张。因此，被告对于案件中作为自己权利依据的民俗习惯，可以在诉讼中提出，但在法庭辩论终结前提出较为妥当。至于对待证事实起证明作用的民俗习惯，与原告一样，被告在法庭调查阶段提出较为适宜。

　　需要说明的是，如果当事人在一审程序中已经主张适用某民俗习惯，但一审法院认为不应当适用该民俗习惯的，当事人在上诉时可以将适用民俗习惯作为上诉理由进行二审，或者申请法院进行查证，从而启动二审法院适用民俗习惯的司法程序。[②]

第三节　民俗习惯司法适用的举证制度

　　民俗习惯作为当事人的事实依据或行为根据，经当事人主张进入司法，但问题是法官不一定知道进入司法的民俗习惯是否存在、具体内容是什么以及效力怎样。由此，民俗习惯要在具体的案件中被适用，就必须在法官那里被证立，如此才能被法官适用，才具有司法意义。也就是说只有被证实的民俗习惯才具有司法适用性，法官才能在具体个案中将其作为调解纠纷、判决案件的直接依据。接下来，就涉及由谁来承担民俗习惯的举证责任，证明的标准是什么，证明的方式是什么，等等。当然，在讨论这些问题时，需要先明确的一个问题是，民俗习惯的身份。从司法的角度看，民

---

① 王林敏：《民间习惯的司法识别》，博士学位论文，山东大学，2010 年。
② 公丕祥：《民俗习惯司法运用的理论与实践》，北京，法律出版社 2011 年版，第 150 页。

俗习惯是属于事实还是属于法律，直接涉及是否需要证明的问题，这种性质或者说身份的不同也意味着诉讼参与人举证责任的不同。民俗习惯如果属于事实问题，那么原则上就应当由当事人来证明，属于当事人证明的范畴，法官只是在法律规定的特定情况下以查明的方式予以补正。民事习惯如若属于法律范畴，就属于法官适用法律的问题，那么查明民俗习惯就属于法官的职权和责任，而不是当事人的证明责任。大多数台湾学者认为应将习惯和习惯法予以区分，比如胡长清便提出习惯与习惯法存在着巨大区别："（1）一个是事实问题，一个可作为法律依据；（2）一个为社会所共知，一个为国家所承认；（3）一个需要当事人自己援用，一个法官可以自行援引。"由此可见，司法适用时习惯和习惯法有着不同的程序规则：法官在司法过程中首先根据自己的经验辨别当事人所主张的所谓"习惯"到底是习惯法还是习惯（或者惯例），然后来断定当事人是否承担举证责任；如果法官认为当事人主张的是习惯而非习惯法，那么当事人就应当承担举证责任，然后法官再经调查取证判断某种习惯是否存在。经过当事人的举证和法官的查明，如果某项习惯确实存在并被广泛运用，那么该习惯就具有了独立的司法意义，法官就有可能在司法程序中予以适用，进而依据判例制度成为习惯法。[1] 对该问题的争议过去一直都存在。例如，习惯究竟属于纯粹事实还是法律，在民国初年大理院始终没有统一见解。直到 1932 年南京国民政府最高法院在 2131 号判决中才明示：（1）习惯事实的成立是习惯法之所以成立的基础。习惯事实的调查，依诉讼法则与审查争执事实同其程序。应据当事人提出之证据，或法院调查之结果而为认定。（2）当事人应对于主张的利己事实，承担举证责任。若所举证据，不足为利己主张之证明，则相对人即无举出反证之必要。至部刊之《民商事习惯调查报告录》所载习惯，系据县承审员个人之报告，只足以供参考，有无法之效力，自应另

---

①   王林敏：《民间习惯的司法识别》，博士学位论文，山东大学，2010 年。

行审认。由此可见，倾向于将民俗习惯视为事实范畴，须当事人举证证明。在英美法国家，民俗习惯则更加需要谨慎的证明，这被作为一个古老的原则予以使用。例如，英格兰法庭拥有一套独立的规则用以确定习惯赖以存在的事实。如果能够充分证明一项习惯的事实存在，法庭就会将其承认为法律，但在制定法高度发达的文明社会，习惯法只作为例外情形存在。英属殖民地是适用习惯的典型地区，但在土著习惯是否属于法律的问题上，存在两种截然相反的意见：一种意见认为，土著习惯的司法适用是事实问题，而另一种意见则认为土著习惯是法律问题。有些法官甚至将土著习惯与外国法律类比，他们认为土著习惯属于外国法，所以它必须像其他事实一样加以证明。1997 年 7 月 1 日前，根据国际私法的属人法原则确定华人习惯的适用。根据国际私法准据法的查明原则，华人习惯的证明显然也是事实问题。当然，早期法院适用土著习惯比较格式化，将其作为事实加以证明无可厚非；但最终目标必须是把土著习惯置于与法院有权适用的其他法律平等的地位上。[①]

　　在当下中国，对民俗习惯的身份或者性质是否有必要区分事实和法律呢？有学者认为，在我国现行的司法体制中不存在习惯与习惯法的区分问题，原因有二：一是我国并不存在成文形式的习惯法汇编。自新中国成立以来，没有开展系统的民事习惯调查工作，因此无论是理论界还是实务界，都不了解当下中国的民事习惯的总体状况，因此法官在适用习惯法时也比较迷茫，也无"习惯法"可言；二是我国现行司法体制否认判例的法源地位，以致判例这种习惯法的现代形式在我国并不存在，最高人民法院（或上级人民法院）所认可的某种习惯对下级人民法院也不会产生法律效力。所以，我国现行法律体系中不存在法官可以直接援引的现成习惯法，因此

---

① 王林敏：《民间习惯的司法识别》，博士学位论文，山东大学，2010 年。

在习惯的法律适用方面也就无法区分"习惯"与"习惯法"。[1]笔者赞同这一观点。即使我国《民法典》总则第 10 条认定了习惯的法源地位，法官在遇到该种案件时，可以通过适用《民法典》总则第 10 条援引习惯作为判案的依据。但是，从条文的表述"……适用习惯"来看，习惯的具体内容，仍然属于需要查明的。法官如果援引此种"……适用习惯"句式所指引的习惯规则，那么相关习惯规则就应当已经明确，至少法官应予知悉，但是这个前提并不总是成立的。所以，当这种"……适用习惯"句式指引的习惯规则不明确或者有疑问时，法官不能直接援引，而且首先要证明相关习惯是否存在，而习惯是否存在是个事实问题。[2]因此，在当下中国的司法实践中，笔者更倾向于将民俗习惯作为一个事实属性看待，其是否能被法官在司法个案中适用，取决于当事人能否在具体纠纷中对民俗习惯予以证明。

一、民俗习惯司法适用举证主体认定

民俗习惯司法适用的举证主体，涉及举证机制的首要环节，即由谁对民俗习惯的存在承担举证责任。民事诉讼法最基本的举证原则和举证分配规则就是"不告不理"和"谁主张，谁举证"。民俗习惯举证责任应由主张民俗习惯存在的一方当事人承担，而非法官。也就是说，主张民俗习惯存在的一方当事人如果举证不能，则应承担民俗习惯在具体纠纷处理中不能被法官适用的这一不利后果。从比较法角度考察，大陆法系中的德国《民事诉讼法》第 293 条规定："外国的现行法、习惯法和自治法规，法官如果对其不甚了解，应该予以证明。在对这些法规进行调查时，法院应不以当事人提出的证明为限；法院有使用其他调查方法主动行使调查的权力。"我

---

① 王洪平、房绍坤：《民事习惯的动态法典化——民事习惯之司法导入机制研究》，载《法制与社会发展》，2007 年第 1 期。

② 王林敏：《民间习惯的司法识别》，博士学位论文，山东大学，2010 年。

国台湾地区的"民事诉讼法"第283条规定："对于法院不了解的习惯法、自治法及外国之现行法，当事人负有举证责任。"并且台湾"最高法院"的判例进一步明确了民事诉讼中当事人的证明责任，即"习惯法的成立，习惯事实为基础，故主张习惯法则，以为攻击防御方法者，自应依主张事实之通例，就此项多年惯行，为地方之人均认其拘束其行为之效力之事实，负举证责任。如不能举出确切可信之凭证，以为证明，自不能认为有此习惯之存在"。① 而在英美法系国家，证明习惯不合理的举证责任由提出质疑的当事人承担，从而预设了习惯的合理性。② 因此，在英美法系国家，在习惯的举证责任上采取了分配制度，也就是说由提出该习惯的当事人承担形式意义上的证明责任，而由对该习惯提出质疑的当事人承担实质意义上的证明责任。形式意义上的证明责任在于承担证明习惯的存在即其具有实效的责任。而实质意义的证明责任则由对习惯提出质疑的当事人承担，这意味着该当事人需要证明此习惯不合理、不合法，且承担说服法官确信习惯之不合理、不合法的责任。③ 在同为大陆法系的法国，法官很难了解所有的法律，再要求法院了解各种各样的地方、行业或契约惯例，则是完全不合理的，这就是当一项被主张的惯例没有"附带任何证据，也没有提供任何证据"时，实体审法院的法官可以排除它的适用的原因。④ 由此可见，法国基本倾向于民俗习惯是否存在的举证责任由提出民俗习惯主张的当事人一方承担。从实证主义的角度来看，让提出民俗习惯主张的当事人而不是法院承担民俗习惯的举证责任也是合理的。因为民俗习惯在某种意义上而言，是一种客观存在的事实，是一定范围内社会团体达成的共识和行为规范。

---

① 　王泽鉴：《民法总则》，北京，中国政法大学出版社2001年版，第57页。
② 　[美]E·博登海默：《法理学——法律哲学与法律方法》，邓正来译，北京，中国政法大学出版社2004版，第495～496页。
③ 　张晓萍：《论民间法的司法运用》，博士学位论文，山东大学，2010年。
④ 　[法]雅克·盖斯、气勒·占博：《法国民法总论》，陈鹏等译，北京，法律出版社2004年版，第493～494页。

最清楚自己的行为准则的是交往行为中的主体，所以，交往主体根据自己的知识和认知，可以清楚地判断出自己的行为依据是国家法律还是社区或行业习惯。如果连当事人自己都不清楚相关事务中是否存在习惯规则、不清楚自己是否按照习惯规则行事，那么民俗习惯进入司法过程，进而导致的民俗习惯的司法识别和司法确认便是无源之水、无本之木了。这是民俗习惯需要分配证明义务的一个最根本原因。如上文所举的"顶盆过继"案中，只有当事人（在该案中是被告）知道当地是否存在"顶盆过继"的习俗以及自己是否根据这种习俗完成了相应的仪式。法官不一定知悉此类风俗习惯，更不清楚当事人（案件中的被告）是否按照习俗完成了"顶盆"仪式。

二、民俗习惯司法适用何为证明标准

因为民俗习惯不同于一般的案件事实，它有自身特殊的性质，因此当事人对民俗习惯的证明标准不同于一般证明标准。这虽然无论在理论上，还是在司法实务中，都是一个疑难的问题，但是对于民俗习惯在具体案例中的适用而言，则必须提供一个具有可操作性的标准，否则对于当事人来说，特别是对诉讼代理人而言，如果缺乏举证所依据的相关知识，就会使得民俗习惯的举证变得随意乃至无所适从。而对法官来说，如果民俗习惯的司法适用没有标准，民俗习惯的审查容易变成法官根据自由裁量权的任意行为，使得当事人对民俗习惯适用失去了应有的预期，从而加大了司法的不确定性，影响司法公正。因为当事人举证只是民间习惯司法识别的步骤之一，当事人举证结束后还需要法官的审查和认可。因此，证明标准只是诉讼参与各方的一种共享知识，一方面是当事人的证明标准，另一方面是法官的裁判标准，而民俗习惯司法适用的最终决定权掌握在法官手中。对当事人来说，证明标准一方面具有确定证明责任分配的意义，另一方面

也是对法官自由裁量权的一种制约。^①

由于民俗习惯的特殊性，其证明标准至少有三个方面：为特定时空范围内的一般社会成员所共同知道；已经得到当地人们的心理确认，成为人们普遍遵守的行为准则；已为诉讼双方当事人所认识。如果当事人要证明的民俗习惯已达到上述三个方面的要求，则当事人的证明就达到了相应的证明标准。具体而言，第一，该民俗习惯为特定时空范围内的社会团体所共知。一般而言，地域性、乡土性等是民俗习惯具有的典型特点，所谓"十里不同风，百里不同俗"。对于民俗习惯是否实际存在，一般以该民俗习惯是否为特定时空范围内人们所普遍知晓为判断标准。这种地域范围，从审判经验来看，将界定标准定为审判法院所管辖的范围是较为合适的。同时，民俗习惯的共知只要求特定时空范围内具有一般知识和生活经验的社会成员所知即可，并非要求人人皆知，即为一般人所知悉即可。^② 而且在同一法院所管辖的范围内，不同地方还可能有不同的民俗习惯，因此更准确地说，应为民俗习惯所在地为地域范围。即当事人只要证明该民俗习惯为当地范围内人们所共知即可。第二，该民俗习惯已经得到当地人们的心理确信，成为当地人们普遍遵守的行为准则。民俗习惯是否已经得到当地人们的心理确信并成为当地人们的行为模式，是民俗习惯是否具有拘束力的根据。众所周知，民俗习惯根植于社会生活，特别是根植于农村社会生活，是社会生活中调节当地人们相互关系的行为规范，是当地人予以自觉遵守的行为模式。能在司法适用中运用的民俗习惯应当是顺应社会生活的要求，具有正当性和合理性的，能反应事务本质之理，具有当地人们高度价值共识的民俗习惯。因此，是否得到当地人们的普遍内心确信、成为当地人们普遍遵守的行为准则，是判断民俗习惯是否真是存在的重要标准。当事人应当证明该民俗习惯已经得到当事人所在地的人们普遍的心理

---

① 王林敏：《民间习惯的司法识别》，博士学位论文，山东大学，2010 年。

② 公丕祥：《民俗习惯司法运用的理论与实践》，北京，法律出版社 2011 年版，第 152 页。

确信，并得到人们的普遍遵守。第三，该民俗习惯已经为诉讼双方当事人共同认知。某种民俗习惯之所以能够在司法中予以适用且得到法官的认可，关键在于其具有规范性质。但是，民俗习惯的这种规范属性并不具有强制力，只是自发地成为当地人们的一种行为模式和内心价值。正因为此，民俗习惯才能作为判断和评价人们行为的标准，也正因为民俗习惯是社会自给自足形成的行为模式的规则体系，因此才得到当地人的内心认可，从而自觉地遵守它。由此，当事人如果并不知道某一民俗习惯的存在，自然无法在内心形成认可，不负有遵从该民俗习惯的义务。① 因此，提出民俗习惯主张的一方应证明该民俗习惯为诉讼双方所共同知道。当然，如果一方当事人确实不知道，但经法官释明后认可该民俗习惯，并表示愿意遵守该民俗习惯，那这便是当事人行使处分权的表现，此时也可将该民俗习惯适用于具体案件中。②

当然，除上述证明标准外，提出民俗习惯主张的一方当事人，还应证明该民俗习惯的具体内容，或者用于证明案件事实，或者用于证明作为分配当事人之间权利义务的裁判规则依据，以及当事人自己是否遵守了该民俗习惯，并按照该民俗习惯履行了自己基于习俗规则应该履行的有关义务，据以证明自己理应按照该习惯规则享有相应的权利。在上述"顶盆过继"案件中，主张"顶盆过继"习俗的被告，不仅需要证明该"顶盆过继"习俗在当地存在并且由来已久，以及依据该习俗可以享有的具体权利，需要承担的具体义务，而且还要证明自己经完成了该习俗所要求的"顶盆"义务，以证明其取得房屋具有习俗上的正当性和合理性。这才算是提出民俗习惯主张的一方当事人在具体案件中的举证证明达到了相应的标准。

---

① 公丕祥：《民俗习惯司法运用的理论与实践》，北京，法律出版社 2011 年版，第 152 页。
② 孟烨：《明代地方纠纷解决模式的历史变迁——以徽州裁判文书为考察对象》，载《复旦学报》（社会科学版），2021 年第 5 期。

三、民俗习惯司法适用当事人如何举证

在明确了举证责任的分配问题后，就要进一步考证当事人如何来证明民俗习惯的存在，即当事人以何种举证方式来证明民俗习惯的存在问题。关于民俗习惯的举证方式涉及证据形式，举证方式受到证据形式的限制。根据《民事诉讼法》第 63 条的规定，民事诉讼的证据形式有：（1）当事人的陈述；（2）书证；（3）物证；（4）视听资料；（5）电子数据；（6）证人证言；（7）鉴定意见；（8）勘验笔录。显然，在这几种证据形式中，当事人可以利用的只能是书证和证人证言，当事人陈述、物证、视听资料、电子数据、鉴定结论和勘验笔录等证据形式基本上被排除在外了。

（一）书证

当事人可以通过书证证明某民俗习惯的存在，大致看来主要有：第一，民俗习惯本身固有的成文化形态，也就是民俗习惯拥有固定的、书面化的载体。具体包括乡规民约、石碑、竹片等固化下来的形式，其中最为正式的规范形式就是乡规民约。第二，民间谚语、法谚等表达形式。民俗习惯不仅可能体现在成文化的规范形态中，而且在一些非正式的民间俗语中也可能有所体现，后者往往隐含了当事人之间的权利与义务，从而间接指明了一定的行为模式，构成发现和确定民俗习惯的重要线索。[①] 第三，调查汇编。国家或地方在一定时期内基于立法或者司法的需要也可能进行较大规模的民间习惯的调查与汇编，这些汇编即使并未纳入官方成文法，也不妨碍其成为民俗习惯的书面证据。第四，调查报告或案例汇编。如果地方法院对于民俗习惯的调查与汇编予以运用，或者发布一些典型案例的汇编，这种调查报告或者案例汇编就被认为是当地社会所共知的，案件参与当事

---

① 公丕祥：《民俗习惯司法运用的理论与实践》，北京，法律出版社 2011 年版，第 151 页。

人特别是律师，就可以将习惯调查报告或者案例汇编记载的民俗习惯样本作为证明民俗习惯存在的证据使用。第五，学术专著。在社会文化领域学者的广泛参与和研究考察下，某些习惯作为过去的经验被记录下来，所以人类学学者及其著作也可能是"长者"的替代者，或者是代言人，也可以作为书证使用。[①]

（二）证人证言

对于证人证言，首先的一个问题是，谁是民俗习惯的适格见证人，即谁有资格来证明民俗习惯的存在。对于民俗习惯的证人标准，不能完全按照《民事诉讼法》规定的证人标准确定，即除了不能正确表达自己的意思，凡是知道案件情况的人都能作为案件的证人，而是要有特定的证人标准。对于民俗习惯的证明而言，不是能正确表达意思的人也可以作为证人，而不需符合特定的证人条件。那对于作为民俗习惯的证人应当符合什么条件呢？一般而言，主张民俗习惯的当事人只能请求熟知民俗习惯的当地贤达或者行业协会等权威人士或机构作证。因为这些人较常人而言属于民俗习惯领域的"专家"，当这些权威人士或机构代表作为证人作证时，证据形式就表现为证人证言，这点是由民俗习惯自身的本质决定的。[②] 如果将其认定为专家证言，那这里又涉及一个不可避免的问题，即按照何种标准来判断民俗习惯方面的专家？从本质来说，民俗习惯具有两个基本要素：一个是存在长期且固定的习惯行为，比如重复性的行为；二是该区域的社会团体自愿遵守该习惯。对传统社会来说，时间分为两种状态：过去和现在，现在是过去的一种延续、一个片段而已。因此，在本质上，习惯就是社会经验的不断积累。在乡土社会，长者受到人们的普遍尊敬且具有较强的权威。这是由于时间久代表着经验，积累的经验随着年岁的逐渐增加而丰富，因

---

① 　王林敏：《民间习惯的司法识别》，博士学位论文，山东大学，2010 年。
② 　王林敏：《民间习惯的司法识别》，博士学位论文，山东大学，2010 年。

此也就越具有权威性。换句话说，长者就是传统社会中习惯的载体，他们可能仅仅因为长期浸染在习惯中而成为"专家"。但这里所说的"长者"在不同的地域范围、不同的文化中具有不同的含义，所代表的具体任务也不同。比如在古代日耳曼，长者往往是对习惯进行口耳相传的"宣法者"的敬称；而在非洲的部落中，长者往往意味着年长的部落首领或者酋长；在民国时期，则可能意味着德高望重的家族长老或者乡绅；在当代中国，则可能意味着地方社区中的所谓"贤达"，或有名望的老人。商人群体之间在长期的交往过程中形成特定的商业习惯，是商人之间的规则。因此，如果商人之间就某项习惯或者惯例是否存在产生争议，则可以请求法院传唤同业中的权威人士或者同业公会、行业协会等代表机构提供证人证言。[①]

那么熟悉地方民俗习惯的专家在何种程度上或在何种意义上才能被称为"专家"？如何判断他的权威性？通常来说，在特定地域或行业范围内的社会团体，对于本社区内部何人拥有较高的水平和素质都有较为一致的判断。在少数民族地区，熟知本民族习惯的"专家"的权威性要更高一些。"专家"证人的证言在证明民俗习惯方面由于种种原因并非总是具有权威，且其权威程度如何，需要法官的进一步审查和判断。当然，这也就不是当事人举证所能够解决的问题了。

四、民俗习惯司法适用中法官如何查证

如果当事人主张民俗习惯但不能拿出足够的证据证明其存在，按照举证责任的分配规则，负有举证义务的当事人应承担举证不能的法律后果。但是如果该项民俗习惯存在与否对案件的处理起到决定性的作用，如果不对其查明将导致明显的个案司法不公，此时法官是否能够依据职权主动调

---

① 王林敏：《民间习惯的司法识别》，博士学位论文，山东大学，2010 年。

查该民俗习惯，以确认是否存在该民俗习惯呢？查证是指人民法院对于当事人因客观原因不能自行收集证据，或者法院认为有必要而依职权主动调查核实案件事实或证据的活动。因为民俗习惯性质特殊，当事人往往在民俗习惯的举证方面存在能力欠缺，常常存在举证困难，为实现案件的法律效果和社会效果的统一，可以将当事人主张的民俗习惯纳入法院查证的范围。根据《民事诉讼法》第 64 条第 2 款的规定："当事人及其诉讼代理人因客观原因不能自行收集的证据，或者人民法院认为审理案件需要的证据，人民法院应当调查收集。"由此可见，对于当事人因客观原因难以自行收集证据的民俗习惯，或者法院认为民俗习惯是该案重要的判案依据的，人民法院可以进行查证。在司法实践中，人民法院查证是否存在民俗习惯，通常有三种情况：第一种情况是双方当事人对于该民俗习惯持有异议，而法院又没有其他证据可以辅助证明案件主要事实的，法院可以调查取证，以确认这一民俗习惯在当地是否存在及其所蕴涵的权利义务关系。第二种情况是法院会在调解中主动调查和援引当地社会公众熟知的民俗习惯说服当事人接受调解内容，以期彻底化解纠纷。第三种情况是法院为了提高司法裁判的公信力和权威性，主动调查收集民俗习惯，并在制定法允许的范围内制定蕴涵民俗习惯规范的裁判指导规则。[①]

从比较法的视角，许多国家和地区的法律中都规定了法官依据职权查证民俗习惯的内容。如伯尔曼指出，在 13 世纪的法兰西王室法院中，法官的自由裁量范围十分广泛，可以采用许多方式证明习惯：他可以证明自己对于此习惯具有一定的司法认识，因为他自己曾在先前案件中适用过它；他可以与他的法律顾问进行磋商；他还可以招纳一些通晓习惯的人士，招请一些教士陈述一个教区或修道院的习惯，招请市民陈述城镇的习惯，招请水手陈述码头习惯；他可以召集 12 名有知识的人报告某一特定的习惯或

---

① 公丕祥：《民俗习惯司法运用的理论与实践》，北京，法律出版社 2011 年版，第 153 页。

者某些习惯是否存在。① 在我国台湾地区，经过法院的判例可以规定习惯法存在与否，除了当事人依法承担举证责任外，法院也应该依职权主动调查。由此可见，台湾法官对民间习惯的司法确认是一项法定职权，在当事人提出主张并进行证明之后，法官可以依据自己的职权进行调查。"在大理院与习惯相关的许多判决和案例当中，亦有认为习惯经当事人主张之后，应由法院调查是否属实者。"②

那么，法官应采取什么方法或者手段查证民俗习惯呢？这方面我国法律没有进行规定，从对证据形式的规定来看，法官查证民俗习惯也同样受到证据形式的限制。因此，从查证的方式来看，主要也是通过书证和证人证言的方式进行。有的学者提出参照域外法的做法，如向长辈咨询确认，或者通过向法官助理、地方贤达和经典教科书寻求帮助，我国民国时期也曾进行过民间习惯调查和民事习惯编纂。但是，随着现代化的社会组织结构的进化，社会文化发生了巨大转变，历史上存在的"耆老"制度已经近乎消亡，所谓的地方贤达表达的意见也很难为习惯法的存在提供很强的证明力。进行民事习惯调查和民事习惯编纂工作虽具有一定意义，但也需要耗费较大精力，难以快速应用到司法裁判中。而且习惯调查难以查尽所有的民事习惯，无法保证满足每一个个案适用的习惯法。③

从比较法来看，在非洲国家当中，博茨瓦纳、津巴布韦等国家制定了专门的习惯法适用与确认法案。如博茨瓦纳《习惯法〈适用与确认〉法案》（1969）第 11 条规定：如果法院对于当事人及其诉讼代理人所呈交证词，对程序中涉及的习惯规则的存在或其内容产生疑惑，则它可以查询判例集、

---

① 　[美] 哈罗德·伯尔曼：《法律与革命》，贺卫方等译，北京，中国大百科全书出版社
1993 年版，第 569 ～ 570 页。
② 　黄源盛：《民初大理院关于民事习惯判例之研究》，载《政大法学评论》，第 63 期。
③ 　孟烨：《明代地方纠纷解决模式的历史变迁——以徽州裁判文书为考察对象》，载《复旦
学报》（社会科学版），2021 年第 5 期。

教科书以及其他习惯法渊源，可以获取足以使其达成判决的口头或书面证言。但是（i）与法庭咨询的人的观点相关的判决，应当是在听审了当事人或其代理人的提交的证词之后作出；（ii）法庭为了辨识该习惯所运用的判例、教科书以及其他渊源和观点，都应当是当事人可以获得的；（iii）提交给法庭的口头意见应当以与口头证据相同的方式提交。由此可见，法院可以通过查询判例集、教科书以及其他渊源的方式确认本土习惯是否存在，但也作出了一定的限制。当然，法案里提及的"其他渊源"的范围应该很广泛，包括向助理法官咨询等证明方式。在南太平洋国家，法官对于习惯首先会向人类学家或者德高望重的长者征询意见；只有在无法得到人类学家的证词时，法官才会查阅有关文章和书籍；而通过上述方式都无法获得证据时，法官才会听取当事人及其目击证人陈述自己的习惯。比较而言，南太平洋国家对于习惯的查证顺序更为合理。在普通法系国家，一般采取以下几种方式查证。第一，向助理法官询问查证。正如印度法官 Bhashyam Ayyangar 对于助理法官有着这样的看法："……助理法官与专家证人在本质上十分相似，从原则来看，助理法官与专家证人的意见的根基是一样的……欧洲人在其他大陆实行司法活动，所以法官并不了解其面对的当事人和证人的风俗与习惯，因此也无法辨别证人行为是否正当，所以任命两个或两个以上受人尊敬的、拥有此类知识和判断力的本地人作为助理，就可以听取他们的意见并获益。一般来说，助理法官在开庭时或者在案件的其他环节对案件提出的意见，与熟悉外国法、科学或者艺术的专家的意见是建立在同一种基础之上的。"又如在东非上诉法庭的肯尼亚案件中陈述的那样："如果存在此类证据，无论是正面的还是反面的，如果助理法官的意见中肯，那么主审法官可以直接依据助理法官的意见进行判决。"助理法官有两个方面作用：一是协助审判活动，二是为法官判决提出建议。首先，助理法官可以根据其关于非洲习惯、风俗、思维方式和语言知识评估或者衡量证据以及被告是否有罪；他们经过特别授权，有判断证人陈述的真实性的权利；可以针对主审法官遗漏的事项进行补充。其次，助理法官最重要的职责就是用其掌握的特殊知识向法官或者治安官提供咨询，即就给定的特定情形的非洲习惯和法律提供概要意见。前一种作用在刑事案件中扮演重要角色，后一种则在民事诉讼中扮演重要角色。当助理法官作为非洲生活与习惯的顾问时，助理法官的意见并不能直接作为有效证据由法官直接引用。这项原则十分合理，因为对方没有机会对此提出抗辩，或引入反驳的证据，或者对助理法官进行交叉询问。所以，从通常情况来讲，助理法官与专家证人并不相同。助理法官就与案件相关的本土习惯公开地给出意见并进行记录，似乎是一项很合理的惯例。① 第二，向地方贤者进行询问。英属殖民地的法律一般都规定，法院可以就本土习惯问题咨询对本土习惯有特别认知的酋长和其他人以及有类似知识的实体。比如在尼日利亚，想要证明习惯是否存在时，主要途径就是将土著酋长或者其他熟知本土惯例的人物传唤到场，陈述他们对于案件相关习惯的意见。根据黄金海岸法院法，最高法院和地方法院在审理民事或者刑事案件时，对于本土习惯的存在问题和关于土著居民的权利问题，可以向土著法院征询意见以作为裁决参考。再比如在南太平洋国家，长者或者酋长的证词如果能够得到人类学家的肯定，其证明力就更高。比如瓦努阿图最高法院的一个判例中就运用人类学家的报告书确认了由地方长者和当事人举证的一项习惯的准确性。人类学家作为"亲历式的观察者"，通常在某一种文化中生活数月乃至数年，他们亲历式的参与观察足以使其了解当地的风俗习惯，同时他们的意见又是较为客观的，所以他们的意见经常受到法院的青睐，因此他们对于民俗习惯的证明的作用至关重要。第三，查阅经典教科书或者习惯汇编。如在尼日利亚，法庭除了酋长的陈述证明，有时也借助那些被当地人视为

---

① See A. N. Allott, The Judicial Ascertainment of Customary Law in British Africa, *The Modern Law Review*, Vol.20, No.3(May, 1957), p.250.

法律权威的书籍或者手册作为补充。需要注意的是，如果作为补充的书籍或者手册在土著人的眼中并非权威著作，那么这一类的相关文件就不能作为证据使用。需要注意的是，此处所说的经典教科书或者习惯汇编，并非以官方名义颁布，而仅仅指向私人作品，因为国家的习惯法汇编或法律典籍本身就具有证明效力。如查士丁尼时代颁布的《国法大全》和 16 世纪时法国的官方习惯法汇编实际上就具有法律的效力，而免除了当事人的证明责任。

五、民俗习惯司法适用中举证的免除

在司法实践中，并非所有民俗习惯都须举证加以证明，很多民俗习惯常常不需要举证加以证明，或者可以依据常理进行判断，免除当事人的举证责任。如有的民俗习惯是一种传统的民俗文化，对于一般人都可以判断的民俗习惯要求当事人以一定方式进行举证，会有失偏颇。一般来说，双方当事人认可或法官依据常理可以判断的民俗习惯，无须当事人举证证明。对此，经验法则是法官完成对民俗习惯认知事实推定的主要方法。由于经验法则是对社会现象潜在规律的认识，因而常常被用于对某种事实的直接证明，而按照经验规则来推论某事实是否存在。在司法实践中，大多数民俗习惯都是特定区域内社会团体所共知的，所以可以依据常理来判断，免除当事人的举证责任。例如，按照民俗习惯的观念，新房中死人导致房屋价值降低，这是普遍存在的共识，是不需要举证的，这种情况下当事人不承担举证责任。归纳而言，司法实践中可以免除当事人举证责任的情形有：第一，对方当事人自认的，可以直接推定该民俗习惯成立，当事人并未表示否认的，视为承认习惯。第二，为特定时空范围内的社会公众所普遍知晓的习惯，法官可以根据经验法则直接作出司法认知。第三，法院作出的已经生效的裁判文书或仲裁机构所做的已经生效的裁判文书中所确认的民俗习惯，当事人的举证责任可以在裁判所确认的范围内被免除。①

第四节　民俗习惯司法适用的确认机制

民俗习惯的确认是司法适用的最后一个程序，民俗习惯只有得到了法院的确认，才可能在司法中予以适用。因此，民俗习惯的确认是司法适用中的重要环节。对于民俗习惯的司法确认问题，涉及确认主体、确认标准、确认步骤。

一、民俗习惯司法适用的确认主体

民俗习惯司法适用的确认是指人民法院在案件审理中对当事人主张的民俗习惯与所审案件事实是否相关，以及能否作为案件审理的依据所作的审查和判别。由此可见，民俗习惯的司法确认只能由法院作出，确认的主体是人民法院，案件当事人和其他诉讼参与人不享有此项权利。在司法实践活动中，行使民俗习惯司法确认权的主体可能是案件的承办法官、合议庭或者审判委员会。依据民俗习惯的内容以及其在具体案件裁判中的作用，应分别由不同的审判组织进行研究确认：第一，当事人所主张的民俗习惯为先前的生效裁判所认定的，可以由独任法官或者合议庭进行确认。如果该民俗习惯的提出是没有先例的，则应当由法院的审判委员会研究确认。根据《人民法院组织法》第 10 条的规定："……审判委员会的任务是总结审判经验，对于重大的或者疑难的案件和其他有关审判工作进行讨论。"由

---

①　公丕祥：《民俗习惯司法运用的理论与实践》，北京，法律出版社 2011 年版，第 151 页、156 页。

此可见，某民俗习惯在具体案件中的司法适用如果没有在先前的生效裁判中确认，那么由受理法院的审判委员会研究确认是妥当的和适宜的。第二，如果民俗习惯的认定对于案件裁判具有决定性的作用，一般应由审理法院的审判委员会来确认，因为审判委员会有权讨论审判工作中的问题，由审判委员会来确定，也有利于统一同一法院针对同样案件和不同法官基于不同认识而产生的分歧，维护司法权威。当然，对于民俗习惯仅仅具有参考或酌定意义的，则可以由独任法官或者合议庭作出确认。第三，如果对民俗习惯的确认比较容易作出判断，可以由独任法官或者合议庭作出确认。如果根据案件具体情况，民俗习惯处于确认与不确认之间，法院难以作出判断时，则一般应由审判委员会来作出确认。因为这也属于审判中疑难案件的范围，按照《人民法院组织法》的规定，理应由审判委员会进行研究决定。① 需要注意的是，如果民俗习惯规则与法律规则在适用上存在冲突，但从具体个案来看，适用民俗习惯更为妥当时，就涉及习惯规则与法律规则的两难选择，适用民俗习惯规则违反法律的规定，此时比较妥当的做法是如果受理法院认为应当适用民俗习惯来处理纠纷，则应当向上级法院请示，并逐级请示到最高人民法院。当然，如果受理法院认为不适用民俗习惯处理纠纷，而适用法律处理纠纷，就没有请示的必要了。

二、民俗习惯司法适用的确认标准

所谓民俗习惯司法适用的确认标准，就是人民法院在对某一民俗习惯进行确认时，采取怎样的标准来判断，是否认可民俗习惯的效力，以决定是否在个案中予以适用的问题。从比较法观之，例如在当代英国，有学者

---

① 公丕祥：《民俗习惯司法运用的理论与实践》，北京，法律出版社 2011 年版，第 156 页、157 页。

提出，如果习惯想要作为法源从而成为个案裁判规范，就需要以下几个必备条件：一是形成时间已久，比如 1275 年的《威斯敏斯特条例》规定，法庭只能引用 1189 年就已经存在的习惯；二是必须合理，如果一项习惯缺乏合法理由，那么会被认为不合理，它所证明的事实就会被推翻，比如与普通法不相容的习惯便不会得到法官支持；三是必须确定，一项习惯只有在特定区域范围内，针对特定社会团体，总体性质三个方面同时清晰和确定，才能被司法活动所适用；四是相对来说具有较强的强制力，如果一项习惯不为人们所遵守，它就不具有法律规则的特征，自然就不能加以引用；五是从未间断，一项习惯必须自 1189 年以来从未间断过方能有效。[①] 例如在尼日利亚，"如果一项习惯要得到法院的适用，则它必须符合各个高等法院法所设定的标准，第一，该习惯法不能与自然正义（natural justice）、公平原则（equity）和良知（good conscience）抵触；第二，该习惯不得冲突于现行制定法，无论直接或间接；第三，该习惯与公共政策要相一致。这些习惯法适用的标准也成为尼日利亚证据法的一个重要组成部分而值得借鉴，作为证据在法院司法活动中予以适用的必须是善良的风俗习惯，且不得违背公平正义的自然法理念，恶俗是不能在法院中得以适用的"。

　　从中国历史来看，1913 年，大理院发布判例阐明民俗习惯的确认标准是："（1）要有内部要素，也就是说人人皆有法之确认；（2）要有外部要素，也就是说在特定的时间空间范围内，人们进行同样的行为选择；（3）要是法律没有规定的事项；（4）要不能违背公共利益与秩序。"此后大理院又通过一系列判决例对民俗习惯确认的四个要件做了进一步的解释说明："关于习惯法之成立，如果产生争议，审判衙门应先依法调查相关事实是否存在，其次证明该事实是否具有法律意义上的效力。""习惯法则的成立必须先有事实存在，故除审判衙门于显著之事实及于职权上已认知事实或相对人有

---

① 　何勤华主编：《外国法制史》，北京，法律出版社 2001 年版，第 202 页。

自白者外，应依通常证据法则为之证明。"对于当事人主张有特别习惯的并以此作为证据的，如果该习惯极为显著又不违背法律规定，也不妨害社会公益，审判衙门可以根据其特别习惯判断其请求是否得当。从上述四项标准可以看出，后两项标准，也就是"法律没有规定"和"不得与公共秩序相冲突"。一般意义上来说法官可以根据自己的"法感"直接判断。但第一个判断标准，也就是人人都有对该习惯法的确认，则体现了民俗习惯的根本性质，即民俗习惯已经成为该区域社会团体的共识，这种共识已经对地方构成实质性规范；第二个判断标准则是当地共识的外在表现，具体体现为该民俗习惯为该地区的社会团体所普遍遵守，在日常生活相关行为的适用率较高，也就是说该民俗习惯已经能够通过人们的外部行为加以识别。这两个标准是法官无法凭借自己的想象或所谓的"法感"来感受和理解的，单纯依靠当事人的举证和辩驳也无法得到确切的认识。所以，法官只有亲自深入当地社会进行调查，方能有所认知。可见，20 世纪初的这几项民俗习惯的司法确认标准是值得参考和借鉴的。

我国目前并未对民俗习惯在司法中适用的确认标准作出统一的规定，但地方法院做了有益的尝试。如江苏省高级人民法院在《关于在审判工作中运用善良民俗习惯有效化解社会矛盾纠纷的指导意见》中规定，要在司法中适用民俗习惯，就要遵循四项基本原则：合法性原则、合理性原则、正当性原则和普遍性原则。其中合法性原则指的是"能够运用于司法实践的民俗习惯必须遵循法律强制性规定和国家政策，不得损害社会公共秩序和他人合法权益。以此为前提，对于司法过程中的事实认定、裁判适用依据、程序运用等事项，法律并未有所规定或法律规定比较模糊时，可以酌情适用民俗习惯，以便于厘清基本案件事实、填补法律漏洞、阐释法律适用"。合理性原则指的是"能够运用于司法实践的民俗习惯，就不能违背社会主义核心价值体系的要求，必须内在包含中国传统文化中仁善的伦理道德，可以充分反映社会情况和人民意愿，不触碰基本的社会道德底线，不

与社会主流价值观念和社会大众所认知的道德情理相悖"。正当性原则指
的是"在司法过程中运用的民俗习惯，应当符合社会主义核心价值体系的
要求，蕴含中国优秀传统文化的伦理道德，能够体现社情民意、人情道理，
不违背公认的社会道德标准，不与社会主流价值观念和社会大众所认知的
道德情理相悖"。普遍性原则指的是"在司法裁判过程中运用的民俗习惯必
然为该特定范围内的一般社会团体所共知，群众基础良好，运用民俗习惯
作出的裁判能够得到当地群众的理解与支持"。又如江苏省泰州市中级人民
法院通过的《关于民事审判运用善良习俗的若干意见（试行）》规定了民俗
习惯要在司法中运用，也认为应遵循民俗习惯的合法性原则、正当性原则、
合理性原则、补充性原则。具体来说，第一，民事审判运用善良习俗要符
合合法性原则。在法律有授权性规则、任意性规则或法律没有文明规定或
规定模糊时，可以将民俗习惯引入民事审判，调整民事纠纷，但不得违反
法律的禁止性规定。第二，民事审判运用善良习俗要符合正当性原则。在
建设社会主义和谐社会的时代背景下，善良风俗在司法中的合理运用是符
合社会主义核心价值观的。而善良风俗是否正当的标准就包括是否符合社
会伦理道德、公平正义价值和社会通行观念。第三，民事审判运用善良习
俗要符合合理性原则。在司法程序中运用民俗习惯的目的，就是定分止争，
平衡双方利益，妥善化解纠纷，这是有效解决纠纷的必然要求和有效手段，
从根源上解决纠纷，使人们发自内心服从判决。第四，民事审判运用善良
习俗要符合补充性原则。在中国处于社会转型变革时期，善良习俗是对法
律规则的有益填补。对于应当填补的法律漏洞，法官应自觉将善良习俗作
为补充性裁判依据，真正实现定分止争。可见，不同法院对在司法过程中
运用民俗习惯的原则还是有所差异的，反映了不同法院对如何确认民俗习
俗在具体案件中运用的标准上还是有差异的，不利于在全国范围内统一认
识。虽然多数国家和地区建立的民俗习惯司法确认或识别标准在方式和内
容上有所不同，但相同之处还是值得我们借鉴的。笔者认为，民俗习惯司

法适用的确认标准主要有三个：真实性、正当性和合法性。

（一）民俗习惯司法适用的确认标准之一：真实性

民俗习惯能够在司法中得到适用的基础就是真实性，因此，民俗习惯司法适用的首要标准就是确认民俗习惯的真实性。一般来说，民俗习惯的真实性可以从以下几个方面予以辨别。首先，是否是社会生活的客观反映和惯常需求。众所周知，社会生活是民俗习惯产生的基础，特别是在中国广大的农村社会生活之中，是事物本然之理的反映，是社会自发自足形成的规则体系，得到了当地人们的内心认同和普遍遵守，因此成为社会生活中调整人们交往言行的行为规范。能够适用于司法中的民俗习惯自然应当客观反映社会生活的需求，特别是反映广大农村社会生活要求，能够为该社会团体范围内的人民群众所承认。因此，是否是社会生活的客观反映和惯常需求，是确认民俗习惯真实性的第一步。其次，是否为该地域范围内的社会团体所广泛认同和遵守。民俗习惯的司法运用并非因其具有规范性与强制性，而是人们一种自发的行为模式，得到了当地人们的内心认同和自觉遵守，符合当地人们的价值观念。正因为如此，民俗习惯才能作为判断和评价人们行为的标准。当然，一些交易上的习惯可能只存在于特定行业内，在该行业内才具有认同性，甚至有的交易习惯只存在于双方当事人之间，是双方之间长期形成的交易上的履约、结算习惯。这属于特别的情况，不具有广泛性，需要当事人举证证实。[①]

（二）民俗习惯司法适用的确认标准之二：正当性

对于民俗习惯司法适用的正当性标准，分为自身和外在两个层次。就

---

① 公丕祥：《民俗习惯司法运用的理论与实践》，北京，法律出版社 2011 年版，第 157 页、158 页。

自身而言，民俗习惯本身的规范化应当具有正当性；就外在而言，本身具有正当性的民俗习惯要在司法中适用还应得到法官的正当性评价。

　　就内在来说主要包括以下几方面。第一，作为司法适用的民俗习惯应为受其规制的社会团体所普遍认同。因为主体的认同才是正当性的根本来源，因此衡量民俗习惯正当性最为重要的尺度就是主体是否认同。凡是得到主体认同的民俗习惯，通常来说都是具有正当性的。民俗习惯作为特定地域或行业内社会团体的基本共识，经过人们的实行会外化为具体的行为，也就是会表现为一定社区内人们行为的相似性、重复性。第二，作为司法适用的民俗习惯应具有一定范围内的强制力。法律的强制执行力以国家暴力机关为保障，民俗习惯所谓的强制力与此并不相同，它所表现的强制力更多的是内心和道德范围内的强制。就中国而言，民俗习惯强制力的维系通常来说依靠的是社会舆论和中国人特有的关系、人情、面子等制约机制。法律的强制力一般直接针对主体的行为，而民俗习惯的强制力则主要针对主体的心理。第三，作为司法适用的民俗习惯应该具有明确性，也就是应该以规范性表达的方式确定下来，并具体规定民俗习惯中的权利义务关系。这种明确性也体现为抽象而非具体的规则，需要从具体的民俗习惯中抽象出规范意义的权利义务关系，并将之诉诸笔墨。如果一项民俗习惯过于粗糙、过于概括而无法抽象出确定的规则，或者仅仅能够描述出来但没有明确的权利义务配置，那么这样的民俗习惯就无法进入司法实践活动并成为裁判规范。也就是说，这样的民俗习惯缺乏司法适用性。这是根据法律的实用主义予以确定的。第四，该民俗习惯具有一定的历史性，即形成年代较为久远，因此可以经过较长的时间证明其自身的文化合理性。习惯的产生、确定和发展需要一定的时间，在流动性较差、信息比较闭塞的地区，民俗习惯的形成则需要更长时间的积累，甚至是祖祖辈辈的口耳相传。理性思考是人类特有的一种能力，能够帮助我们在历史进程中淘汰掉不合时宜的习惯，这就是习惯之所以合理的原因所在。

　　就外在而言，主要包括以下几方面。第一，该民俗习惯的正当性在司法适用中应具有法律意义正当性。民俗习惯在司法适用中的效力并不源于制定法的国家公信力与强制力，内容的正当性才是其效力根源。内容上的正当性要求民俗习惯遵守公平、正义和其他道德层面的要求，在司法实践中对于缺乏正当性的民俗习惯是不能予以适用的。第二，该民俗习惯不能违反自然法的公平正义。也就是说只有善良的风俗习惯才是正当的风俗习惯，这就排除了愚昧落后的习俗，一项正当的民俗习惯是不能违反正常人的善恶观的。实践中，民俗习惯是否违背正义观念，这一点在司法过程中是需要具体论证的。因为正义观念本身就比较模糊，在不同的地域和时期有不同的含义。如尼日利亚等非洲国家的土著习惯面临的困境就在于，其主流正义观念是来自欧洲的；在欧洲中心主义者看来，非洲习惯就是落后的代名词，因此必须用欧洲的先进制度取而代之。在这种所谓"自然正义"观念的指引下，殖民地当地的法院基本不会采纳土著的民俗习惯。① 第三，该民俗习惯在内容上要符合公序良俗的要求。这里值得参考我国台湾地区的规定，即"民事审判所适用的习惯，以不背于公共秩序或善良风俗者为限"。这里的公序良俗理应包括公共秩序和善良风俗两部分内容。民俗习惯在内容上可以分为"良俗""中俗"与"恶俗"。其中，符合正当性要求的是"良俗"，能够获得人们的普遍认同与遵守，所以司法适用中的民俗习惯必然是良俗。那么，在司法实践中，应如何判断某一民俗习惯属于"良俗"呢？这里可以通过排除标准对某一民俗习惯是否为"良俗"作出判断，如姜堰市人民法院颁布的《关于将善良风俗引入民事审判工作的指导意见（试行）》对善良风俗的排除性规定值得肯定，该意见第 3 条规定了存在危害国家安全国家利益的、妨害社会公共利益的、侵犯他人合法权益的、不符合社会主义道德规范等四种情形的，不得确认为善良风俗。对于"中

---

① 王林敏：《民间习惯的司法识别》，博士学位论文，山东大学，2010 年。

俗"，由于其符合民俗习惯的一般特点，在不违反正当性的情况下，也可以在司法审判中予以适用。但对于"恶俗"，由于其不具有道德上和法律上的正当性，不能在司法审判中予以适用，而且，通常而言"恶俗"不仅与善良风俗的要求相悖，也往往违背公共秩序的要求。第四，该民俗习惯要与法律精神相一致。民俗习惯作为一种法律漏洞的填补规则或法律蕴含的基本原则在司法实践中得以运用，即法律方法。作为一种法律方法，就要确保民俗习惯与法律的精神相一致，否则难以作为补充法律漏洞的依据和司法裁量的参考。①

由此，民俗习惯要得到司法的确定，就正当性标准方面，法官应就内在标准和外在标准逐一进行判断，从而决定其是否能在司法中予以适用。

（三）民俗习惯司法适用的确认标准之三：合法性

即便某一民俗习惯具备真实性、正当性要件，但如果该民俗习惯与国家的强制法相冲突，也是不能予以司法适用的。如上所述，民俗习惯在司法中主要用于补充法律的漏洞以及在适用法律原则时作为法官行使裁量权的参考。由此，如果某民俗习惯违反了制定法的强制性规范，自然不能在司法中予以适用，否则就违反了制定法的规定。但需要注意的是，在我国司法实践中，一方当事人以村规民约里的规定主张权利时，对其合法性审查应当持谨慎态度。因此有学者提出："除非当事人主张的民俗习惯明显违背国家制定法规范或者存在侵犯他人合法权益的现实情况，否则一般应当赞同当事人提起诉讼的自治行为，而不被宣布违法。然而，针对不同的案件法院采取的审查强度也应有所区别，比如法院可以根据公民权益的重要程度来决定是否干预以及干预的力度，因此在这方面法院具有一定的自

---

① 公丕祥：《民俗习惯司法运用的理论与实践》，北京，法律出版社2011年版，第158页、159页。

由裁量权。然而，无论如何，在这类案件中，法官坚持适度的保守态度是令人赞赏的。"① 《宪法》第 111 条规定："城市和农村按居民居住地区设立的居民委员会或者村民委员会是基层群众性自治性组织。居民委员会、村民委员会的主任、副主任和委员由居民选举。居民委员会、村民委员会同基层政权的相互关系由法律规定。"该条规定以根本法的形式确立了村民委员会作为群众自治组织的性质和地位，指出了农村社会管理实行村民自治的基本方向，此种自治是一种社会自治，它不属于国家权力体系，也不是中央集权制和地方分权制的范畴。1998 年通过并实施的《村民委员会组织法》第 20 条规定："村民会议可以制定和修改村民自治章程、村规民约，并报乡、民族乡、镇的人民政府备案。"所以，村民自治章程是目前农村实行村民自治、民主管理的主要规章制度，被称为"一村宪章"，属于成文化的民间法范畴。制定村民自治章程的权力属于村民会议，章程内容由全体村民讨论制定，其他任何组织和个人都无权制定。从程序来说，村民会议由本村 18 周岁以上村民的过半数参加，或本村 2/3 以上的户的代表参加，所作决定应当经到会人员的过半数通过。在司法活动中，双方当事人的争议焦点在村民自治章程上的时候，法官的确认与审查将是一件极为慎重之事，因为这不仅关涉到当事人之间的权利与义务关系的配置，还关涉到司法对村民自治的合理介入。一般来说，法院审查村民自治章程依据的是《村民委员会组织法》的相关规定，即"村民自治章程、村规民约以及村民会议或者村民代表讨论决定的事项不得与宪法、法律、法规和国家的政策相抵触，不得有侵犯村民的人身权利、民主权利和合法财产权利的内容"。所以，对于村民自治章程的审查更为关注于合法性审查。一方面，出于保障村民合法权益，法官必须审查村民自治章程；另一方面，司法介入村民自治应当尽量避免干涉村民成员的具体事项。因此，司法活动涉及

---

① 黎军：《论司法对行业自治的介入》，载《中国法学》，2006 年第 4 期。

村民自治章程是出于尊重村民自治权的考虑，法官必须秉持相当的保守态度。[①]

综上，民俗习惯司法适用的确认标准，因只能大概界定其内容，且均属于较为模糊的标准，导致在司法实践中，法官难免会存在这样或那样的分歧。为了避免因为法官存在认定标准上的分歧，导致司法裁判不统一的问题，一个可行的做法就是对民俗习惯进行调查和汇编，以明确民俗习惯的具体规范。

三、民俗习惯的调查和汇编

关于民俗习惯的调查与汇编，世界各国都积累了一定的实践经验，对民俗习惯的司法适用起到了积极的推动作用。从国内历史来看，我国有这方面的实践经验。在清末修律中就前后组织了两次全国范围内的民商事习惯调查，虽然最终因为局势的动荡没有彻底完成，但是由于组织严密及规模巨大，获得了总计近千册的一手资料，对当时的民商事立法和司法产生了重要的影响。[②]1920年，为了方便当事人依据民俗习惯规定的权利提出主张以及便于法院查明该民俗习惯的实存状态，北洋政府司法行政部编纂了一些民俗习惯集例，形成了《民事习惯调查报告录》，这些实践经验值得我们参考。从国外来看，相关国家和地区也有这方面的做法。如在非洲，虽然各国与部落关于民俗习惯司法适用的具体做法各有千秋，但是越来越多的国家开始以文字来记录和重述民俗习惯。主要有以下几种形式：第一，成立专门的民俗习惯研究小组，对本国习惯法进行全面而系统的调查和记录。第二，在民俗习惯研究小组成立具体的研究部门，就某一特定主题或

---

① 张晓萍：《论民间法的司法运用》，博士学位论文，山东大学，2010年。
② 于语和、戚阳阳：《国家法与民间法互动之反思》，载《山东大学学报》（哲学社会科学版），2005年第1期。

对某一特定地区习惯法进行调查和记录。第三，提倡和奖励学者开展相关研究。① 这些民俗习惯调查和汇编的实践经验值得借鉴。

在我国，尽管国家层面没有开展过民俗习惯的调查与汇编，但是有些地方的司法实务部门作出了一些有益的探索，取得了一些具有开创性的成果，积累了丰富的经验。如姜堰市人民法院把数量繁多、内容乡土化的民俗习惯进行整理、加工，并规范表达成了民事审判工作指导意见，先后出台了《关于将善良风俗引入民事审判工作的指导意见（试行）》《关于将善良风俗引入民事审判工作的指导意见一 [婚约返还彩礼]》《关于将善良风俗引入民事审判工作的指导意见二 [赡养]》《关于将善良风俗引入民事审判工作的指导意见三 [分割家庭共有财产]》《关于将善良风俗引入民事审判工作的指导意见四 [商事]》《关于将善良风俗引入民事审判工作的指导意见五 [执行]》《关于将善良风俗引入民事审判工作的指导意见六 [保密]》等七项指导意见，较好地指导了民俗习惯在司法审判过程中的适用。其整理加工规范表达的过程和步骤是：首先，对于搜集的各种民俗习惯，按照性质进行分类大致可以分为婚姻、抚养、债务、宅基地、房屋、赡养、继承、损害赔偿等方面。其次，对善俗与恶俗严格筛选，去粗取精、鉴伪存真，剔除愚昧落后的恶俗，将符合法律基本原则和善良风俗、适合当地实际情况的良俗进行整理加工，将在司法实践运用中的裁判意见归纳整理，形成规范化的实用性强的草案。再次，对于形成的草案先在司法机关内部进行反复讨论修改，然后广泛征求所辖区域内专家和人民群众的意见，特别是向广大农村征求意见。最后，吸收借鉴广泛征求的意见，并提交审判委员会讨论通过，整理完善后报上级法院备案后公布实施。② 这种做法值得借鉴。

笔者认为，由司法机关对民俗习惯进行整理和汇编较为适宜。具体而

---

① 米健主编：《比较法学文萃》，北京，法律出版社 2002 年版，第 368 页。
② 公丕祥：《民俗习惯司法运用的理论与实践》，北京，法律出版社 2011 年版，第 165 ～ 166 页。

言，由各高级人民法院对自己所管辖区域范围内的民俗习惯进行调查、收集、整理、汇编，形成规范性意见，报最高人民法院批准后颁布，明确民俗习惯的规范内容，便于民俗习惯在司法中适用。这样既有利于当事人依据民俗习惯维护自己的利益，也有利于法院对该民俗习惯的审查和识别，使得民俗习惯的司法适用更具有可操作性，也能够统一司法裁判，维护司法权威。具体程序包括：收集调查、汇总整理、甄别筛选、汇编公布。其中，对于收集调查而言，一是要通过走访调查等方式广泛征集当地民俗习惯，对基层和广大农村地区要着重深入，向当地德高望重的贤达寻求民俗习惯的渊源和适用方法，听取他们对于民俗习惯适用的建议，收集该区域内为群众共知、公认的民俗习惯；二是要在司法机关系统内部开展一系列活动，收集本区域内部关于民俗习惯的典型案例，展开研究讨论，对于涉及民俗习惯的审判经验进行梳理和总结，从而达成规范化草案。[1] 就汇编公布而言，有两种可行的路径：一是参考制定成文法的方法，将相关民俗习惯的内容逐一进行抽象化的文字表述，设计出可用于司法实践的民俗规范，由法官在司法活动中按照演绎法进行适用；二是充分发挥案例指导制度的作用，挑选司法实践中涉及民俗习惯且有指导性意义的典型案例，由各高级人民法院以指导案例的形式发布，供法官学习和参考。当然，各高级人民法院对于民俗习惯的案例应审慎客观地审核、确认，借由案例指导制度，为民俗习惯在司法中的适用增添客观性和实用性。[2]

第五节　民俗习惯司法适用的路径、限度与方法

理论界和实务界基本承认善良的民俗习惯是一种有效的法律资源，将

---

[1]　公丕祥：《民俗习惯司法运用的理论与实践》，北京，法律出版社 2011 年版，第 167 页。
[2]　公丕祥：《民俗习惯司法运用的理论与实践》，北京，法律出版社 2011 年版，第 169 页。

民俗习惯引入司法有着正当合理的现实需求。但在目前的司法制度下，在成文法的大背景下，如何设置民俗习惯司法适用的程序和机制，如何设定其适用的边界和限度，民俗习惯司法适用的走向和前景在哪里……这些都是值得深思的问题。解决这些问题需要更富创造性的智慧和设计。

一、民俗习惯的司法识别

民俗习惯有良、恶之分，只有良俗才具有司法适用的价值。识别一种民俗习惯是否为善良风俗，应该把握几个具体的标准。首先，该规则不能违反人们最基本的情感和道德，不能突破人类最底线的伦理和良知；其次，在一定地域和主体间，这些规则被普遍熟知、认同和接受，据此能够合理有序地安排人们的日常生活，维持最基本的社会秩序，可以作为解决纠纷的依据并为当事方以及社会认可；再次，人们可以据此进行交往和互动，并有大致明确的指引和预期，它可以分配一定范围内主体间的权利和义务。

民俗习惯凝结了人们的生活经验和实践理性，但它也不可避免地存在为现代文明所不容的内容。法律尽管是人类理性建构的产物，但是不可能完美无缺，二者天然地存在着冲突和紧张关系。当国家制定法和民俗习惯发生冲突时，不能公式化地强调以国家制定法来同化民俗习惯，而应当寻求国家法与民俗习惯的平衡、妥协与合作。在司法过程中如何具体适用民俗习惯，要根据案件的不同特点，充分考虑国家法与民俗习惯在个案中的关系，具体情况具体分析。第一，如果国家法与民俗习惯都有规定且方向一致，而国家法的规定比较原则，民俗习惯的内容比较具体，可操作性强，则处理这类案件，既要以国家法为根据，又要灵活适用民俗习惯，使国家法与民俗习惯相融合，当事人的习惯权利与法定权利相统一。第二，国家法无明文规定，但民俗习惯有具体规定的情况下，可以将被确认为良俗的民俗习惯引入司法裁判，作为适用的参考或理由。第三，如果国家法和民俗习惯都有规定且方向相反，国家法与民俗习惯冲突地并存，存在着截然相反的价值取向，即合乎国家法的行为却违背了民俗习惯，合乎民俗习惯的行为却违背国家法。在这种情况下，既要维护国家法的权威，又要针对案件和民俗习惯的具体情形，秉承正义与衡平观念，加以适当地变通处理。这种情形在民法和刑法中都可能存在，如婚姻须经法定登记才能生效与民间以某种仪式确认婚姻关系间的抵牾，某些地区出嫁的女儿不承担对父母的赡养义务且不继承父母遗产的习惯规则与宪法和婚姻法相关规定的尖锐对立，某些地区的"赔命价"制度与刑法的冲突等。

二、民俗习惯司法适用的必要规制与作用范围

将善良的民俗习惯引入司法，必须坚持现行法律制度的基本精神，用尽法律规则与原则救济。将民俗习惯引入法院审理案件的范围，并非以民俗习惯代替现行的法律规范，只有在国家法出现明显背离法律价值、没有明确规定或者严格适法可能带来严重的损害效果等情况下，才能寻求民俗习惯的适用。民俗习惯作为裁判的标准，其现实性、正当性与合理性也须进行充分的证成。在特定的区域内，民俗习惯的司法适用应该统一尺度，做到同案同判，以提高判决的公信力和权威性，体现司法对于人性的关怀，最大程度地获得民众的理解。统一民俗习惯的适用尺度，也给法官的自由裁量权设置了必要的边界和限度，防止在涉及民俗习惯的案件中恣意司法和机械僵化两个极端。此外，还可借鉴以民俗习惯与案件的直接相关性为准用标准和以民俗习惯真实性核验为裁判必经环节等规则观点，保障司法适用的合理规制和作用。[①]

---

① 柴荣、李浩：《民初土地产权行政审判中民俗习惯的认定与适用——以"营产处没收私产一案"判词为引子》，载《法律适用》，2020 年第 6 期。

　　强化调解是当前的司法政策导向，在诉讼调解中，民俗习惯具有较为广阔的适用空间。诉讼调解使当事人有更多的机会出于个人意愿参加纠纷解决，在情、理、法的博弈中各得其所。相对于调解来说，判决的实体合法性要求严格得多。判决的形成过程是在查明事实、分清是非基础上对法律的适用过程。判决书必须写明判决认定的事实、理由和适用的法律依据。在多数情况下，实体法对特定案件事实引起的权利、义务和责任都有相当明确的规定，因而也限制了民俗习惯在审判中的适用。而在调解中，当事方并不一定运用现有的法律规范来解决双方的争讼，而是可以利用相关的民俗习惯来达成妥协与和解。调解允许当事人根据自主和自律原则选择他们认可的民俗习惯作为判决的正当性标准，它能够促进当事人及社会公众对司法裁决的认同，有利于化解和缓和社会矛盾。同时，也可以避免适用民俗习惯的一审判决因上诉可能导致全部被推翻的隐忧。因为民俗习惯并不具有明显的规范性和普遍性，法院和法官也没有发现和确认习惯法的权力，尽管法院可以在一定条件下依据民俗习惯作出裁判，但这种司法活动本质上属于司法裁量，是法官自由裁量权的体现，其中的民俗习惯主要仍是作为经验法则、地方性价值尺度和判决理由而存在，并非一种有确定效力的法律渊源。[①] 如果当事方不能就诉争达成调解协议，或者通过诉讼挑战民俗习惯以及通过上诉启动二审程序，民俗习惯作为适用依据的正当性、合法性和有效性可能就会受到强有力的质疑甚至是制定法的全盘否定。这也是国家法与民俗习惯在司法过程中最根本的冲突之所在，是一个无法绕开的制度瓶颈。事实上，民俗习惯司法适用的探索和实践目前也仅存于特定地区、特定案件的基层司法实践中，尤其体现在调解中。诉讼调解的制度设计为民俗习惯的优先适用提供了天然的土壤。

---

① 　范愉：《民间社会规范在基层司法中的应用》，载《山东大学学报》（哲学社会科学版），2008 年第 1 期。

三、为民俗习惯寻找制定法的空间

在法治社会中，司法救济是最后的救济途径，是公平正义的最后一道防线。司法救济是通过诉讼实现的，诉权保护及诉讼程序的启动是权利司法保护的起点。人民法院的受案范围仅止于符合法定条件的案件和争议，以民俗习惯为依据的权利诉求不一定满足受理的法定条件。在缺乏法律的明文规定时，法官需要发挥司法审判的能动性，对于法无明文规定而又认为需要保护的利益，或者从现行的法律中寻找可能利用的弹性空间，或是将其附会于某些既存的权利之中，或是从现存的司法政策中探索适当的依托。此类案件能够进入诉讼程序是在审判过程中进一步适用民俗习惯的前提。《最高人民法院关于民事诉讼证据的若干规定》第 64 条规定："审判人员应当依照法定程序，全面、客观地审核证据，依据法律的规定，遵循法官职业道德，运用逻辑推理和日常生活经验，对证据有无证明力和证明力大小独立进行判断，并公开判断的理由和结果。"该规定完善了法官依法独立审查判断证据的原则，也可以称为中国语境的"自由心证"，为民俗习惯进入司法领域提供了诉讼法上的依据。

司法保护的是法律所反映的法权，而民俗习惯是人们长期交往和互动中自然形成的规则，更能体现人们现实的社会法权要求，尤其在特定的地方和特定的少数民族中，更具有价值上的正当性。法律的价值在于对社会中现实存在的权利的确认和界定，现实生活或者权利自有其存在的依据，它们不可能因为规范的缺乏而消失，司法实践不能因为欠缺法律规范而对现有纠纷置之不理。当这种法权与民俗习惯所表达的法权不相一致的时候，法院不能简单地以无法律依据为由一驳了之，而应当从习惯所反映的法权入手，找出该法权在法律中的适当表达，并将之用于案件的审理中，最终通过适用法律作出判决。就判决形成的过程而言，当事人基于习惯的法权要求得到了表达和确认，同时司法过程的形式正义又得到了体现，[①] 其判决结果也更容易为当事人所认同。民俗习惯所表达的权利不仅可以在民事法律中弹性空间较大的公平原则、公序良俗原则、诚实信用原则中开辟出来，在刑事案件中也可以通过刑法的但书条款、刑事司法政策、罪刑法定的法内出罪机能找到依存的位置。此外，法律、行政法规、司法解释中有大量的"具体情况"字眼，对于可能适用民俗习惯来处理和解决的特定案件，可以释放出民俗习惯这一"具体情况"，使之成为适用的法律依据。

四、法律方法论与民俗习惯的司法适用

由于成文法自身存在着无法克服的局限，而特定案件离开民俗习惯的适用既不能实现实质正义，也难以获得当事方及社会的认同。司法如果不能有效地保护合理合情的权益，其司法权威自然也无从谈起。在法律空缺或适用现有法律规范明显违背"地方正义"而须适用民俗习惯时，法官必须秉承正义理念，忠于法律的同时更要超越法律，发挥司法能动性和自由裁量权，不仅要善于从"案件之中"来研究案件，还要善于从"案件之外"和"案件之上"对案件进行深入细致的分析。因为适用法律从来都不是仅仅依据规则就可以得出判决的逻辑系统，而是重视立足于规则之上、求助于实质正义、社会经验、民俗民风和当下情境来形成判断。在法律适用过程中，法律的适用者既要释放法律文本的意义，又要用法律思维方式对事实进行定量和定性的分析，释放出事实的法律意义。

方法是达致公正的路径，案件处理是否合情合理合俗，司法是否公正，是否能为当事人及社会所接受，在很大程度上取决于法律方法运用是否合

---

① 张镭：《习惯与法律：两种规则体系及其关系研究》，南京，南京师范大学出版社 2008 年版，第 18 页。

理、是否有效。"法律方法是法律人进行思维的理论基础，是恰当运用法律的前提性工具。"① 从司法自身的规律看，司法是被动的、中立的，而在判断事实和适用法律方面，却离不开法官的主观能动性，离不开法学方法论的指导。民俗习惯的司法适用毕竟不是司法过程中的常态，它打破了法官直接援引法律条文进行裁判的惯常思维，无论是由于成文法欠缺、存在漏洞、不足或者有不明之处而导致的"法官造法"，还是因特定案件、特殊风俗或特定民族的习惯而导致的法律向民俗习惯妥协，都需要法官更高、更重的论证义务，这也意味着法官在司法过程中不得不更多地依赖和借助于法律方法的支持。"民间法与国家法毕竟是两种不同性质的法，民间法纳入和影响国家正式法律制度也不是当然的、任意的和自然而然的，而是必须经由特定的途径，通过一定的程序和运用特定的方法才能实现。"② 因而，在可能涉及民俗习惯适用的法律过程中，须充分调动法律思维，综合法律发现、法律推理、法律解释、漏洞补充、法律论证、价值衡量、法律续造等法律方法来认定事实、寻找法律。例如，在涉及民俗习惯案件的找法过程中，如果找到的规则是不确定的概念，法官就应结合案件事实，参酌相对应的民俗习惯，对不确定的概念加以具体化，即不确定概念的价值补充。民间规范与法律原则、不确定性概念和任意条款等法律因素一起，在各种平衡与抉择中型构出某一案件可得适用的裁判依据，③ 即以民俗习惯为基础，经由法律方法构造的裁判规范。再如，利益衡量方法在处理类似案件中也不可或缺，即在查清案件事实的基础上，综合把握案件的实质，结合社会环境、经济状况、价值观念等，法官不仅要对照法律条文，而且要对法律条文背后的利益进行衡量，对不同利益及时作出评价、确认与合理分配，

---

① 陈金钊：《法律方法论研究》，济南，山东人民出版社 2010 年版，第 54 页。

② 贾焕银：《法律方法与民间规范研究的意义》，载《法治论丛》，2009 年第 7 期。

③ 贾焕银：《民间规范的性质及其司法适用逻辑分析》，载《山东大学学报》（哲学社会科学版），2009 年第 4 期。

得出社会比较能够接受的结论。

五、建立民俗习惯司法适用案例指导制度

成文法的不周延性、概括性、滞后性难以适应纷繁复杂的社会现实，建立于经验理性基础之上的判例制度的引入，是承认立法理性有所不及的直接结果之一。2005 年最高人民法院《人民法院第二个五年改革纲要》提出，要"建立和完善案例指导制度，重视指导性案例在统一法律适用标准、指导下级法院审判工作、丰富和发展法学理论等方面的作用"。2010 年最高人民检察院、最高人民法院先后出台了关于案例指导工作的规定，"它标志着，我国的法律样式正在从单一的成文法走向以成文法为主、以典型案例为辅助的新格局。它的发展前景就是中国古已有之的'混合法'"①。在以制定法为特色的现代中国法律制度中，在司法审判工作中引入带有判例法色彩的中国式的"案例指导制度"，为建立民俗习惯司法适用的案例指导制度提供了一个可能的前提。"法官运用民间法构造裁判规范，对案例指导制度的建设不无裨益。"②最高人民法院通过公报、案例选编、报纸期刊等多种渠道编选案例，其他各级法院也有不同形式的案例汇编。不少典型案例所引申出的法律原则和裁判规则，弥补了立法或司法解释的空白或漏洞。

典型案例是审理具体案件的产物，其内容、性质等都是明确而具体的，易于把握和实际操作，因而相对于成文法而言，这些案例具有个别性强、针对性高的特征，它们给法官审理案件提供了重要的范例和参照依据。由于民俗习惯地域差异性大，在内容上缺乏普遍的指导意义，因此对民俗习惯的司法适用案例要强调和突出裁判方法、裁判技巧等对类似案件的指导

---

① 武树臣：《中国"混合法"的过去与未来》，检察日报，2011-02-10。
② 谢晖：《民间法与裁判规范》，载《法学研究》，2011 年第 2 期。

作用，对其具体的内容则应加以简化和淡化处理。案例指导不但可以为法官运用民俗习惯判案提供借鉴和参考，而且因其生动、形象、具体、直观的特点，也能够发挥对群众的指引、教育和评价作用，使优良的民俗习惯得以彰显，使封建迷信和陋俗因失去人们的认同和生存的空间而逐渐消失。

六、进一步的讨论与思考

（一）民俗习惯立法化的隐忧及可能的立法方式

民俗习惯作为一种内在的、自发的调控机制，与人们日常的生活经验和价值观念密切相关，是一种实然的客观事实。它不需要经由论证与核实，人们无需理性地权衡而自觉自愿地接受其制约，它们与国家法相辅相成，共同维系着社会的正常运转。中国幅员辽阔，各地区经济社会发展水平、传统文化与地域文化都不同，民俗习惯也存在着较大的差异。习惯规则零碎、分散、具体，抽象与概括性低，规范性差，而且随着社会经济文化的快速发展，民俗习惯也在不断流变和演变。而国家法律则是理性建构的产物，它的形成是寻求规范化和内在逻辑统一性的过程，法律不可能将所有的民俗习惯都规范化、制度化，形成一个完美的习惯法体系。用统一的法律规则或法典列举或概括民俗习惯几乎也没有操作性和可能性。法律应当为民俗习惯预留足够的空间，它不能也不可能一统天下，包揽一切。事实上，民俗习惯本身就具有实际的法律效力，试图将民俗习惯立法化，实现法治统一，以覆盖包罗万象的社会生活不过是法律理想主义的神话。从大陆法系国家和地区立法经验来看，给予习惯以正式法源地位的立法，也都是将习惯加以原则、概括地一般规定，瑞士、中国台湾地区的民事法等都是如此。《瑞士民法典》第 1 条规定："凡本法在文字上或解释上有相应规定的任何法律问题，一律适用本法。如本法无相应规定时，法官应依据惯例；无惯例时，依据自己作为立法人所提出的规则裁判。在前款情况下，法官应依据经过实践确定的学理和惯例。"我国台湾地区的"民法"也规定："民事，法律所未规定者，依习惯；无习惯者，依法理。"承认民俗习惯的价值并不在于将其简单地纳入国家法，而是要通过认识民俗习惯存在的性质、作用及其与国家法的关系，进而促进以民俗习惯为辅助，以国家法为主导的多元规范体系和谐有序运行。在这个过程中，民俗习惯会有效地弥补国家法的不足，缓解法律与社会的冲突，促进二者融会贯通、协调互动。对民俗习惯应尽量保持其朴素、原生的"活法"状态，即便将其纳入地方立法，也可能因层级和效力问题影响其适用及效果。"立法者、法律人不能仅凭想象和热情去构想、建设，甚至不能仅凭学术上的分析模型构建法律图景，因为所有的模型和理论及其由此所生成的决策都需要经由实践的检验。更为紧要的是，这种检验的成本和代价需要由本来生活在一种相对稳定的秩序结构下的民众来买单。"[①] 基于法律万能主义的论调而主张民俗习惯立法就可以解决所有问题的思路并不可取，民俗习惯立法化存在着"法律更多而秩序更少"的隐忧。

　　民俗习惯经过人们长期生活经验的磨合与砥砺而得到广泛认可，且往往与当地的地理特点、人口状况和生活习俗密切相关。对于幅员辽阔且民族众多的中国而言，民俗习惯内容之丰富多彩，类型之纷繁芜杂，绝非立法通过少数具体条文的列举规定即可囊括。然而民俗习惯非经国家正式立法却无法解决其适用的障碍，为了确立善良风俗的法源地位，可以参考瑞士等国家的民法典，对民俗习惯立法采取一般条款的兜底规定，这样既可以保证习惯法的法源地位，又有具体适用时较大的弹性空间。另一个可行的方法是"民事习惯的动态法典化"，即建立一种司法的制度机制，将

---

① 周杰：《无需法律的"现代"社会的秩序》，苏力：《法律书评》（第 6 辑），北京，北京大学出版社 2008 年版，第 191 ～ 192 页。

民事习惯经由司法判例导入现实运作中来。实现"民事习惯的动态法典化"包括民事习惯的司法确认、司法功能、司法构成、司法证明与司法监督等几个环节，以此将民俗习惯导入司法，可以永葆民法典的"青春活力"。①

（二）民俗习惯的司法适用能走多远

作为法律事实的社会冲突，其根本特性在于其应受并且可受的法律评价。社会日常生活中主体间许多社会冲突尽管在一定程度上危害着统治秩序或社会主流道德意识，但因其不具备应受且可受法律评价的特性而不构成法律事实。构成法律事实的基本条件之一是违反生效的法律规定。② 这里存在的一个问题是，因民俗习惯引起的纠纷在多大程度上以及多大范围内能够进入司法的视野，可接受法律的评价。引起纠纷的事实符合法律规定的受案标准是民俗习惯司法适用的首要条件。

另外，民俗习惯司法适用的一个前提是特定案件缺少可资利用的国家法，或者是国家法与民俗习惯存在着较大的冲突，机械适用国家法可能导致"案结事不了"，难以有效地解决矛盾和争议。这里隐含着国家法在特定地区或特定案件适用中的非正当性及非有效性，其逻辑结果必然是民俗习惯的优先适用。然而，由于无法摆脱法律至上的制度与逻辑，制定法的规则和尊严要严格维护，习惯法上的正当需求只是尽可能被含蓄地考量，民俗习惯司法适用的处理结果只是一种"模糊的法律产品"，其表达与实践往往在一定程度上相背离，法律与民俗习惯司法适用的冲突不可避免。如江苏省姜堰市人民法院通过的《关于将善良风俗引入民事审判工作的指导意见（试行）》第2条规定："对当事人民事争议事项的裁判，法律、政策有

① 王洪平、房绍坤：《民事习惯的动态法典化——民事习惯之司法导入机制研究》，载《法制与社会发展》，2007年第1期。

② 顾培东：《社会冲突与诉讼机制》，北京，法律出版社2004年版，第22～23页。

明文规定的必须适用法律、政策，没有明文规定的可以参照本地的善良风俗。"① 尽管成文法因其自身的局限必然存在着疏漏和空白，但是没有法律规定的案件在实践中却并不多见，法律向民俗与事实妥协仍主要源于法律与民俗习惯的冲突而不是法律规定的空白。姜堰法院处理的出嫁女儿继承财产和赡养父母的诸多案件中，并未依其前述《指导意见》适用明文规定的法律和政策，而主要是参照了当地的民俗"舍弃"了国家的法律。然而国家法对此却并非没有规定，而且规定得非常详尽和明确。因此，对于某些纠纷的解决，如果既有法律的规定，又有民俗习惯的调整，只要民俗习惯的运用与社会公共利益不相冲突，不侵害第三人的合法利益，法院优先适用民俗习惯而不是优先适用法律，才能达致裁判的正当性与合理性要求。那么这种民俗习惯的司法适用是否真正达到了"社会效果"和"法律效果"的统一？ 是否是具有中国特色的权宜安排而非长久之计？抑或是否是为了追求社会效果而罔顾了法律，是对法律规范的变通或偏离？再进一步，暂且不考虑社会效果，民俗习惯的司法适用是不是"不按法理出牌"？这些都是我们无法回避而且需要深入思考的问题。有学者指出，在一定程度上，民俗习惯的司法适用是一个伪命题，因为民俗习惯是无法直接进行司法适用的，民俗习惯毕竟是非正式法源和次位法源，在司法裁判中并不具备适用的优先性。民俗习惯司法功能的发挥是通过诉讼法或者证据法的渠道进行的，而不是一个法律方法论的问题。② 这个论断直接而尖锐地触及了民俗习惯司法适用的软肋。民俗习惯的认定与适用尚需通过强有力的理论支撑与大量的司法实践共同构建符合时代定位且成体系化的适用规则。③

---

① 汤建国、高其才：《习惯在民事审判中的运用——江苏省姜堰市人民法院的实践》，北京，人民法院出版社 2008 年版，第 20 页。

② 王彬：《民俗习惯的司法功能》，载《湖南公安高等专科学校学报》，2009 年第 2 期。

③ 柴荣、李浩：《民初土地产权行政审判中民俗习惯的认定与适用——以"营产处没收私产一案"判词为引子》，载《法律适用》，2020 年第 6 期。

目前，民俗习惯司法适用的理论挖掘和实践探索难以逾越制定法的框架和司法制度的瓶颈，缺少理论突破和制度平台，民俗习惯的司法适用就不会走得太远。理论是灰色的，而生命之树常青。中国是制定法国家，主要以成文法为主，判例无法律拘束力。但是，制定法与判例法并非水火不容、势不两立，普通法系国家制定法的效力高于判例法，大陆法系国家也不是一概排斥判例法。正如法国虽然是大陆法系国家的典型代表，但判例却是支撑法国行政法和行政诉讼法的基础并成为行政法的主要渊源。[①] 同样作为成文法国家，"意大利虽然在一般法源的层面上不承认判例形式上的法律拘束力，但这并不表明判例在意大利法的实践中不占据一个重要的地位"[②]。民俗习惯司法适用的探索和实践应该像经济改革一样，"思想再解放一点，胆子再大一点，步子再快一点"。跳出既有的理论和模式来思考这一问题，打破制定法与判例法的藩篱，立足于法律而又超越法律，可能有意想不到的惊喜。

---

① 　孟凡平:《建立我国行政指导案例制度的构想》，载《人民司法》，2006 年第 2 期。
② 　薛军:《意大利的判例制度》，载《华东政法大学学报》，2009 年第 1 期。

第六章
少数民族民俗习惯的司法适用

第一节　民族自治地方的能动司法与法律变通

一、能动司法的内涵

（一）西方语境下的司法能动主义

"能动司法"肇端于美国，是基于实用主义的一种司法理念与司法哲学。西方语境下的能动司法追求司法过程中的公平正义，法律不是目标而是手段，主张一切司法活动都以维护社会公平和秩序为最终目标。司法并不是消极被动地将法律条文适用于具体案件的程式化活动，而是还始终承载着增进社会福祉，推动社会进步，引导社会主流价值的重要使命。创造性是司法裁判一个不可避免的特征，当制定法或先例的适用不能实现社会公正，法官不应拘泥于既有的先例和法条，而要充分考量案件所关涉的多种价值、规则及利益，在各种价值、规则及利益中寻求平衡和妥协。因而，司法能动主义理念模式下，"法官不得不担当造法者（lawmakers）。他们不得不解释、阐明、铸造（mould）以及常常创制（ex novo）法律"[①]，法官"必须以衡平、公道或社会利益的其他要素为之效力的社会利益来平衡对称或稳定。这可能使法官有义务从另一角度画线……标出新的起点，使后来者可能由此……"。[②]西方语境下的能动司法与法官造法密不可分，"当然，若将司法主体的这种能动作用发展到极端，试图在法

---

① ［意］莫诺·卡佩莱蒂：《比较视野中的司法程序》，徐昕、王奕译，北京，清华大学出版社 2005 年版，第 41 页。

② ［德］A.L. 考夫曼：《卡多佐》，张守东译，北京，法律出版社 2001 年版，第 217 页。

律之外寻找司法正义依据，那就不是创新型能动司法，而是司法能动主义了"①。

（二）中国特色的能动司法

美国司法能动主义的产生具有特定的历史背景，它和中国特色的能动司法在形成语境、赖以运行的政治体制和司法制度、适用范围、发挥程度以及司法主体上表现出更多的差异性。转型时期中国的能动司法被赋予了更多的内涵，2009 年 8 月最高人民法院院长王胜俊在江苏省调研时强调，能动司法是新形势下人民法院服务经济社会发展大局的必然选择，是人民法院司法理念的一次重大创新。能动司法是为应对全球金融危机而提出的重要司法理念，目前能动司法已经超越了它被提出时的具体语境，成为我国社会主义司法理念的重要组成部分。在当代中国语境中，司法能动主要是指人民法院及法官在遵循法治和司法规律的前提下，基于国情、历史和社会发展的客观需求，法官不应消极中立、因循守旧，被动地坐堂办案，机械刻板地适用法律，而应当充分发挥积极性、主动性和创造性智慧，通过诉讼调解、审判、执行等司法环节以及司法主导的各种替代纠纷解决方法，运用政策考量、利益平衡、法律推理、漏洞补充等方式，满足群众需求，回应群众关切，有效地解决各种复杂的矛盾和纠纷，努力做到"案结事了"、定分止争，最大限度地实现司法的政治效果、社会效果和法律效果的统一，提高司法公信力与司法权威。服务性、主动性、高效性是能动司法的三个显著特征。但是需要注意的是能动司法不可逾越法律的规定而成为按照某种情景和政策需要的能动。在法治建设中，我们更多需要的是对法律的敬畏，不可因能动司法而忽视了法律和权利。②

---

①　侯淑雯：《司法衡平艺术与司法能动主义》，载《法学研究》，2007 年第 1 期。
②　张卫平：《中国语境下能动司法的反思》，载《民事程序法研究》，2019 年第 1 期。

（三）能动司法与法律变通的辩证关系

为解决法域过大与法律统一性之间的矛盾，有的国家实行联邦制国家结构，通过不同联邦成员立法，相对缩小国家立法的法域。与此不同的是，我国实行单一制国家结构，因此，解决前述矛盾需要有更富创造性的政治智慧和制度设计。[①] 民族区域自治立基于中国土壤，体现了鲜明的中国特色，法律变通制度就是根植于民族区域自治的创造性制度设计。法律变通是指民族自治地方的自治机关依据宪法、民族区域自治法和立法法的基本原则和相关规定，根据当地民族的政治、经济和文化特点，对于法律、行政法规中不适合于民族自治地方的部分作出适当变更或补充，使之符合民族自治地方的立法活动以及变通执行活动。我国刑法、民法、民事诉讼法等法律中都规定了变通条款。法律变通制度体现了国家对少数民族独特性和差异性权利的特别保护，体现了国家尊重和保障少数民族自主管理本民族内部事务的精神，是实现少数民族实质平等的强大制度保障。

我国目前倡导的能动司法充分体现了人民司法的主动性、创造性，是原则性与灵活性的有机统一。能动司法要求法官在处理案件的时候，应当结合案件的具体情况，因案制宜、因势利导，灵活运用法律的基本原则和精神，慎重把握裁判尺度，充分运用弹性司法手段，积极发挥司法延伸职能，以最大限度地化解矛盾纠纷。能动司法的精神与法律变通的目标与宗旨有着内在的一致性，法律变通是在法律统一适用基础上的变通，是包容差异、容纳多元，以变通求平等前提下的统一。我国民族自治地方领土广阔，情形复杂，经济不够发达，传统文化和习俗延续依然很强，变通立法尚不完善。因此，能动司法在少数民族地区具有特别的土壤和特别的意义。此外，基于改革开放以来的新时代需求，原有"枫桥经验"在被赋予崭新内涵的同时，其治理功能逐渐发生了转向，逐渐形成一种崭新意义上的

---

① 顾培东：《也论中国法学向何处去》，载《中国法学》，2009 年第 1 期。

"枫桥经验"。在此背景下，以预防、调停、劝导为核心要义的调解模式逐渐成为"枫桥经验"的核心内容与重要法宝。在此过程中，受调解模式的启发，司法的能动属性越发显现，即司法逐渐趋向主动化解纠纷，而非被动裁决矛盾。基于此，新时代"枫桥经验"逐渐孕育出以司法调解为代表的能动性司法机制。[①]

二、民族自治地方能动司法的路径及制约

自最高人民法院倡导能动司法以来，各级各地人民法院回应群众关切，不断更新理念，创新形式，积极能动司法，形成了很多司法为民、维护公平正义的经验模式。除了这些可资借鉴的经验外，民族自治地方能动司法应立足当地实际，不断探索具有民族特色和地方特色的能动司法路径，摸索和总结具有民族因素案件的特点和规律，及时妥善处理影响民族团结的各种纠纷和矛盾，为民族地区的社会经济发展服务，为民族地区的政治稳定服务，促进民族平等与民族团结。

（一）少数民族习惯法的司法适用

少数民族习惯法在民族地区依然保持着顽强的生机与活力，制约着人们的思想，指导着人们的行为和生活，法律变通也为其开辟了制度化的可能路径。国家赋予民族自治地方变通立法权意味着国家制定法无法事无巨细、包揽无余地规范和调整民族自治地方的整个社会生活，而民族自治地方疏于主动行使变通立法权，将习惯法纳入自治立法的微乎其微。简单地或形式化地强调国家法的统一适用，必然会损伤法律的公正性或公平性，

[①]　丰怡凯：《基层司法治理实践图景：司法下乡、能动司法与线上司法》，载《中财法律评论》，2022 年第 14 卷。

难以实现个案公平和实质正义。民族习惯法反映了少数民族朴素的正义观，将习惯法引入司法有着正当合理的现实需求，能动司法为少数民族习惯法的适用提供了原则依据和广阔空间，"中国目前开展的能动司法活动是对不同地区、不同民族、不同文化背景下民间规则的重视，甚至可以说民间规则是这种能动司法最重要的规范前提和依凭"。①

少数民族习惯法的司法适用需要一种灵动的、创造性的司法技术和智慧，要求法官"穿行于制定法与习惯法之间"（苏力语），充分利用法律方法，使案件处理既合理合法又合俗合情。当国家制定法与习惯法发生冲突时，不能公式化地强调以国家制定法来同化习惯法，而应当寻求国家法与习惯法的平衡、妥协与合作。在司法过程中如何具体适用习惯法，要根据案件的不同特点，充分考虑文本中的国家法与个案中的国家法的关系，具体情况具体分析。这里需要强调的是，并不是所有的少数民族习惯法都可以作为司法资源，习惯法必须经过甄别和审查，确认其不违反人们最基本的情感和道德，在一定地域和民族间被普遍熟知、认同和接受，人们据此进行交往和互动并有大致明确的预期，能够为当事方认可作为解决纠纷的依据等。只有这样，民俗习惯才具有司法适用的价值。少数民族习惯法司法适用过程中须注意总结不同阶段（起诉、调解、审理、执行等）和不同审级中的规律以及在民事、商事、刑事等不同类型案件中适用的区别及特点，并在刑事和解中尝试运用少数民族习惯法止争解纷。②

（二）构建具有民族和地方特色的大调解机制

调解制度在我国具有悠久的历史和坚实的基础，少数民族群众历来注

---

① 谢晖：《论民间规则与司法能动》，载《学习与探索》，2010 年第 5 期。

② 王述炜：《论民族习俗在民事审判中的适用——以佤族地区一则个案为例》，载《海峡法学》，2016 年第 4 期。

重以调解方式解决纠纷。^① 调解强调以和为贵，注重纠纷彻底解决及原有关系与秩序的恢复和重建，符合我国传统文化中以情、理、法相融合化解矛盾以及"无讼"的价值取向。在变通立法不完善和倡导能动司法的前提下，民族自治地方各级法院要深刻认识调解在有效化解矛盾纠纷中所具有的独特优势和重要价值，坚持"调解优先、诉调结合"，"能调则调，当判则判，调判结合，案结事了"的原则，自觉主动地运用调解方式处理矛盾纠纷，把调解贯穿于立案、审判和执行的各个环节，把调解贯穿于一审、二审、执行、再审、申诉、信访的全过程，把调解、和解和协调案件范围从民事案件逐步扩展到行政案件、刑事自诉案件、轻微刑事案件、刑事附带民事案件、国家赔偿案件和执行案件，建立覆盖全部审判执行领域的立体调解机制。^② 要根据每个案件的性质、具体情况和当事人的诉求，科学把握运用调解或者裁判方式处理案件的基础和条件，紧紧围绕"案结事了"目标，正确处理好调解与裁判这两种审判方式的关系。建立和完善大调解机制，在坚持人民调解、行政调解、司法调解三大调解各司其职的前提下，加强与人民调解、行政调解在程序对接、效力确认等方面的协调配合，及时把社会矛盾纠纷化解在基层和萌芽状态。建立健全诉讼与非诉讼相衔接的矛盾纠纷解决机制，充分发挥人民法院、行政机关、社会组织、企事业单位以及其他各方面的力量，完善诉讼与行政调处、人民调解、行业调解、宗教组织调解、民间调解以及其他非诉讼纠纷解决方式之间的衔接机制，推动多元化纠纷解决机制的建立和完善，促进各种纠纷解决方式相互配合、相互协调和全面发展。此外，还可以积极学习"枫桥经验"有关内容，在尊重当事人意愿的基础上，充分运用调解手段，努力使纠纷在诉讼前、开庭前和宣判前得以化解，实现司法审判与司法调解的有机结合、

---

① 高其才：《中国少数民族习惯法研究》，北京，清华大学出版社 2003 年版，第 188 页。

② 罗冠男：《中国传统社会基层治理的法律机制与经验》，载《政法论坛》，2021 年第 2 期。

良性互动。①

另外，在诉讼调解中，少数民族习惯法具有更为广阔的作用空间。相对于调解来讲，判决的实体合法性要求要严格得多。判决的形成过程是在查明事实、分清是非基础上对法律的适用过程。判决书必须写明判决认定的事实、理由和适用的法律依据。在多数情况下，实体法对特定案件事实引起的权利、义务和责任都有相当明确的规定，因而也限制了习惯法在审判中的适用。而在调解中，当事方并不一定运用现有的法律规范来解决双方的争讼，还可以利用相关的习惯规则来达成一种妥协与和解。调解允许当事人根据自主和自律原则选择他们认可的习惯法作为正当性标准，能够促进当事人及社会公众对司法裁决的认同，有利于化解和缓和社会矛盾。同时，也可以避免适用习惯规则的一审判决因上诉可能导致的全部被推翻的隐忧。诉讼调解的制度设计为习惯法的优先适用提供了天然的土壤。

（三）能动地适用法律规则与法律原则

与法律原则和法律精神相比，法律规则是能动范围最小的规范。在确定某事实是否适用某一规则时，就离不开司法者的能动作用。法律原则较之法律规则具有更大的能动空间，许多新奇案件或疑难案件需依原则进行推理。② 发生在少数民族地区的很多案件，由于具有特殊的人文和地理环境而具有非同寻常的意义，只有将它们置于所依存的历史文化背景中才能得到合理的解释。具有鲜明民族与地域特色的"死给"案③、"赔命价"案的处

---

① 丰怡凯：《基层司法治理实践图景：司法下乡、能动司法与线上司法》，载《中财法律评论》，2022 年第 14 卷。

② 侯淑雯：《司法衡平艺术与司法能动主义》，载《法学研究》，2007 年第 1 期。

③ "死给"是凉山彝族地区独特而又普遍的社会现象。"死给者"通过一种目的性的、对象明确的自杀，让对方——"被死给者"对自己的死亡负责。在凉山彝族习惯法"地方性知识"的背景下，大凡"死给"行为，几乎必然地引起严重的后果。如果以国家法来审视"死给"案，那么它从案件起因、事态发展、解决过程到法律后果，无疑都是荒谬的。参见陈金全主编：《西南少数民族习惯法研究》，北京，法律出版社 2008 年版，第 314～315 页。

理方式依照现行法律缺少足够的正当性、合理性与合法性。公平和正义都是相对的、有条件的，超越任何地域和民族的普适性正义是不存在的。"在立法层面上，有限的法律条文以及立法技术难以涵盖不同地区经济、文化以及社会各方面发展的重大差异，也难以反映和顾及各主体均有一定合理性的社会诉求。"① 作为对民族自治地方特殊状况的顾及，法律变通制度起到了沟通普遍性与特殊性、统一性与差异性的作用。因而，在变通立法供给不足，明确的法律规则适用可能有违个案公正的情形下，能动地适用弹性较大的法律原则是不可或缺的选择。在能动司法过程中，民事法律中的平等原则、自愿原则、公平原则、公序良俗原则、诚实信用原则都具有较大的弹性空间。在刑事案件中，尽管罪刑法定的基本原则不容动摇，但为实现个案公平，仍然可以从民族地方的实际出发，综合社会相当性、期待可能性、刑法谦抑性等不同的理论视角，考察案件的社会危害性大小，依照刑事司法政策的政策性原则，通过刑法的但书条款、罪刑法定的法内出罪机能，对具体案件作出既不违背法律的基本原则，同时又符合民族地方实际的灵活性判断。

（四）准确理解和把握宽严相济的刑事政策

宽严相济刑事政策是我国的基本刑事政策，贯穿于刑事立法、刑事司法和刑罚执行的全过程，是惩办与宽大相结合政策在新时期的继承、发展和完善，是司法机关惩罚犯罪和预防犯罪，保护人民，正确实施国家法律，在刑事领域贯彻能动司法的指南。最高人民法院 2010 年发布的《关于贯彻宽严相济刑事政策的若干意见》要求，要全面、客观把握不同时期不同地区的经济社会状况和社会治安形势，尤其要根据犯罪情况的变化，在法律规定的范围内适时调整从宽和从严的对象、范围和力度，充分考虑人民群

---

① 顾培东：《也论中国法学向何处去》，载《中国法学》，2009 年第 1 期。

众的安全感以及惩治犯罪的实际需要，根据犯罪的具体情况，实行区别对待，做到该宽则宽，当严则严，宽严相济，罚当其罪。

刑事政策从预防犯罪、改造犯罪和抑制犯罪的目的出发，并且针对不同的犯罪行为和犯罪人，主张采取不同的对策、策略和具体措施，从而对刑事立法和司法活动起到价值导向、具体指导法律适用和弥补法律缺失的作用。宽严相济刑事政策以适当有利于行为人为出发点，即"可捕可不捕的不捕"，"可诉可不诉的不诉"，"可判可不判的不判"，和谐地调和人权保障与法益保护之间的关系，体现了现代法治理念和精神。中共中央1984年第5号文件提出："对少数民族的犯罪分子要坚持'少捕少杀'，在处理上一般要从宽"，即"两少一宽"政策。"两少一宽"刑事政策是"惩办与宽大相结合"这一基本刑事政策在民族地区的具体化，其内涵也要随着时代和社会发展要求，在宽严相济的刑事政策指导下有所发展和创新，既照顾到民族特点，贯彻"两少一宽"，又追求宽严有机统一、宽严有度，做到严中有宽、宽以济严，宽中有严、严以济宽。宽严相济刑事政策的确立，并不意味着"两少一宽"政策使命的终结。相反，它们均对民族地区的刑事法治建设具有指导作用。宽严相济属于基本刑事政策，"两少一宽"属于特殊刑事政策，它们的使用范围和指向不同，有各自的价值追求。同时，二者又有一致性，在民族地区实行宽严相济刑事政策，其实际体现就是做到"两少一宽"。作为刑事政策和民族政策的有机统一，"两少一宽"是民族地区实现宽严相济政策功能的重要途径。在司法方面，要准确把握和运用"两少一宽"的科学内涵，不能因为刑事变通立法的缺失而导致行为上的本本主义和司法上的教条主义。对于少数民族犯罪，从立案、公诉、定罪和量刑诸环节均应考虑到民族在政治、经济和文化上的特点，综合考量案件的基本事实、性质、情节以及对于社会的危害程度，考虑其行为是否与民族的生产生活方式和民族风俗习惯、宗教信仰有直接联系，考虑实施危害行为的少数民族公民是否长期生活居住在民族自治地方的范围内，等等。只有将这些情况综合起来全面研究，具体案件具体分析，侧重非犯罪化、非刑罚化和轻刑化。如果眼里只有卷宗，手中只有法条，那就难以符合民族地方的客观实际，执法的后果往往会背离立法的精神，司法的社会效果也会大打折扣。在刑罚执行过程中，对少数民族罪犯的减刑、假释也应当适当从宽掌握。

（五）能动的限制

切忌"司法盲动"与"司法乱动"。能动司法与司法不作为及消极被动司法是截然对立的，但能动司法不是越权司法，更不是盲动司法与随意司法，能动司法有其必要的边界和限度。能动司法过程中，法院应有所为有所不为，适度能动，做到不缺位、不越位和不错位，能动司法不能超越我国根本政治制度和制定法的框架。"对于尚不具备司法能动主义的制度基础和社会条件的国家，尤其对我国而言，基于现实的司法能力和司法环境，考虑司法权限的扩张尤其需要节制和慎重"，[1] 防止能动司法变成盲目司法的遮羞布。民族自治地方各级人民法院和法官不能以情况特殊为理由超越法定职责去受理案件，违背法律规定去裁判案件，而应在不与法律原则、法律规定冲突的前提下，通过正确行使自由裁量权、充分挖掘法律的弹性空间、灵活采取司法措施、准确把握"调解优先、调判结合"的原则等方式，达到个案公正与普遍公正的有机统一，依法裁判与案结事了的有机统一。

谨防法律变通的误区——"司法变通"。学界有观点认为，民族自治地方的法律变通，从结构上看由两部分组成：一是立法变通；二是法律实施的变通。[2] 在立法变通不发达的情况下，对基本法律的变通司法，是法律变

---

① 范愉：《诉前调解与法院的社会责任：从司法社会化到司法能动主义》，载《法律适用》，2007 年第 11 期。

② 张晓辉：《中国法律在少数民族地区的实施》，昆明，云南大学出版社 1994 年版，第 66 页。

通的主要方面。^①法律赋予民族自治地方对于上级国家机关的决议、决定、命令和指示依照法定程序有变通执行和停止执行的权力，但这并不是法律实施的变通，而主要是一种行政执法变通，而且其变通的对象也并非法律法规。"实施变通代替立法变通""变通司法"等判断缺乏基本的法律依据，在我国目前的司法体制下，司法变通的观点和主张在理论上行不通，在实践上也是有害的。^②"法治国原则所包含的权力分立原则要求，司法裁判者应尊重立法者的规范制定特权"。^③承认"司法变通"无异于承认法官造法，在我国司法权的配置中，没有法官造法的空间。司法以法律为依归，须循法而行，司法变通难以避免滥用司法权和否定罪刑法定的危险，也极易导致民族自治地方基层法院在"民族特点"的环境下迷失方向，借能动司法之名任意曲解法律，恣意裁判，损害法律的安定性和稳定性。对于差异性、不平衡性及民族性特点极为突出的民族自治地方，能动司法具有特别重要的意义，但这种能动依然应该是法律之内的能动，而不是突破法律、超越法律、更改法律的能动，更不是否定法律的能动。允许法律外的或超法律的能动，可能危及法治的根本。实现法制统一性和平等性的根本在于通过变通立法确认少数民族利益的多元性，满足少数民族群众差异性利益欲求。因此，在变通立法尚不完善以及能动司法四面开花的大背景下，我们应时刻保持清醒的头脑，对"司法变通"予以足够的警惕。

三、寻求民族自治地方能动司法与法律变通的良性互动

中华民族在漫长的历史长河中，逐渐形成了多元一体格局。基于民族

① 胡启忠：《论民族地区的法律变通》，载《西南民族学院学报》（哲学社会科学版），2002年第7期。
② 张殿军：《民族自治地方法律变通的法理解析》，载《贵州民族研究》，2010年第1期。
③ ［德］卡尔·拉伦茨：《法学方法论》，陈爱娥译，北京，商务印书馆2003年版，第254页。

区域自治制度的变通立法与国家法也形成了多元与一体的关系。法律变通作为旨在包容差异、容纳多样、和而不同进而实现实质平等的制度设计，其真正发挥作用的逻辑起点是民族自治地方主动行使立法自治权，制定民族与地域特色鲜明，切合实际的变通立法。"作为民族性格构成要素的心理特征、情感偏好、价值观念、行为模式，必然在一个民族的法律文本和法律实践中体现出来，形成一种特殊的法律制度和法律生活样式。"[①] 但令人遗憾的是，变通立法的制度空间并未得到有效的利用，刑法、民法以及诉讼法等至今仍是变通立法的盲区。有学者指出，基于我国法域过大而地区间发展不平衡的事实，可在现有的地方立法权和少数民族地区立法权的基础上，进一步放大这两类立法的空间。与此相关的一个问题则是，获得立法权的地方和少数民族地区尚需进一步认识到地方立法及自治立法的重大意义，并进一步提升相应的立法技艺。另外，在司法中应实行司法能动主义。[②] 司法具有特殊的作用，它是书本上的法与实际生活中的法的桥梁。民族自治地方各级法院在能动司法过程中，能够发现现行法律规则不适用于民族自治地方的具体所在，了解和熟悉对变通立法的实际需求，为立法提供经验积累和素材，并可以通过提交法律案等形式，积极促进民族自治地方变通立法。

少数民族习惯法的司法适用是民族自治地方能动司法不可缺少的环节。习惯法的适用过程也是对其发现、甄别、审查并取其精华去其糟粕的过程。不同的习惯法反映了不同地区不同民族的历史传统与生活样态，为保持其独特个性和差别化的有效运用，习惯法经由能动司法向变通立法的过渡，既消除了习惯法司法适用的种种障碍，又可以保证变通立法得到少数民族群众的信守和认同，从而使法律"获得普遍的服从"。

[①]　黄文艺：《法律与民族性格：一种法律研究范式的梳理与反思》，载《法律科学》，2010年第 6 期。

[②]　顾培东：《中国法治的自主型进路》，载《法学研究》，2010 年第 1 期。

第二节　少数民族民俗习惯在法院诉讼调解中的适用

一、问题及其价值

　　尽管法治国家建设已成为当今社会的主流论调，但我们也必须承认，在广阔的偏远乡村范围内，例如少数民族聚集的很多乡村地区，习惯作为村民们自古以来生活中自然而然产生的社会规范，是乡村聚落中的"活法"或"行动之法"，在相当的区域和维度内切实地处理和规制着乡民们的日常生活。民众信奉这些长久存在的民俗习惯的主要原因，是他们拥有容纳入本地实际的正当性，能够"令人知事""定分止争"，恰当规制着村民们的日常生产生活，解决了村民们对日常稳定和纠纷化解的认识以及对生活的合理预期。[①] 所以，国家法万不能遗忘少数民族民俗习惯在特殊地区的环境土壤与合理属性，不可轻视少数民族风土人情仍旧在管控和规范着诸多区域社会问题之现实。正如苏力教授所言："中国的法治建设理应强调传统社会中那些潜移默化发挥作用却不甚起眼的风俗习惯，注意历史反复淘洗而提炼出的合理制度，不然的话国家的成文制定法将会被回避、失效，而且往往将对社会稳定和文化繁荣带来极大的损害。"[②]

　　我国《民法典》第 10 条已确立了习惯的法源地位，在法律没有规定时可以适用习惯。而且，原先的民事立法也一定范围内承认习惯的补充法源地位，[③] 包括原来《合同法》第 22 条等 9 个条款以及《物权法》第 85 条

---

① 　张殿军、于语和：《民俗习惯的司法适用：路径及其走向》，载《重庆大学学报》（社会科学版），2012 年第 2 期。
② 　苏力：《法治及其本土资源》，北京，中国政法大学出版社 1996 年版，第 36 页。
③ 　《合同法》第 22 条："关于承诺作出方式的规定，可依交易习惯认定行为作为承诺的方式。"《物权法》第 85 条："关于相邻关系纠纷的处理，无法律规定时可依当地习惯。"

等两个条款。除此之外，民俗习惯的运用还可从民事法律中使用空间较大的公平原则、公序良俗原则、诚实信用原则中拓展道路，并且可以从法律、行政法规、司法解释中规定的大量"具体情况"在需要适用民俗习惯来化解矫正矛盾的某些情形中发挥出来。① 虽然少数民族自治区人民代表大会有权参照本民族地区的政治、经济、文化特点创设自治条例和单行条例，对不契合民族自治地方现实状况的内容进行调整和变通。但是，细究某些少数民族自治区颁行的变通规定，一般仅对婚嫁习惯、生产习惯、教养习惯等些许内容有所变动，运用范围较为狭窄。② 同时考虑到少数民族民俗习惯的自主性、潜在性、扩散性、传承性及善变性之特质，也使得自治区立法者在立法过程中很难切实有效地发掘出各少数民族民俗习惯。此外，法律的安定性与社会流变性的潜在对立难以只凭借立法者的些许理性来化解，因此某些少数民族法院于司法过程中积极借助相应的路径和制度将各少数民族民俗习惯引入国家法制系统就变得尤为重要。③

在推进中国式现代化建设的宏观氛围下，司法作为维护公平正义的最终防线，是现代化建设的核心保障。而从法律上维护少数民族聚居地区安宁和谐的一个核心措施就是，在法院审判过程中积极把少数民族优良的风俗习惯融入审判之中，在贯彻当前司法规范意旨的框架下，发掘各少数民族的本土习俗化解矛盾冲突。考虑到在少数民族各地的乡村地区长久以来产生、累世传承、深入人心的各少数民族民俗习惯拥有强大的社会力量，在某些地域的居民之中产生了自然而然的规范意识，继而变为了成文法的有效补充，有着类似于法律的科学性和恰当性基础。④ 因此，将诸少数民族

① 张殿军、于语和：《民俗习惯的司法适用：路径及其走向》，载《重庆大学学报》（社会科学版），2012 年第 2 期。
② 江钦辉：《新疆少数民族民事习惯与国家法的关系问题思考》，载《喀什师范学院学报》，2012 年第 2 期。
③ 巫洪才：《少数民族民事习惯法治化的路径探析》，载《贵州民族研究》，2012 年第 3 期。
④ 张殿军、于语和：《民俗习惯的司法适用：路径及其走向》，载《重庆大学学报》（社会科学版），2012 年第 2 期。

民俗习惯贯彻于裁判审理中以化解民间对立冲突，有利于少数民族群众对争议裁判结果的衷心理解，有助于提升司法在少数民族范围内的接受认可程度，提升司法在少数民族范围内的权威和信誉度，以达成"案结事了人和"的最终目的，最终获得司法效果与社会效果的和谐统一。

虽然少数民族民俗习惯在《民法典》颁布后获得了一定的法渊地位，但各少数民族民俗习惯的法律适用依然具有一定的挑战。同时，各少数民族民俗习惯全盘立法化自身包含的困难也希冀借助司法模式来归入国家法体系，因此我们可以通过诉讼法上民俗习惯导入司法模式的突破口，试图通由诉讼法上的宏观设计为少数民族民俗习惯的司法适用开拓更为广阔的天地。目前，为达成和谐司法目标而提倡的"调解为主、调判结合"的司法方针，为少数民族民俗习惯借由诉讼调解机制迈入司法提供了智力支持。

二、少数民族民俗习惯在诉讼调解中适用的可行性

诉讼调解①是当事各方在法院裁判人员的主导下，依循当事人内心想法，利用和谐沟通的方式，调解民间矛盾的诉讼活动和办案模式，是当事人意思自治这一民法基本原则于诉讼领域的实践和发挥，充分展现了当事人的意思自决。它区别于裁判，裁判是在声明案情实际的基础之上，参照有关的法律规定对各方当事人争论的权属义务关系进行裁决。由此可见，诉讼调解并不要求仅仅使用当前的法律法规来化解矛盾，为存续于广大基层少数民族群众心里并为他们衷心认可的民俗习惯的进入开拓了必须的发

---

① 2012 年《民事诉讼法》第 9 条规定："人民法院审理民事案件，应当根据自愿和合法的原则进行调解。"第 93 条规定："人民法院审理民事案件，根据当事人自愿的原则，在事实清楚的基础上，分清是非，进行调解。"

挥空间。当下，推动调解是我国的一项重要的司法方针。[①] 因此，号召各级法院大力弘扬"调解优先"观念，并深入领悟调解在切实解决矛盾纠纷、推动社会安宁有序中所独具的优势和卓著的地位，踏实扭转重裁判、轻调解的误区，让调解成为完结案件的第一选择，自觉自愿地适用调解方式化解矛盾纠纷，将调解致力于立案、审判和执行的逐个环节，平争止讼，达成法律效果与社会效果的和谐统一。

在少数民族自治区域的诉讼调解中，少数民族的各个当事方有权利用自己熟知、尊奉并为内心认可的民俗习惯来形成一种契合"情、理、法"的裁判结果或方案，并非一定要利用已有的法律规范来调解各方之间的冲突与矛盾。因很多少数民族民俗习惯的区域性资源颇为丰饶，在少数民族聚落的广阔乡村范围内，各方当事者均可以在诉讼调解中，依据自我意愿挑选他们赞同的民俗习惯作为纠纷化解的合理性准则。如此可以促进纠纷各方及少数民族范围内的社会公众对司法调解结果的认可，有助于解决少数民族区域内的社会争端。可见，少数民族民俗习惯在诉讼调解中的适用具有可行性，能取得较好的公共效果，实现司法效果和社会效果的和谐统一，有助于民族地区的安宁稳定和健康发展。司法实践中的案例说明，通过民俗习惯与法律的融合进行调解，较好地化解了矛盾，解决了纠纷，实现了"案结事了"。[②]

---

① 正如最高人民法院《关于进一步贯彻"调解优先、调判结合"工作原则的若干意见》指出，"调解优先、调判结合"工作原则是认真总结人民司法实践经验，深刻分析现阶段形势任务得出的科学结论，是人民司法优良传统的继承和发扬，是人民司法理论和审判制度的发展创新，对于充分发挥人民法院调解工作在化解社会矛盾、维护社会稳定、促进社会和谐中的积极作用，具有十分重要的指导意义。

② 案例：原告方阿某与被告方艾某于 2003 年登记结婚（双方均为维吾尔族），婚前艾某给阿某 5000 元彩礼钱，后双方发生矛盾，阿某起诉到法院要求离婚，关于财产的分割，被告方艾某希望阿某返还彩礼钱 5000 元，阿某反对，双方争持难下，拒绝妥协。法院经裁判，即适用维吾尔族关于离婚时彩礼返还的风土习惯，毁坏婚约者理当退赔彩礼或返还嫁妆，配之以《婚姻法解释（二）》第 39 条之规定与两方协商，最后达成由原告阿某返还被告艾某彩礼钱 5000 元的调解协议。

三、少数民族民俗习惯在诉讼调解中运用的界限

关于少数民族民俗习惯在诉讼调解中的具体适用，可以遵循如下路径。当少数民族民俗习惯与国家成文法不抵牾时，应贯彻少数民族民俗习惯优先适用之规则。若国家制定法无明文规定，且少数民族民俗习惯不违反一般法律原则及公序良俗，则适用少数民族民俗习惯；若国家制定法在没有明确规定具体实施细则的情况下，可以由少数民族民俗习惯加以补充，如此有利于纠纷的解决。当少数民族民俗习惯与国家制定法冲突时，首先适用国家制定法。在国家制定法与少数民族民俗习惯相关规范内容并存的情况下，法院的诉讼调解显然应该坚持适用国家制定法，但同时应充分考虑少数民族民俗习惯的性质、当事人的意思表示及调解结果对社会秩序的影响。①

然而，绝非全部少数民族民俗习惯均能够导入当地司法之中，民俗习惯有良善、落后之别，唯有良善之风方能融入法院的调解工作中。正如最高人民法院《关于为推进农村改革发展提供司法保障和法律服务的若干意见》规定的，对民间习惯中的优良有效成分开展深入扎实的汇总收纳与分析，使其内化为科学的司法审判来源。要注重优良民俗习惯在切实化解社会冲突争议，推动新农村建设和健康发展中的积极功用。坚持合法性、恰当性、公正性、广泛性原则，审慎思考农民常规道德判断准则、法律认识水平和善恶鉴别的基本标准，将农村良风善俗作为法律规范的合理补充，扎实稳妥地裁判、落实好各类案件，力保涉农审判、执行工作司法效果与公众反映和谐相融。所以，开展针对各少数民族民俗习惯的良善鉴别工作显得尤为必要。部分学者认为良俗的鉴识标准为：首先，此风俗不能违背人们固有的情感与道德，不能打破公众最根本的伦常与良知；其次，在一

---

① 顾长洲：《风俗习惯在民商事司法调解中的作用》，载《法制与社会》，2013 年第 1 期。

定范围和人群中，这些规范被广泛了解、认识和理解，可以科学合适地规划民众正常生活，维持基础的社会序列，能够作为化解矛盾的根据并为当事方和公众所理解；再次，人们可以依此开展交流和沟通并获得大体明晰的引导和期望，它能够划分一定范围内人群间的权属和责任。[①]

此外，为规范少数民族民俗习惯在基层人民法院诉讼调解中的适用，应对少数民族民俗习惯进行调查和汇编。具体而言，可由基层人民法院在司法适用过程中具体负责深入调查和收集，由中级人民法院审判委员会对是否属于"善良风俗"进行初步筛选，报高级人民法院最终选定汇编。高级人民法院成立善良风俗筛选委员会，由来自司法实务部门、高校、研究所、人大法工委等部门的专家和学者组成，先由该筛选委员会就中级人民法院筛选的民俗习惯是否属于"善良风俗"提出专业意见，后报审委会研究决定。高级人民法院可以通过发布规范指导意见或者指导案例的方式，规范少数民族民俗习惯在基层人民法院诉讼调解中的适用。

四、少数民族民俗习惯在诉讼调解中的"合法化"路径

（一）进行少数民族民俗习惯调查与整理

在立法过程中，甄别、采纳民俗习惯存在诸多困难，民族自治地方吸收少数民族民俗习惯须认真研究、细为甄别，进行全面、广泛的调查和研究。全国范围内的民俗习惯调查殊非易事，但是由于三级民族自治地方（自治区、自治州、自治县）都有法定立法自治权，少数民族民俗习惯也因族而异、因地区而异，立法者对当地的民俗习惯和传统有一定的了解和认知，因而就调查规模、范围以及难易程度而言，民俗习惯调查具有可行性。

[①]　张殿军、于语和：《民俗习惯的司法适用：路径及其走向》，载《重庆大学学报》（社会科学版），2012 年第 2 期。

在深入调查基础上，对少数民族民俗习惯进行科学的归纳、整理，取其精华，去其糟粕，为立法提供素材。清末民初民商事习惯调查的一个初始动机，就是为当时的民商事立法提供资料准备。同时，当时的两次民商事习惯调查又都为当时乃至之后的司法和执法提供了重要的参考依据。①

（二）加强民族自治立法与民俗习惯理论研究

理论是实践的先导。少数民族民俗习惯"合法化"路径需要高质量的学术成果和创造性的理论造诣。目前民族法和少数民族民俗习惯都有相对固定的研究者，也取得了一定的研究成果，但是，将二者结合起来，从民族自治地方自治立法的视角探讨少数民族民俗习惯的高质量成果却不多见。貌似繁荣的习惯法与民间法研究实则有很多偏颇，礼、宗教戒律、行业规范、传统道德、神话、谚语、历史都成了民间法的研究对象，民间法似乎是个筐，有容乃大，什么都能装。其实，每一种社会规范都有其作用的领域和规制的对象，包罗万象的民间法研究实乃国家法万能和包打天下的另一种极端，并未给国家立法提供更多有价值的学术资源。因此，加强民族立法理论与少数民族民俗习惯的互动研究，尤其是要加强自治立法中变通立法吸收优良少数民族民俗习惯的研究，为少数民族民俗习惯取得国家法的效力提供理论准备和智力支持。②

（三）自治立法应重视吸收少数民族民俗习惯

民族区域自治制度及相关的法律规定蕴藏着调和国家法与民俗习惯冲突的制度空间。我国是单一制结构国家。单一制结构在法律上的特点是强调立法、执法和司法适用的统一，而法律适用的困难在于国家统一立法无

---

① 眭鸿明：《清末民初民商事习惯调查之研究》，北京，法律出版社 2005 年版，第 241 页。
② 王述炜：《论民族习俗在民事审判中的适用——以佤族地区一则个案为例》，载《海峡法学》，2016 年第 4 期。

法兼顾各个地方复杂多变的具体情形。联邦制国家通过联邦立法与州立法较好地解决了这个问题。民族区域自治制度具有同样的功能，只是在实践中还没有得到足够的重视和落实。自治立法可以通过变通或补充的方式，在不违反法律基本原则的情况下，吸收、采纳为当地群众熟知并信守的民俗习惯，以此修改或补充国家法律法规不适应本民族自治地方的具体条款，变通立法可以协调法律的统一性、普遍性与地方的差异性、特殊性之间的矛盾。通过自治立法的方式承认少数民族民俗习惯的法律效力也能够反应和代表大多数少数民族群众的心声，因为自治立法是由当地民族自治地方的人民代表大会制定通过的，少数民族代表能够代表少数民族的利益。最终选民的意志体现在法律中，广大普通的少数民族群众也就实现了自治。

（四）少数民族民俗习惯的司法适用

法律具有确定性和安定性，不能随意更改。有学者在论及将"习惯"引入民事立法时说道："……立法修改可能是一个较漫长的过程。它取决于立法者对习惯的地位和作用、习惯同法律政策的关系的认识和判断，等等。在立法没有作出修改之前，用司法解释的方式来作出一些规定，可能是一条比较现实可行的路径。但司法解释在将习惯由特殊性规定变为一般性规定的时候，面临着突破现有法律规定的风险。"[①]对于全国性的法律，运用国家立法和司法解释的方式概括地确认少数民族民俗习惯的效力可以解决民俗习惯的部分适用问题，但无论是国家立法还是民族地方自治立法都是一个较为漫长的过程。在立法缺失的情况下，一个理性的选择是在司法过程中，遵循司法规律、践行能动司法，实行宽严相济的刑事政策，合理运用法律的现行空间，将国家法与民俗习惯的冲突尽可能消解在司法过程中，

---

① 刘作翔：《传统的延续：习惯在现代中国法制中的地位和作用》，载《法学研究》，2011年第 1 期。

使少数民族民俗习惯成为"行动中的法""活法",将蕴含其中的正义观念和法情感体现在以国家主导的、具有权威性和强制性的具体司法过程中,让国家法与民俗习惯在此"汇流",使被群众广泛认同的民俗习惯以此获得国家法的权威,实现社会效果与法律效果的统一。而严格适法,依照法条机械办案,可能带来负面效果,因为"正常的情况是,法律制度并非由于存在着强制的保障才在现实中和经验上'适用',而是它的适用作为'习俗'已经扎了根,'约定俗成',而惯例又往往对公然偏离它的举止表示不赞同"①。

第三节　罪行法定视域下的少数民族民俗习惯适用

少数民族民俗习惯作为我国少数民族地区维护社会秩序,解决矛盾和冲突的民间规则,具有深厚的历史传承、文化根基和生存土壤。它是各民族特有的心理、意识的反映,是构成民族特征的重要方面,也是一个民族的重要标志之一。"这种法律既不是铭刻在大理石上,也不是铭刻在铜表上,而是铭刻在公民内心里,它形成了国家的真正宪法,它每天都在获得新的力量,当其他法律衰老或消亡的时候,它可以复活那些法律或代替那些法律,它可以保持一个民族的创新精神,而且可以不知不觉地以习惯的力量代替权威的力量。"②

罪刑法定是西方启蒙思想的产物,其经典表述是"法无明文规定不为罪,法无明文规定不处罚"。罪刑法定最早可溯源于 1215 年英国的《大宪

---

① ［德］马克斯·韦伯:《经济与社会（上）》,林荣远译,北京,商务印书馆 2004 年版,第 369～370 页。
② ［法］卢梭:《社会契约论》,何兆武译,北京,商务印书馆 1980 年版,第 73 页。

章》。①1789 年法国的《人权宣言》明确体现了启蒙思想家孟德斯鸠、洛克等的罪刑法定思想。被誉为近代刑法学之父的德国刑法学家费尔巴哈在其1801 年出版的《德意志普通刑法教科书》中提出了罪刑法定原则。罪刑法定原则的展开最初体现在四个派生原则之中，即排除习惯刑法的原则；禁止刑法类推解释的原则；刑法不溯及既往的原则；禁止绝对不定期刑原则。②随着刑法理论和刑事立法的发展，罪刑法定原则在实践中不断被赋予新的含义。我国 1997 年《刑法》第 3 条对罪刑法定原则作了明确规定："法律明文规定为犯罪行为的，依照法律定罪处刑；法律没有明文规定为犯罪行为的，不得定罪处刑。"我国刑法对罪刑法定原则的表述在内容上不仅包括"法无明文规定不为罪"的传统内容，而且包括"法有规定应为罪"的新增内容，从而异乎其他国家刑法对罪刑法定原则的表述。③显而易见，罪刑法定明确排除了少数民族民俗习惯的适用，少数民族民俗习惯也不符合罪刑法定的基本原则。然而事实远非如此简单，在少数民族地区特别是偏远地区，纠纷的解决呈现出另外一种图景。在罪刑法定大行其道的大背景下，国家制定法与少数民族民俗习惯在实践中互动、冲突、斗争、博弈，"制定法在受到民俗习惯的置换或扭曲之际，民俗习惯本身也将受到制定法的挤压和塑造"。④借用梁治平先生的话就是，"虽然总的来说，这些现象发生在同样的政治背景之下，但在少数民族地区，由于特殊的历史和文化背景，也由于国家政权实行的多少具有特殊性的政策，正式制度与非正式制度之

---

①　马克昌：《比较刑法原理——外国刑法学总论》，武汉，武汉大学出版社 2002 年版，第57 页。

②　［日］大塚仁：《刑法要论》（第三版），东京，成文堂 1984 年版，第 19 页。转引自张智辉：《刑法理性论》，北京，北京大学出版社 2006 年版，第 116 页。

③　陈兴良：《刑法的价值构造》（第二版），北京，中国人民大学出版社 2006 年版，第492 页。

④　杜宇：《重拾一种被放逐的知识传统——刑法视域中"习惯法"的初步考察》，北京，北京大学出版社 2005 年版，第 54 页。

间的互动采取了较为特别的方式"。[①]

一、作为罪刑法定出罪正当化的少数民族民俗习惯

（一）何为"罪刑法定的法内出罪"

法无明文规定不为罪，无论是理论界还是实务界对此并无异议。关键在于，如何理解"法律明文规定为犯罪行为的，依照法律定罪处刑"。陈兴良教授认为，我们过去对罪刑法定概念的理解是片面的。罪刑法定限制的是法官的入罪权，也就是说不能把法律没有规定为犯罪的行为，通过解释判断作为犯罪来处理，但是罪刑法定从来没有禁止法官把一个刑法规定为犯罪的行为通过某种手段把它排除犯罪处理。[②] 因此，虽然法律将某一行为规定为犯罪，但在某一案件中，该行为并无实质上的法益侵害性，对这一行为不认定为犯罪，这并不违反罪刑法定原则。[③] 同时，根据"法无明文规定不为罪"的格言并不能当然推导出"法有明文规定则必定有罪"的结论。有学者对我国《刑法》第 3 条前段的规定提出了尖锐的批评，认为其完全是画蛇添足，应当删除。因为"我国罪刑法定违背了经典罪刑法定原则的含义，不但失却了人权保障机能，反而添加了禁止出罪的社会保护机能。其背后深刻体现了立法者对国家刑罚权的维护，而不是对国家刑罚权的限制。体现了国家本位与权力本位的思想，而不是法治时代个人本位与权利本位的思想"。[④] 对这一问题的解决，可以通过犯罪论的实质化对刑

---

① 梁治平：《乡土社会中的法律与秩序》，载于梁治平：《在边缘处思考》，北京，法律出版社 2003 年版，第 45 页。

② 陈兴良：《刑法方法论论坛实录》，载于梁根林主编：《刑法方法论》，北京，北京大学出版社 2006 年版，第 323 页。

③ 陈兴良：《入罪与出罪：罪刑法定司法化的双重考察》，载《法学》，2002 年第 12 期。

④ 刘艳红：《刑法的目的与犯罪论的实质化——"中国特色"罪刑法定原则的出罪机制》，载《环球法律评论》，2008 年第 1 期。

罚规范和构成要件从实质上进行解释，将刑法虽有明文规定但尚未达到可罚程度的行为排除在处罚范围之外，以建立"有罪不一定罚"的出罪机制，从而实现经典罪刑法定原则以及刑法的人权保障机能。如果行为虽然在形式上触犯了刑法文本的明文规定，但是依据社会相当性、期待可能性的评价而认为其缺乏实质的可罚性和违法性的，则不得以"法有明文规定"为由将之入罪。只有当行为既在形式上触犯刑法法规、该当构成要件，又在实质上具有违法性和可罚性，追究其刑事责任的同时又满足了形式合理性和实质合理性双重诉求的，才能予以入罪处理。因而，当代罪刑法定又具有"法有明文规定未必为罪"的法内出罪处理正当化解释机能，它允许法官根据实质违法性或可罚性的判断，对形式上符合刑罚法规构成要件的行为予以出罪处理。[①] 即某一行为虽然具有严重的社会危害性和实质的可罚性，但如果法律没有明文规定，当然不能作入罪处理，严格禁止法官法外入罪；与此同时，现代罪刑法定原则延伸出的"法有明文规定也可能不为罪"的法内出罪正当化，并不强求法官对"法有明文规定"的行为一律予以入罪，这不仅不违背罪刑法定原则，而是罪刑法定的必然要求。无法无罪无刑，而有法则并不必然有罪有刑。罪刑法定的法内出罪是对犯罪构成要件的一般推定机能的个别化否定，是结合个案具体事实与情境所作的否定性判断，是由入罪而出罪的一个定罪过程。行为符合犯罪构成要件就成立犯罪，这是一种原则状态；符合犯罪构成要件而不成立犯罪，是一种例外情形。出罪机制实现了对表面上符合刑法规定的犯罪构成要件但没有实质的严重社会危害性的行为的非犯罪化处理，符合刑法的理性和对自由的保护理念。

这样处理也符合刑法的谦抑性要求，即"刑法应依据一定的规则控制处罚范围与处罚程度，即凡是适用其他法律足以抑止某种违法行为、足以保护合法权益时，就不要将其规定为犯罪；凡是适用较轻的制裁方法足以

---

① 　梁根林：《罪刑法定视野中的刑法合宪审查》，载《法律科学》，2004 年第 1 期。

抑止某种犯罪行为、足以保护合法权益时，就不要规定较重的制裁方法"①。
同时，这种出罪判断也与"社会相当性"阻却违法理论暗合。"社会相当
性"阻却违法理论认为，社会人既然生活在历史形成的既定社会伦理秩序
之中，一般而言，人的行为就不可能超出社会生活常规和社会通常观念容
许的范畴。因此，符合这种秩序的行为，不应规制为违法或犯罪行为，应
阻却违法。即"对于某些在通常情形下本属于违法的法益侵害或危险行为，
只要该行为符合历史形成的国民共同体秩序而与社会生活相当，就应否定
该行为违法性的理论"。②

（二）罪刑法定的少数民族文化场域

法律是文化的产物，也是文化的重要组成部分，在本质上是一种特
定的文化符号。少数民族民俗习惯作为少数民族法文化的一个链条和环
节，其运作依赖于一整套文化定义，将其还原于所赖以生存的社会和文化
背景之中，才能正确地认识它。英国人类学家泰勒在 1871 年出版的《原
始文化》一书中，首次把文化作为一个中心概念提了出来，并作了如下系
统表述："文化就其广泛的民族学意义来说，是作为社会成员的人所习得
的包括知识、信仰、艺术、道德、习俗以及任何其他能力和习惯的复合
体。"③作为"人类生活样法"（梁漱溟语）的文化，在少数民族民俗习惯
中体现着民族文化的传承、流变与力量。梁治平主张用文化解释法律，用
法律来阐释文化。他认为法律"是在不同的时间、地点和场合，由不同的
人群根据不同的想法创造出来的。人在创造他自己的法律的时候，注定在

①　张明楷：《论刑法的谦抑性》，载《法商研究》，1995 年第 4 期。
②　于改之：《社会相当性理论的体系地位及其在我国的适用》，载《比较法研究》，2007 年
第 5 期。
③　[英] 泰勒：《原始文化》，转引自林耀华：《民族学通论》，北京，中央民族大学出版社
1997 年版，第 382 页。

其中贯注了他的想象、信仰、好恶、情感和偏见……发自人心的法律同时表达了特定的文化选择和意向，它从整体上限制着法律（进而社会）的成长，规定着法律发展的方向"①。虽然少数民族民俗习惯适用的社会结构和经济基础已经发生了根本变化，但是作为民族文化遗存，少数民族民俗习惯则以内在的、潜移默化的方式制约和规范着特定民族个体的行为，它不像政治经济那样直接和强烈，但更为持久和稳定，可以超越时代、超越政治经济体制左右人的行为。少数民族民俗习惯深深根植于人们的民族精神、传统观念和社会生活之中，是一种"文化无意识""心理习性""塑造习惯的力量"，②为特定的群体所选择、共享、传承和发扬，经过长时期的积累和实践，形成国家法之外的非正式制度。少数民族民俗习惯群体认同感强、权威性高、与日常生活场景更为接近和直接，人们耳濡目染地确知它赞成与认可什么、反对与禁止什么，为人们提供了必不可少的指南。作为社会生活的基本规范，它代表了特定地域的特定民族在特定情境下的普遍反应与预期。英国人类学家马林诺夫斯基曾经指出："法学也正逐渐地倾向于不再将法律看作自立自足的话语世界，而是看作几个社会控制系统之一，其中除了由法典、法庭、警察组成的纯正式设置之外，还必须考虑动机、价值、道德和习俗力量的概念。"③在少数民族这个特殊的语境中，由于传统和文化的巨大差异和阻隔，制定法的规定无法被特定的少数民族认同和吸收，民俗习惯的正义也不完全符合制定法的理念。他们生活在特有的地域性规则体系、生活场景和知识传统中，行为符合当地社会的伦理和生活秩序就会被人们期待和认同，其正当性与合理性因而也毋

---

① 梁治平主编：《法律的文化解释》，北京，生活·读书·新知三联书店1998年版，第54页。

② ［美］戴维·斯沃茨：《文化与权力——布尔迪厄的社会学》，上海，上海译文出版社2006年版，第117页。

③ ［英］马林诺夫斯基：《科学的文化理论》，黄建波等译，北京，中央民族大学出版社1999年版，第30页。

庸置疑。因此，对于少数民族地区的违法犯罪行为的处理和认定，也应将其置于特定民族性、地域性的时空环境下对其行为属性全面考量，考察其是否符合民俗习惯和日常生活逻辑及其是否具有实质的社会危害性，而不是仅仅依据国家法的框架当然地定罪量刑。作为"自生自发"的地方性知识，少数民族民俗习惯有其特殊的公平正义观念和分类体系，研究少数民族民俗习惯不能脱离民族法文化背景。从文化唯物主义立场出发，以"他者的眼光"同情地理解，才能准确把握民俗习惯的内涵和价值，对之进行合理的解释，避免先入为主的偏见和自我中心主义可能导致的误读。

二、基层刑事司法过程中的少数民族民俗习惯

（一）少数民族民俗习惯的生机与活力

以罪刑法定为基础的刑法原则，明确排斥民俗习惯，严格禁止民俗习惯的适用。但是，少数民族民俗习惯并未因此而完全退出历史舞台，只是由台前退到了幕后，少数民族民俗习惯至今仍然在不同程度地制约和规范着少数民族群众的社会生活。

严格的罪刑法定原则使刑事案件中民俗习惯的运用更为隐蔽、复杂和敏感。我国《刑法》第 90 条明确规定民族自治地方不能全部适用刑法的，可以制定变通规定，然而时至今日，没有任何一个民族自治地方就刑法变通制定地方性立法。国家正式法律文本的缺失与不足，致使民族地方的刑事司法纠纷不得不在很多情形下求助于为当地人们耳熟能详且行之有效的民俗习惯，民俗习惯也得以用这样或那样的方式顽强地表现出自己的生机与活力，从而在司法实践中巧妙地完成了事实上的"刑法变通"。"尽管当代中国制定法对习惯采取了某种贬抑，有时甚至是明确予以拒绝的态度，但在司法实践中，习惯还是会顽强地在法律中体现出来，对司法的结果产

生重大影响，实际上置换或改写了制定法。"① 而国家正式法律制度供给的不足，在客观上抑制了民间对国家法律的需求，从而导致民族自治地方尤其是社会变迁缓慢、传统延续强的偏远民族地区对民俗习惯的依赖性进一步增强，民俗习惯仍有其生存的土壤和具体适用的广阔空间。

　　有学者经过深入调查和分析研究后认为，民俗习惯的功能与作用，从过程看，体现在刑事纠纷进入正式司法系统之前的调解、立案、公诉及审判等各个阶段，贯穿整个刑事纠纷解决程序的始终；从范围看，民俗习惯则在自力救济、婚姻家庭、赔偿命价等领域表现得极其有力；从结果看，体现为民俗习惯对正式刑法制度施加或显或隐的重要影响，甚至在实际上置换和改写了制定法。民俗习惯不但在刑罚裁量上举足轻重，有时甚至对犯罪的成立也发挥重要影响；从方向看，在定罪上民俗习惯主要是沿着出罪化的方向发挥影响。换言之，民俗习惯中的合理性往往成为一种正当理由，逼迫和挤压严格的制定法逻辑，使一起本来意义上的制定法犯罪被转化为非犯罪处理。②

　　这种以少数民族民俗习惯对特定案件进行出罪处理的情况在少数民族地区基层刑事司法实践中较为常见。③ 例如在藏区某县某村发生的一起造成严重后果的草场纠纷案件中，最终的处置采取了由政府主导的经济赔偿方式，当地官员和群众都认为这种经济赔偿实质上与传统民俗习惯中的"赔

---

① 苏力：《送法下乡——中国基层司法制度研究》，北京，中国政法大学出版社 2000 年版，第 240 页。

② 杜宇：《当代刑法实践中的习惯法：一种真实而有力的存在》，载《中外法学》，2005 年第 1 期。

③ 更多的研究成果可参阅《少数民族特殊案例分析》，贵州省人民检察院研究室编，1988 年未刊稿；梁治平：《乡土社会中的法律与秩序》，载于王铭铭、王斯福主编：《乡土社会中的秩序、公正与权威》，北京，中国政法大学出版社 1997 年版；杜宇：《重拾一种被放逐的知识传统——刑法视域中"习惯法"的初步考察》，北京，北京大学出版社 2005 年版；方慧主编：《少数民族地区习俗与法律的调适》，中国社会科学出版社 2006 年版；张济民主编：《渊源流近——藏族部落习惯法法规及案例辑录》《诸说求真——藏族部落习惯法专论》，西宁，青海人民出版社 2002 年版；等等。

命价"和"赔血价"名异实同。如果政府部门坚持用国家法处理这起纠纷，虽然在法律上、政治上"正确"，维护了国家法权威，但是难以起到化解矛盾的社会效果；如果采取传统民俗习惯的调解方式，虽然可以平息纠纷，但在法律适用上"有误"，违背了国家法的"统一性"要求。更令政法部门担心的是有可能造成多米诺骨牌效应，其他法律纠纷中的当事人也纷纷效仿，提出用民俗习惯方式调处的要求。因此，政法部门尽可能低调处理裁决结果，同时制造完美的法律文本给自己留下后路。如在关于处理双方纠纷文本的次要位置强调对于凶手要"继续侦破"，而实际上这不过是裁决文本制作上的技巧而非实质性要求。① 在类似的情形下，一些本应由刑法调整的案件转而由乡土社会中的权威人士按照族规民约加以处理，从而使本来为制定法意义上的犯罪行为转化为非犯罪行为，致使国家制定法缺席。在适用和解释法律的过程中，司法人员不可避免地考量和注重当地的民族特色与地方性背景，挖掘制定法背后的"本土资源"，于是就出现了刑事案件降格为一般违法案件，刑事案件消解成民事调解和赔偿案件，或因"情节特殊"不予立案，或是"事出有因"不予追究刑事责任。在适用法律的过程中，严格执法甚至会带来很大的负面作用和消极影响，基层法院的法官因而灵活地在国家法与少数民族民俗习惯之间进行某种平衡与妥协，巧妙地将少数民族习惯、乡土正义观与国家制定法结合在一起。民俗习惯在司法人员拥有自由裁量权的回旋空间和活动余地内得到消化，在现行规则体系的边缘和缝隙中找到了自己略显尴尬的位置。事实上，基层法官巧妙地规避了可能运用的制定法及由此导致的制定法缺席，事实上这更大程度上缘于制定法本身的不足。法律不是抽象的条文，它必须立基于社会生活之上，与本土文化和传统相适应。特定的民族文化立场和观念对于这种文化

---

① 扎洛：《社会转型期藏区草场纠纷调解机制研究——对川西、藏东两起草场纠纷的案例分析》，载《民族研究》，2007 年第 3 期。

环境中的法律发展方向及其运作起着某种程度的决定作用，并顽强地抗拒与其不相适应的法律原则和制度。如青海藏区"赔命价"现象的回潮，就有其深层的文化因素。[①]藏族聚居区基本信奉藏传佛教，而藏族"赔命价"民间规则的制定和适用均与藏传佛教有关。藏传佛教教义"灵魂不死""生死轮回"的观念使藏族民众对国家法关于"杀人偿命"和国家公权干预的正义公平观有着相对不同的观念和救济方法。在藏族民众看来，生命因业力而轮回，灵魂可以投胎再生，所以使杀人者偿命，徒增杀生的罪孽，并不能实现他们要追求的"公平"和"正义"，"赔命价"不仅可以免除杀生的罪孽，可以使生者的生存状况有所改善，更重要的是可以使死者得到超度，可以使双方得以和解，根除和避免复仇。[②]习惯规则的背后蕴含着深刻的民族心理、宗教信仰和历史传承。

在民族地区的基层司法实践中，不同形态的民俗习惯以不同的方式和路径迂回曲折地进入纠纷解决和刑事司法过程，这虽然不符合制定法的逻辑以及主流与传统的刑法理论，但确是一种真实而有力的存在。

（二）入罪的绝对禁止与出罪的可能依据

罪刑法定并非一成不变的，罪刑法定的内容和价值也在随着社会的变迁而不断丰富和发展。从古典时期绝对的罪刑法定发展为近现代的罪刑法定，即从完全取消司法自由裁量权发展至限制自由裁量权；从完全否定类推到允许排除违法性、减轻或免除刑罚中有利于被告人的类推解释和适用；从机械、僵化的形式主义至罪刑法定实质性解释的复归。当代罪刑法定的理念，已经将从前的形式侧面（法律主义、禁止溯及既往、禁止类推解释、禁止绝对的不定刑与不定期刑）与实质侧面（刑法的明确性、禁止处罚不

---

① 杨方泉：《民族习惯法回潮的困境及其出路——以青海藏区"赔命价"为例》，载《中山大学学报》（社会科学版），2004 年第 4 期。

② 淡乐蓉：《藏族"赔命价"与国家法的漏洞补充问题》，载《中国藏学》，2008 年第 3 期。

当罚的行为、禁止不均衡的、残虐的刑罚）有机地结合起来，使罪刑法定原则从形式要求和实质要求两个层面和向度上得到全面界定，从而更好地体现尊重人权的价值取向。[①] 司法是适用法律的过程，是案件事实与法律具体条文耦合的过程，也是司法正义的最后一道防线。罪刑法定只有在司法过程中才能得以实现。罪刑法定的自我完善与文化意蕴为少数民族民俗习惯的司法运用提供了空间和可能。罪刑法定的形式解释与实质解释在关涉少数民族民俗习惯的适用过程中体现着不同的价值和功能。形式主义解释沿着禁止民俗习惯入罪的方向展开，法无明文不为罪。构成要件是犯罪行为的形式框架，对构成要件应进行形式的、字面的解释，法官在构成要件符合性的判断上只能是形式的、抽象的，排除法官实质的、价值的判断。在入罪问题上，必须采取严格的成文法主义，对于犯罪和处罚，须以成文法律规范为依据。基层刑事司法实践不能迎合和纵容民俗习惯，对责任人以民俗习惯为依据进行犯罪处理，而从形式理性出发，严格排除民俗习惯入罪，民俗习惯认为是犯罪而法律没有规定的，当然不构成犯罪。另外，罪刑法定的实质解释认为，对犯罪构成要件的判断不可能是形式的、价值无涉的，而是应从处罚的必要性与合理性角度来判断某种行为是否符合构成要件，实质的罪刑法定解释可以在特定情形下以民俗习惯作为判断标准，将某些构成制定法上的犯罪行为以出罪处理。例如，很多少数民族都有穿金戴银的传统，生产、买卖黄金、白银饰品是自然而然的事情，但是如果不考虑该民族长久形成的生产生活方式和民俗习惯，这些行为可能就触犯了《刑法》第 225 条规定的"非法经营罪"。某些少数民族地区保留有传统的恋爱习俗，例如广西金秀县的瑶族往往通过唱山歌等方式实现沟通，在民族节日或者传统社交活动中，某些少数民族男青年摸弄、搂抱女青年，甚至采取追赶、撬门等方式追求女青年，对女青年有一定程度的猥亵行为，

---

① 　张明楷：《刑法格言的展开》，北京，法律出版社 1999 年版，第 22～21 页。

某些情况下带有强制性。如果不顾及民族特点和习俗，不加变通地认定这些行为构成《刑法》第 237 条规定的"强制猥亵、侮辱妇女罪"，显然违背了立法的宗旨。在罪刑法定的框架内，形式主义解释消除了以民俗习惯入罪的危险，实质解释则可以将形式上符合犯罪构成要件但在特定的民族地方不具备严重社会危害性的行为予以非犯罪化处理，契合了罪刑法定的人权保障功能。

必须强调的是，任何实质解释都不能将某些民族地区依民俗习惯具有严重社会危害性的行为予以处罚，在任何情形下都不能以民俗习惯为依据进行入罪处理，这也是罪刑法定的底线。"所谓'排斥民俗习惯'，并不是一味排斥民俗习惯，而只是在入罪加刑上排斥民俗习惯。即禁止将民俗习惯作为刑法的直接渊源，禁止直接根据民俗习惯将一种行为定罪量刑。"[①]失去了这一底线，随意以民俗习惯出罪入罪，罪刑法定也就毫无存在的必要和价值了。任何法律都无法涵盖所有的社会生活，解决所有的社会问题，刑法典不可能将社会上的一切危害行为包罗无遗，罪刑法定原则也非完美无缺、无懈可击。例如，发生在凉山地区的一种普遍而独特的社会现象——"死给"，国家法对其即使不是无能为力，至少也是难以完美解决的。"死给"是"死给某人"的简称，通常情况是"死给者"通过一种目的性的、对象明确的自杀，让对方——"被死给者"对自己的死亡负责。这种按国家法的逻辑看来仅仅是自杀的行为，却往往导致严重的后果、引起错综复杂的争端。因为人们绝不会将"死给者"的行为视为自己负责的自杀，相反，在某种程度上，"被死给者"就是杀人犯。"死给"案正是在凉山彝族地区特殊的历史文化中产生的特殊法律现象。脱离开彝族文化来审视"死给"是荒谬而不可理喻的，而走入"死给"案发生的文化环境中，

---

① 杜宇：《重拾一种被放逐的知识传统——刑法视域中"习惯法"的初步考察》，北京，北京大学出版社 2005 年版，第 177 页。

它又显得如此合乎逻辑和顺理成章。[①] 与国家法律的分类观念明显不同的是，在凉山彝族看来，导致他人采取自杀行为的人是案件的责任人，甚至在某种意义上讲是杀人的凶手，因此"死给"并不是一种单纯意义上的自杀，而是命案的一种。导致"死给"案的人即是杀人凶手，需要负"法律责任"，这完全符合当地民族的伦理、道义和习惯规则，以当地人的眼光，责任人具有实质的社会危害性和可罚性，然而自杀者与相对人并无国家制定法——刑法上的因果关系，不具有形式违法性。国家法针对"死给"案的立场与民俗习惯的精神在此截然对立、泾渭分明。在凉山彝族文化情境中，刑事制定法不能因"被死给者"的"实质违法性"对其定罪量刑，而对"死给"案发生之后必然导致的破坏财产、赔偿命价等行为，即使它符合刑法的敲诈勒索、破坏财物等犯罪构成要件，对其处理也要慎之又慎。在目前的情境下，无论是国家法还是民俗习惯都无法为"死给"案提供完美的解决方案，即使民俗习惯再符合当地人的正义观念和伦理道德，也不能以其作为入罪的依据。为了在防止司法擅断和恪守罪刑法定之间、在个人权利保障和社会利益的维护之间达到一种动态的平衡，这也是罪刑法定的一种不得已的代价和"必要的丧失"。因为"人类的一切制度必是有得有失的，企图实践一种无代价的制度，必将付出更大的代价"[②]。两害相权取其轻，坚持罪刑法定所付出的代价远比罪刑擅断可能带来的危险小得多。

在社会急剧转型过程中，竭力避免国家法与民俗习惯的尖锐对立和冲突所可能导致的秩序真空，比适当地以民俗习惯为标准"放纵"一些国家法意义上的犯罪，意义要深远得多。生活塑造了法律，法律也应引导人们走向正义和优良的生活。随着社会的不断发展，地处偏远、经济落后的少数民族地区也不断从封闭走向开放，社会成员的价值观和世界观也会逐渐

---

① 陈金全：《西南少数民族习惯法研究》，北京，法律出版社 2008 年版，第 350 页。

② 郑也夫：《代价论：一个社会学的新视角》，北京，读书·生活·新知三联书店 1995 年版，第 149 页。

改变。在这一转变过程中，对民俗习惯要因势利导，吐故纳新，使之融入更多民主和谐平等的现代法治精神，而以法律强行改变根基深厚的民俗习惯，其效果可能适得其反，事倍功半。

（三）司法能动性下的少数民族民俗习惯

司法过程就是认定事实、适用法律的过程，是法官发挥主观能动性沟通事实和法律的过程。司法能动性是指司法机关在处理具体争议时，除了考虑法律规则以外，还要考虑具体案件的事实、法律原则、案件的社会影响、道德、伦理、政策等因素，在综合平衡的基础上作出最后的决定。[①] 对于少数民族群众犯罪，从立案、公诉、定罪和量刑诸环节均应考虑到民族在政治、经济和文化上的特点，综合考量案件的基本事实、性质、情节以及对于社会的危害程度；考虑其行为是否与民族的生产生活方式和民族风俗习惯、宗教信仰有直接联系；考虑实施危害行为的少数民族公民是否长期生活居住在民族自治地方范围内等。只有将这些情况综合起来全面研究，具体案件具体分析，才能作出正确判断。如果眼里只有卷宗，手中只有法条，那就难以符合民族地方的客观实际，执法的后果往往会背离立法的精神，司法的社会效果也会大打折扣。刑法典的不完善和刑法变通文本的缺失致使少数民族地区个案公正的实现存在着威胁，机械而僵化地适用法律无法满足具体社会生活需要。司法不是自动售货机，一边输入事实和法律，另一边输出判决。因而司法人员需要秉承一定的法律价值，遵循一定的法律原则，创造性地适用法律，灵活地选择法律方法，积极回应民族地区的社会、经济、文化等需求。英国大法官丹宁勋爵明确主张，法官要积极参与法律改革，而不能把改革仅仅看成是国会的事，法官只是执行法律而已。法律就像是一块编织物，用什么样的材料来编这块编织物是国会的事，但

---

① 　周汉华：《论建立独立、开放与能动的司法制度》，载《法学研究》，1999 年第 5 期。

这块编织物不可能总是平平整整的，也会出现皱褶，法官当然"不可以改变法律编织物的编织材料，但是他可以把皱褶熨平"①。"法官适用法律包括刑法从来都不是被看作仅仅依据规则就可以得出判决的逻辑系统，亦不被看作一个完美无缺的概念结构，而是重视以立足于规则之上、但求助于实质正义、社会经验和当下情境来形成判断。"② 少数民族居民生活在特定的社会伦理秩序中，其遵守民俗习惯的行为就符合了这一秩序，法官应充分尊重少数民族的民俗习惯，即使民俗习惯不完全合乎法律精神，也应灵活处理。③ 有学者主张，国家制定法规定为犯罪的，在少数民族民俗习惯中不认为是犯罪的，且这种行为在民族地区不一定具有严重的社会危害性，不一定带来什么危害后果的，那么对这种行为就不宜按犯罪论处。有些行为，按国家制定法规定为重罪，但民俗习惯却认为是轻罪的，国家司法执行机关就不必一定囿于国家法律条文规定，对违法犯罪分子可从轻或减轻处罚。④

　　在刑事司法中，民俗习惯扮演着构成要件解释源、违法性判断参照、有责性判断参照以及量刑参照等诸多重要角色，⑤ 民族地方基层司法人员既要释放法律文本的意义，又要用法律思维方式对事实进行分析，更多地考虑文化背景和民族特点，释放出事实的法律意义，承担起理性与正义的守护之职，避免导致行为上的本本主义和司法上的教条主义。

---

① ［英］丹宁勋爵：《法律的训诫》，刘庸安译，北京，法律出版社1999年版，第12页。

② 刘艳红：《走向实质解释的刑法学——刑法方法论的发端、发展与发达》，载《中国法学》，2006年第5期。

③ 徐清宇、周永军：《民俗习惯在司法中的运行条件及障碍消除》，载《中国法学》，2008年第2期。

④ 高其才：《中国少数民族习惯法研究》，北京，清华大学出版社2003年版，第298～299页。

⑤ 杜宇：《重拾一种被放逐的知识传统——刑法视域中"习惯法"的初步考察》，北京，北京大学出版社2005年版，第264页。

第四节 甘肃东乡族刑事习惯法特征变迁的实证分析

新中国成立后的一段时间，中国的刑事立法工作一直没能完全顺利地展开，只是为了配合当时开展的一些"镇反""三反""五反"运动，中央政府先后在1951年和1952年颁布了《中华人民共和国惩治反革命条例》《中华人民共和国惩治贪污条例》等单行法规，总的来看，党和国家制定的相关刑事政策是现实司法实践中重要的参考凭证。改革开放后，我国的刑事立法工作得到了较大发展，其中最重要的表现就是1979年《刑法》的颁行，这为我国刑事司法工作的开展提供了权威依据。1997年《刑法》的颁布以及随之进行的多次修正，使得我国刑事立法全面进入了一个新的不断迈向国际化的阶段。然而，在国家刑事立法进程之中，同样起到规制成员行为、稳定社会秩序作用的当代少数民族刑事习惯法一方面在牢牢固守传统，另一方面也不断吸收着与时俱进的国家刑事法内容。

为了能对少数民族刑事习惯法在国家刑事立法进程中所呈现出的特征变迁有实证了解，2011年11月至2012年9月间，笔者曾多次赴甘肃东乡族地区展开田野调查。以这些田野调查资料为基础，结合刑法学理论及实践，以当代国家刑事立法的三个阶段为时间参照，意欲分析并总结出东乡族刑事习惯法在各个阶段所呈现出来的特征变迁，最终期盼能为东乡族未来的刑事习惯法研究提供一个可以参照的历史样本。

一、国家刑事立法萌芽期的东乡族刑事习惯法——封闭与保守

新中国成立之初，由于当时的政治、经济环境都异常复杂，如何稳定新生政权成了第一代领导集体面对的现实问题，基于当时国内反革命势力

尤为猖獗，破坏活动时有发生，中央政府在镇压反革命的浪潮中投入了大量精力，导致包括刑事立法工作在内的各项立法都未能完全充分地开展起来。各种各样的犯罪层出不穷，但却一直处于对犯罪分子无法可依的尴尬境地，与此相关的国家刑事法制工作也尤为混乱。

党的各项刑事政策成了当时各地司法、执法的重要依据，在实质上充当了那个年代的"刑法典"。但是政策是不稳定的，有时候又是因地区而异的，这就导致全国不同地区执法"各自为政"，这种状况一直持续到1979年《刑法》颁行前。

与国家司法实践无法可依的情况相对照，当时东乡族地区的司法人员却还维持着依据传统习惯法进行司法的实践逻辑，举凡关涉民事、刑事领域的"违法"行为，基本都是通过东乡族习惯法来"内部"解决的。

虽然在田野调查中，没有找到那个时代关于东乡族刑事习惯法适用的档案材料，但是通过东乡族自治县锁南镇锁南村八十多岁的老干部马志祥讲述的一个真实案例，还是能够体会到那个时代的"司法"状况的。

1954年的夏天，河滩乡的马向成因为偷了堂兄马文杰家地里的洋芋，被马文杰抓到，马文杰将马向成送到了乡政府要求对其惩罚。乡政府干事接手此事后，首先进行了调解，希望能大事化小，但由于那个年代实在太穷了，洋芋就是一家的命，大家都基本吃不饱。马文杰坚决认为必须惩罚马向成才公平，这也使得调解无效。随后，乡政府干事找来他们"哲玛其"的"族老""阿訇"，并将当事人召在一起商量怎么解决。大家一致认为应按照东乡族习惯法来处理，对于偷窃行为要处以"游街"。最后，马向成被处以"游街"，并写下保证下次不再犯的字条。那个时代，不管是国家司法干部还是村里的族老、清真寺的"阿訇"，在裁断纠纷时，都是完全依照东乡族的习惯法来处理的，东乡族习惯法和国家法基本没什么关系。①

---

① 马志祥访谈录，2011-11-12。

与马志祥老人通过对典型案例的讲述来认识当时的东乡族刑事习惯法不同，在东乡族自治县北岭乡司法所，常年从事东乡族习惯法研究的马所长从实践与理论两个方面对东乡族刑事习惯法的特征进行了说明：

那个年代我虽然没有经历过，但听我"阿太"（东乡语，意为曾祖父）说，在新中国成立之初，我们东乡人对于东乡族传统的刑事习惯法是特别尊重的，什么都按习惯法来处理，习惯法里基本都是我们东乡族的民俗、习惯，不会有什么国家法内容包含在内。比如，村中有人犯了盗窃罪，按照我们的习惯法，首先要让盗窃的人赔偿损失，然后还要带他去附近清真寺的"阿訇"那里忏悔。当然，还有一些盗窃数额特别大的，往往除了赔偿、忏悔之外还要"拉羊上门"，请村中邻里吃一顿，以让大家看到他的改过。国家法怎样规定的，大家基本都不知道。①

相较于上述二位对于新中国成立初期东乡族刑事习惯法与国家刑事立法间关系的讲述，检察官汪翠霞的分析更为细致：我认为我们东乡族刑事习惯法也好，民事习惯法也好，要分清楚适用区域。像县上与农村，同样都是东乡族，县上人的法律意识要强不少。你知道，我们东乡这个地方山又高、沟又深，当时出一趟村子往往要花上一天的时间。再加上大家都信仰真主"安拉"，只有"安拉"是这个世界上最公正的，这些都让那个时代国家法的那些东西很难进入咱们东乡人的脑中。何况，那时国家还没有真正的刑法，定罪也没个啥标准，民众的知识水平有限，就是想借用一下国家刑事政策，也不知道该借哪个啊。哎，怎么说呢？我就是觉得那个年代我们东乡族处理犯罪的那些习惯法就是他们唯一的选择。②

从司法实践的层面来审视，那个年代的东乡族纠纷解决完全是以东乡族刑事习惯法为渊源的。究其根本，新中国成立初期东乡族地区生产方式

---

① 马强成访谈录，2011-11-12。
② 汪翠霞访谈录，2011-11-14。

落后、经济基础薄弱，使得东乡族刑事犯罪种类不多，主要就是盗窃罪、抢劫罪、私通罪、酗酒罪等，而对这些犯罪行为的处罚基本可在真主"安拉"的启示（主要表现为《古兰经》）中找到答案。此外，从外部原因来看，交通不发达，与外界联系不多，文化交融程度不高，使得东乡族的刑事习惯法难以与"国家法"有所交汇，何况当时整个国家的刑事立法还没有形成气候。

二、国家刑事立法起步期的东乡族刑事习惯法——契合与兼容

1979 年 7 月 1 日，第五届全国人民代表大会第二次会议通过了我国第一部《刑法》，并于 1980 年 1 月 1 日起正式施行，它结束了新中国成立后我国刑法无成文法典的历史，开创了一个崭新的刑法典时代。

但是，就东乡族刑事习惯法这一特殊的民族刑事法文化而言，伴随着此一阶段所呈现出来的国家刑事立法情形，它不再坚持"封闭与保守"这一传统特征，而是不断显现出与国家刑事立法的"契合与兼容"之势。这其中除了东乡地区经济水平的不断提高以及基础交通的渐进改善，使得其与外界的交流日益频繁外，还有两个理论层面的原因值得关注：一是刑事立法的成文规定使得东乡族刑事习惯法与国家法之间的契合有了可依之本；二是"两少一宽"的刑事政策为演进中的东乡族刑事习惯法提供了兼容的实践空间。具体言之如下。

1979 年《刑法》第 80 条规定：民族自治地方不能全部适用本法规定的，可以由自治区或者省的国家权力机关根据当地民族的政治、经济、文化的特点和本法规定的基本原则，制定变通或者补充的规定，报请全国人民代表大会常务委员会批准施行。这是我们国家首次以刑事立法的方式对少数民族地区刑事立法变通权的确认与肯定，从在东乡族地区的实证调查

得到的结果来看，虽然当时东乡族地区并没有在立法实践中真正行使这项变通权。但是，这一规定还是对当时东乡族刑事习惯法的特征变迁产生了重要影响。首先，它在一定程度上对于东乡族的刑事习惯法的特殊性予以了肯定；其次，它在一定程度上为当时的刑事司法工作指明了方向。至少司法人员在实际司法过程中会较为注重东乡族的刑事习惯，开始注重并寻找国家成文法与东乡族传统刑事习惯法之间的契合点。东乡族北岭乡司法所的马文强举了个例子。1979 年《刑法》第 182 条规定：虐待家庭成员，情节恶劣的，处 2 年以下有期徒刑、拘役或者管制。犯前款罪，引起被害人重伤、死亡的，处 2 年以上 7 年以下有期徒刑。第一款罪，告诉的才处理。在该规定还没出来之前，东乡族的刑事习惯法中关于虐待家庭成员的行为，一般会给予训诫、鞭打，严重的往往会将其赶出"哲玛其"。但是在《刑法》颁行后，东乡族司法人员在审理同类案件时，首先会以国家法的相关规定为依据，适当考虑"哲玛其"成员的意见，综合权衡后再处以犯罪行为人刑罚。这样的处理方式，既体现了对于国家法的尊重，又体现了对于东乡族习惯法的认可，真正实现了两种"法"的结合。[1] 关于东乡族刑事习惯法在 1979 年《刑法》颁行后，受其直接、间接影响而表现出来的特征变迁，东乡族自治县法制办公室的汪副主任给予了充分肯定：早在 20 世纪 80 年代初期，我们县法院恢复时，就针对新中国成立后一段时间以来的冤案、错案进行复查。之所以对这些案子进行复查，一方面是因为刑法典颁布了，我们就有法可依了；另一方面主要还是当时这些案子中有不少是按照东乡族的民俗、习惯来处理的，但是又明显不符合国家（刑法典）的规定。刑法典的颁布，使得我们东乡族的不少刑事习惯法都在改变，比如，以前在我们东乡不少地方，强奸不会被认为是严重的违法行为，在一些边远地区，如河滩乡、董岭乡就发生过这样的事情，一个男娃娃（男孩）强

---

[1]　马文强访谈录，2011-11-16。

奸了一个女娃（女孩），女方家知道了，也不来法院告他，这主要是因为那啥呢，还不是因为咱们东乡族重视"家庭观念"，觉得一旦将这些事都说出来，不仅"阿太"（曾祖父）、"阿爷"（爷爷），就连"巴巴"（叔父）、"阿哥"（哥哥）也都觉得是给"家伍"丢脸了。作为男娃娃那边家里人，他们知道了这件事，都是按照东乡族的习惯法，要么赔偿，要么就把那个女娃给娶了。但是从 80 年代中后期开始，在东乡族的民俗习惯中也渐渐将强奸作为一种"违法"行为来看待了，要将犯罪人赶出村子。①

1984 年初，彭真委员长在一次讲话中提到：对于少数民族中的犯罪分子在处理上一般要从宽。1984 年中央 5 号文件上也提到，对于少数民族中的犯罪分子要坚持"少捕少杀"，在处理上一般要从宽。处理从宽包括司法上的从宽和刑事立法上的从宽。在刑事司法上的从宽，包括刑事诉讼程序上从宽、定罪上从宽、量刑上从宽和刑罚执行上从宽。② 无论是从定罪方面来看，还是从配刑方面来看，东乡族的刑事立法与司法都有着若干"从宽"的权力，这个具有较为模糊色彩的"从宽"规定为东乡族刑事习惯法与国家刑事制定法之间的契合创造了一定的空间，为国家刑事立法渗入东乡族习惯法以及在司法实践中司法人员更好地运用东乡族刑事习惯法提供了制度保障。

三、国家刑事立法发展期的东乡族刑事习惯法——开放与转型

1997 年《刑法》的颁行以及紧随其后通过的 12 个刑法修正案使得我国的刑法典更加具有国际性、开放性。通过田野调查可看出，1997 年《刑

---

① 汪文武访谈录，2011-11-18。

② 马克昌：《中国刑事政策学》，武汉，武汉大学出版社 1992 年版，第 428 页。

法》的颁行以及其后表现出来的现代趋向对于东乡族刑事习惯法有着很大的影响。其影响主要表现在如下两个方面：一是东乡族刑事习惯法在保留自己基本"特质"的同时，随着现代刑事立法的发展而大力吸收其适于自己发展的内容，其中包括许多新型犯罪的吸收，如走私、贩毒罪等；二是相较于现代刑事立法中对罪刑法定原则及其他相关原则的强调，东乡族刑事习惯法中的不少传统理念也实现了合理转型，对于罪与非罪的界定比以前更加科学化、理性化。

在东乡族自治县春台乡司法所工作三年多的大学生干部小李对于当下东乡族的刑事习惯法与国家法之间的关系谈了自己的看法：前年下边村里，有一个年轻人将毒品带回来，并准备带到兰州去转手，后来被他的"尕舅子"（东乡语意为妻弟）发现了，"尕舅子"认为这是犯罪行为，就向县上公安局报案了，后来这个准备贩卖毒品的年轻人也受到了应有的处罚。走私、贩卖毒品的社会危害很大，乡里邻里大多比较谨慎，以前大家不知道贩毒是犯罪行为，但是现在就是在东乡族习惯法中，对于贩毒者往往都要将其直接驱逐出"哲玛其"，然后再送到公安局。①

此外，在中国刑事立法不断迈向国际化的过程中，许多现代刑法理念也不断渗入东乡族民众的脑中，如罪刑法定原则、证据规则等。这对于东乡族刑事习惯法的转型间接起到了一定的推动作用。比如，就"酗酒是否是犯罪行为"这一问题，在东乡族自治县河滩乡访谈几位年轻人时，其中两位的回答具有一定的代表性：我们东乡族都信仰伊斯兰教，《古兰经》里是规定不准喝酒的，按照咱们东乡族习惯法，喝酒是要受到一定惩罚的。但是，现在我们一些年轻人在一块儿的时候，为了热闹，偶尔也会喝点酒。国家法律中对于喝酒好像没有什么处罚吧，感觉我们东乡的很多民俗、习

---

① 李朝建访谈录，2012-7-10。

惯都变了，变得慢慢和国家的规定差不多了。① 作为一个虔诚的穆斯林是绝对不能碰酒的。但是，现在有很多人喝酒，其他人也都觉得没啥，大家的观念都变了，有时候家里年纪大的人会说几句，毕竟也没听说国家会对喝酒多的要惩罚啊，关键还是靠自己去约束。我觉得现在我们东乡的民俗、习惯慢慢都把国家的规定给吸收进来了。②

当代东乡族刑事习惯法一直以其独立、保守以及契合、兼容之姿态在历史的长河中不断发展，现今，在面对全球化背景下经济、政治、文化一体化不断加速的趋势之下，传统的东乡族刑事习惯法不断合理吸收国家刑事制定法的内容、理念，既呈现出了它的传统韵味，又凸现出它的现代特征。处于中国现代社会转型中的刑事立法，势必会对传统的东乡族刑事习惯法从内容到形式等各方面都产生影响，也会从根本上不断推进东乡族刑事习惯法的现代转型，从而最终为现代民族刑事法制乃至整个法制体系的构建起到一定的积极作用。

四、国家刑事立法进程中东乡族刑事习惯法特征变迁的原因

（一）普法运动是推进东乡族刑事习惯法特征变迁的外在原因

1985 年 11 月，中共中央、国务院转发了中宣部、司法部《关于向全体公民基本普及法律常识的五年规划》。同年 12 月，全国人大常委会作出了《关于在公民中基本普及法律常识的决定》。由此，一场在计划经济体制下开展的全民普法运动完全开展起来。自"一五"普法活动之后，我国又相继开展了"二五""三五""四五""五五""六五""七五"和"八五"等普法工作。

---

① 马向前访谈录，2012-7-11。
② 马友苏访谈录，2012-7-13。

纵观近四十年来的"普法运动"，在国家建构意义上，为审视现代民族国家的应然法理提供了一个值得多方位探讨的样本。置于百年中国的历史长河中，一言以蔽之，这是一种意图将当下中国整合为法律共同体的政治动员，一种表现为法权主义努力的自上而下的秩序重构，也是一次民族心智的现代洗礼。[①] 普法运动的根本目的在于通过政府主导来提高民众对于法律的"信仰"，在整个普法进程中，东乡族民众对于国家法的认知发生了质的变化。应该说，普法运动是东乡族刑事习惯法发生特征变迁的最为重要的外部原因。在东乡族自治县司法局，司法干事汪成结合工作实践谈了普法运动对于东乡族刑事习惯法的影响。

"这些年来，我们基本每周都要去几次乡下，主要都是为了普法，应该说普法运动对于提高村民的法治观念有着很大的作用，像去年我们在高山乡就遇到不少村民说到重婚罪的事，他们都认为重婚应该是犯法的，重婚是犯罪行为不仅是国家法明确规定的，也似乎变成他们内心认可的习惯法了，这在以往是不可能的，普法运动让东乡族的刑事习惯法发生了重大改变。"[②]

（二）经济、教育的发展是推进东乡族刑事习惯法特征变迁的根本原因

经济基础决定上层建筑，经济形态决定法律的根本特质。改革开放以来，东乡族的经济取得了巨大进步，经济的不断发展，必然会导致新的矛盾出现。在实地调查中，近几年在东乡族的刑事案件中，关涉贩毒罪的案件占了一定的比例。新的犯罪的出现，必然要有与之相对应的裁决手段、方法与结果。这无形中对于东乡族刑事习惯法的发展提出了新的要求，吸收国家法内容为习惯法的一部分也就自在情理之中了。只是，需要注意的

---

① 　许章润：《普法运动》，北京，清华大学出版社 2011 年版，第 1 页。
② 　汪成访谈录，2012-7-12。

是，这里只是对于"罪名"的吸收，亦即承认贩毒是一种犯罪行为，但具体裁决还要留待国家法律。

此外，教育的不断发展让更多的东乡族民众知道国家法的规定。在对东乡族自治县司法局王干事的访谈中，他肯定了教育对于东乡族刑事习惯法特征变迁的影响：

现在我们东乡族的不少民俗习惯并不是不存在了，而是渐渐被国家法同化了。以往在东乡族的民俗习惯中，诈骗属于道德问题，但是现在有很多东乡族民众会将诈骗当做"法律"问题来考虑，毕竟接受教育更多了，对于很多问题的理解也不同了。①

（三）多民族法文化融合是推进东乡族刑事习惯法特征变迁的内在原因

文化是历史的产物，也决定着历史的进程。中国法律文化中既有汉族法律文化，也有少数民族法律文化，既有官方法律文化，也有民间法律文化。从文化发展的视角来看，各少数民族法律文化在发展进程中必然要与其他法律文化发生交融。东乡族刑事习惯法作为一种"小传统"，其代表的是一种民族习惯法文化，或者可以称之为民间法文化，而刑法典所代表的则是一种"大传统"，或可称之为国家法文化，两种文化之所以能发生融合、交流，主要还在于两者共生于中华法系的文化土壤之中。

新中国成立以来，特别是改革开放后，随着我国立法技术的不断提高、立法水平的不断改善，东乡族习惯法文化与国家法文化之间的交流日益密切。一方面，在立法实践中，《宪法》《立法法》《民族区域自治法》等国家法对于民族法文化的存在和功能都给予了一定的认可与肯定。另一方面，在司法实践中，东乡族司法人员既不违背国家法的根本原则、基本精神，

---

① 王宇洁访谈录，2012-7-12。

又不脱离东乡族本土的习惯和风俗，灵活、高效地将国家法与东乡族习惯法有机协调起来。通过立法与司法的诸多实践，在东乡族刑事习惯法文化中，越来越多地体现着国家刑事法的内容，这不仅是法律文化本身发展的客观规律，也是法律文化发展的必然结果。

五、余论

长期以来，在刑法理论以及实践层面上，对于少数民族刑事习惯法给予了不同程度的否定或是排斥，认为它与国家法是格格不入的，甚至有些人还从根本上否定少数民族刑事习惯法的能动性，觉得它是僵硬的、原始的、封闭的。但是，通过审视当代甘肃东乡族刑事习惯法在国家刑事立法进程中所表现出来的特征变迁就会发现；一方面，少数民族刑事习惯法随着国家刑事立法的种种变迁而不断呈现出新的特征；另一方面，国家刑事立法在其演进过程中，不仅肯定了少数民族刑事习惯法的客观存在，而且还通过条文的规定来肯定少数民族刑事习惯法在司法、执法方面的能动作用。

必须注意的是，包括东乡族刑事习惯法在内的各少数民族刑事习惯法都有着自己的发展轨迹，不能一味强调少数民族习惯法是保守的、封闭的，是排斥国家法的，这不仅不符合少数民族刑事习惯法发展的历史实践，更不符合现代转型中国家刑事立法赋予少数民族刑事习惯法的应有担当。

在我国刑事立法不断合理、完善的过程之中，一方面，要求立法者们从本土资源出发，考虑到各民族地区刑事法制的实践、刑事习惯法的功能和作用，综合权衡，尊重少数民族刑事习惯法中的积极内容，灵活发挥刑事习惯法的补充作用。另一方面，各少数民族刑事习惯法在其不断发展的过程中，应科学合理地吸收国家刑事立法中有利于本民族社会发展、秩序稳定和文化传承的规范，从观念上、内容上、形式上真正实现刑事习惯法的现代转型。

参 考 文 献

一、古籍

[1] （先秦）《尚书》。
[2] （先秦）《论语》。
[3] （先秦）《孟子》。
[4] （先秦）《左传》。
[5] （西汉）董仲舒：《春秋繁露》。
[6] （东汉）许慎：《说文解字》。

二、现代中文著作

[1] 《马克思恩格斯选集》（第1卷），北京，人民出版社1995年版。
[2] 《辞海》，上海，上海辞书出版社2002年版。
[3] 蔡墩铭：《民法汇编》，台北，五南图书出版公司1988年版。
[4] 程汉大主编：《英国法制史》，济南，齐鲁书社2001年版。
[5] 陈兴良：《刑法的价值构造》（第二版），北京，中国人民大学出版社2006年版。
[6] 陈金全主编：《西南少数民族习惯法研究》，北京，法律出版社2008年版。
[7] 陈金钊：《法律方法论研究》，济南，山东人民出版社2010年版。
[8] 戴炎辉：《中国法制史》，台北，三民书局1979年版。
[9] 邓正来：《自由与秩序——哈耶克社会理论的研究》，南昌，江西教育出版社1999年版。
[10] 邓正来：《法律与立法的二元观》，上海，上海三联书店2000年版。
[11] 杜宇：《重拾一种被放逐的知识传统：刑法视域中习惯法的初步考察》，北京，北京大学出版社2005年版。
[12] 窦竹君：《传统中国的基层社会治理机制》，北京，中华书局2021年版。
[13] 费孝通：《乡土中国 生育制度》，北京，北京大学出版社1998年版。
[14] 费孝通：《乡土中国》，北京，北京大学出版社2005年版。
[15] 费孝通：《乡土社会》，北京，北京大学出版社2009年版。
[16] 顾培东：《社会冲突与诉讼机制》，北京，法律出版社2004年版。
[17] 眭鸿明：《清末民初民商事习惯调查之研究》，北京，法律出版社2005年版。
[18] 高其才：《中国少数民族习惯法研究》，北京，清华大学出版社2003年版。

[19] 高其才：《中国习惯法论》，北京，中国法制出版社 2008 年版。

[20] 高其才主编：《当代中国少数民族习惯法》，北京，法律出版社 2010 年版。

[21] 公丕祥：《民俗习惯司法运用的理论与实践》，北京，法律出版社 2011 年版。

[22] 郭剑平等：《治理视野下民俗习惯与新农村建设研究》，北京，中国政法大学出版社 2017 年版。

[23] 桂华：《社会组织参与农村基层治理研究》，武汉，华中科技大学出版社 2019 年版。

[24] 黄宛峰：《礼乐渊薮：礼记与中国文化》，郑州，河南大学出版社 1997 年版。

[25] 何勤华主编：《外国法制史》，北京，法律出版社 2001 年版。

[26] 何勤华主编：《多元的法律文化》，北京，法律出版社 2007 年版。

[27] 梁治平主编：《法律的文化解释》，上海，上海三联书店 1994 年版。

[28] 梁治平：《清代习惯法：社会与国家》，北京，中国政法大学出版社 1996 年版。

[29] 梁治平：《在边缘处思考》，北京，法律出版社 2003 年版。

[30] 梁根林主编：《刑法方法论》，北京，北京大学出版社 2006 年版。

[31] 林耀华：《民族学通论》，北京，中央民族大学出版社 1997 年版。

[32] 刘星：《法律是什么——二十世纪英美法理学批判阅读》，北京，中国政法大学出版社 1998 年版。

[33] 吕世伦主编：《现代西方法学流派（下）》，北京，中国大百科全书出版社 2000 年版。

[34] 吕复栋：《民俗习惯的司法适用》，南京，江苏人民出版社 2016 年版。

[35] 李卫东：《民初民法中的习惯与习惯法》，中国社会科学出版社 2005 年版。

[36] 李婉琳：《社会变迁中的法律——穆尔法人类学思想研究》，北京，中国人民公安大学出版社 2011 年版。

[37] 马克昌：《中国刑事政策学》，武汉，武汉大学出版社 1992 年版。

[38] 马克昌：《比较刑法原理——外国刑法学总论》，武汉，武汉大学出版社 2002 年版。

[39] 马长山：《法治进程中的民间治理——民间社会组织与法治秩序关系的研究》，北京，法律出版社 2006 年版。

[40] 潘维大、刘文琦：《英美法导读》，北京，法律出版社 2000 年版。

[41] 前南京国民政府司法行政部：《民事习惯调查报告录》（上册），北京，中国政法大学出版社 1999 年版。

[42] 苏力：《法治及其本土资源》，北京，中国政法大学出版社 1996 年版。

[43] 苏力：《送法下乡—中国基层司法制度研究》，北京，中国政法大学出版社 2000 年版。

[44] 孙国华主编：《中华法学大辞典·法理学》，北京，中国检察院出版社 1997 年版。

[45] 沈宗灵：《比较法研究》，北京，北京大学出版社 1998 年版。

[46] 妥进荣：《东乡族经济社会发展研究》，兰州，甘肃人民出版社 2000 年版。

[47] 田成有：《乡土社会中的民间法》，北京，法律出版社 2005 年版。

[48] 汤建国、高其才：《习惯在民事审判中的运用——江苏省姜堰市人民法院的实践》，北京，人民法院出版社 2008 年版。

[49] 王泽鉴：《民法总则》，北京，中国政法大学出版社 2001 年版。

[50] 王健：《沟通两个世界的法律意义——晚清西方法的输入与法律新词初探》，北京，中国政法大学出版社 2001 年版。

[51] 韦森：《经济学与哲学：制度分析的哲学基础》，上海，上海人民出版社 2005 年版。

[52] 许章润：《普法运动》，北京，清华大学出版社 2011 年版。

[53] 俞荣根：《羌族习惯法》，重庆，重庆出版社 2000 年版。

[54] 于语和主编：《民间法》，上海，复旦大学出版社 2008 年版。

[55] 杨建华主编：《民事诉讼法之研究》，台北，三民书局 1984 年版。

[56] 《中国大百科全书·法学》，北京，中国大百科全书出版社 1984 年版。

[57] 周楠：《罗马法原论》（上），北京，商务印书馆 1994 年版。

[58] 周少来：《制度逻辑与基层治理》，北京，中国社会科学出版社 2022 年版。

[59] 张晓辉：《中国法律在少数民族地区的实施》，昆明，云南大学出版社 1994 年版。

[60] 郑也夫：《代价论：一个社会学的新视角》，北京，读书·生活·新知三联书店 1995 年版。

[61] 张文显：《二十世纪西方法哲学思潮研究》，北京，法律出版社 1996 年版。

[62] 张文显：《法理学》，北京，法律出版社 1999 年版。

[63] 卓泽渊：《法理学》，北京，法律出版社 1998 年版。

[64] 张明楷：《刑法格言的展开》，北京，法律出版社 1999 年版。

[65] 张中秋：《中西法律文化比较研究》，北京，法律出版社 2019 年版。

[66] 郑永流：《法治四章》，北京，中国政法大学出版社 2002 年版。

[67] 郑永流主编：《法哲学与法社会学论丛》（六），北京，中国政法大学出版社 2003 年版。

[68] 赵旭东：《权力与公正——乡土社会的纠纷解决与权威多元》，天津，天津古籍出版社 2003 年版。

[69] 张智辉：《刑法理性论》，北京，北京大学出版社 2006 年版。

[70] 张镭：《习惯与法律：两种规则体系及其关系研究》，南京，南京师范大学出版社 2008 年版。

[71] 张晋藩：《中国法律的传统与近代转型》，北京，法律出版社 2009 年版。

三、译著

[1] [古巴比伦]世界著名法典汉译丛书编委会编：《汉谟拉比法典》，北京，法律出版社 2000 年版。

[2] [古罗马]查士丁尼：《法学总论——法学阶梯》，张企泰译，北京，商务印书馆 1997 年版。

[3] [英]休谟：《人类理解研究》，关文运译，北京，商务印书馆 1957 年版。

[4] [英]休谟：《人性论（下）》，关文运译，北京，商务印书馆 1980 年版。

[5] ［英］梅因：《古代法》，沈景一译，北京，商务印书馆 1959 版。

[6] ［英］哈特：《法律的概念》，张文显等译，中国大百科全书出版社 1996 年版。

[7] ［英］哈耶克：《自由秩序原理》，邓正来译，上海，上海三联书店 1997 年版。

[8] ［英］哈耶克：《法律、立法与自由》，邓正来等译，北京，中国大百科全书出版社 2003 年版。

[9] ［英］A. G. 盖斯特：《英国合同法与案例》，张文镇等译，北京，中国大百科全书出版社 1998 年版。

[10] ［英］马林诺夫斯基：《科学的文化理论》，黄建波等译，北京，中央民族大学出版社 1999 年版。

[11] ［英］丹宁勋爵：《法律的训诫》，刘庸安译，北京，法律出版社 1999 年版。

[12] ［英］爱德华·汤普森：《共有的习惯》，沈汉、王加丰译，上海，上海人民出版社 2002 年版。

[13] ［英］约翰·奥斯丁：《法理学的范围》，刘星译，北京，中国政法大学出版社 2002 年版。

[14] ［英］戴维·M. 沃克：《牛津法律大辞典》，李双元等译，北京，法律出版社 2003 年版。

[15] ［英］桑托斯：《迈向新法律常识——全球化、法律和解放》，刘坤轮、叶传星译，北京，中国人民大学出版社 2009 年版。

[16] ［英］威廉·退宁：《全球化与法律理论》，钱向阳译，北京，中国大百科全书出版社 2009 年版。

[17] ［美］康芒斯：《制度经济学》，于树生译，北京，商务印书馆 1962 年版。

[18] ［美］庞德：《通过法律的社会控制》，沈宗灵译，北京，商务印书馆 1984 年版。

[19] ［美］埃尔曼：《比较法律文化》，贺卫方、高鸿钧译，上海，上海三联书店 1990 年版。

[20] ［美］哈罗德·伯尔曼：《法律与革命》，贺卫方等译，北京，中国大百科全书出版社 1993 年版。

[21] ［美］卡多佐：《司法过程的性质》，苏力译，北京，商务印书馆 1998 年版。

[22] ［美］克利德福·吉尔兹：《地方性知识：事实与法律的比较透视》，邓正来译，上海，三联书店 1999 年版。

[23] ［美］E. 博登海默：《法理学：法哲学与法律方法》，邓正来译，北京，中国政法大学出版社 2004 年版。

[24] ［德］汉斯·格奥尔·格伽达默尔：《诠释学 I：真理与方法——补充和索引》，洪汉鼎译，台北，台湾时报文化出版有限公司 1993 年版。

[25] ［德］萨维尼：《法律冲突与法律规则的地域和时间范围》，李双元等译，北京，法律出版社 1999 年版。

[26] ［德］萨维尼：《论立法与法学的当代使命》，许章润译，北京，中国法制出版社 2001 年版。

[27] [德]A.L.考夫曼:《卡多佐》, 张守东译, 北京, 法律出版社 2001 年版。

[28] [德]霍尔斯特·海因里希·雅科布斯:《十九世纪德国民法科学与立法》, 王娜译, 北京, 法律出版社 2003 年版。

[29] [德]卡尔·拉伦茨:《法学方法论》, 陈爱娥译, 北京, 商务印书馆 2003 年版。

[30] [德]马克斯·韦伯:《经济与社会(上)》, 林荣远译, 北京, 商务印书馆 2004 年版。

[31] [德]埃克哈特·施里特:《习俗与经济》, 秦海等译, 长春, 长春出版社 2005 年版。

[32] [法]孟德斯鸠:《论法的精神》(上册), 张雁深译, 北京, 商务印书馆 1961 年版。

[33] [法]勒内·达维德:《当代主要法律体系》, 漆竹生译, 上海, 上海译文出版社 1984 年版。

[34] [法]布律尔:《法律社会学》, 许钧译, 上海, 上海人民出版社 1987 年版。

[35] [法]卢梭:《社会契约论》, 何兆武译, 上海, 商务印书馆 2003 年修订版。

[36] [法]雅克·盖斯、气勒·占博:《法国民法总论》, 陈鹏等译, 北京, 法律出版社 2004 年版。

[37] [日]千叶正士:《法律多元:从日本法律文化迈向一般理论》, 强世功等译, 北京, 中国政法大学出版社 1997 年版。

[38] [日]滋贺秀三等:《明清时期的民事审判与民间契约》, 王亚新等译, 北京, 法律出版社 1998 年版。

[39] [意]莫诺·卡佩莱蒂:《比较视野中的司法程序》, 徐昕、王奕译, 北京, 清华大学出版社 2005 年版。

[40] [奥]凯尔森:《国家与法的一般理论》, 沈宗灵译, 北京, 中国大百科全书出版社 1996 年版。

[41] [比]R. C. 范·卡内冈:《法官、立法者与法学教授—欧洲法律史篇》, 薛张敏敏译, 北京, 北京大学出版社 2006 年版。

四、期刊论文

[1] 陈纬:《青海藏族游牧部落社会习惯法的调查》, 载《中国藏学》, 1992 年第 3 期。

[2] 陈敬刚:《国家法与民间法二元建构及其互动之思考》, 载《河北法学》, 2000 年第 4 期。

[3] 参普拉敖力布:《我国游牧社会家庭财产的分配继承习惯法初探》, 载《西南民族学院学报》(哲学社会科学版), 2002 年第 7 期。

[4] 陈兴良:《入罪与出罪:罪刑法定司法化的双重考察》, 载《法学》, 2002 年第 12 期。

[5] 陈金钊:《关于法律方法与法治的对话》, 载《法学》, 2003 年第 5 期。

[6] 陈金全:《西南少数民族习惯法论述(上)》, 载《贵州民族学院学报》(哲学社会科学版), 2004 年第 1 期。

[7] 陈光：《论法官认知中民间规范的影响及其规制》，载《山东大学学报》（哲学社会科学版），2010 年第 4 期。

[8] 陈建华：《论习惯在民事司法适用中的现状、困境与出路——基于我国司法实践的视角》，载《民间法》，2016 年第 17 卷。

[9] 柴荣、李浩：《民初土地产权行政审判中民俗习惯的认定与适用——以"营产处没收私产一案"判词为引子》，载《法律适用》，2020 年第 6 期。

[10] 杜宇：《当代刑法实践中的习惯法：一种真实而有力的存在》，载《中外法学》，2005 年第 1 期。

[11] 淡乐蓉：《藏族"赔命价"与国家法的漏洞补充问题》，载《中国藏学》，2008 年第 3 期。

[12] 董淳锷、陈胜蓝：《放宽法律的视野：民俗习惯在我国审判中运用的现状研究》，载《西部法学评论》，2008 年第 6 期。

[13] 邓钦文：《"异乡来客"的出走——法律多元的乡村变迁困境》，载《民间法》，2021 年第 24 卷。

[14] 范愉：《诉前调解与法院的社会责任：从司法社会化到司法能动主义》，载《法律适用》，2007 年第 11 期。

[15] 范愉：《民间社会规范在基层司法中的应用》，载《山东大学学报》（哲学社会科学版），2008 年第 1 期。

[16] 丰怡凯：《基层司法治理实践图景：司法下乡、能动司法与线上司法》，载《中财法律评论》，2022 年第 14 卷。

[17] 高其才：《试论农村习惯法与国家制定法的关系》，载《现代法学》，2008 年第 3 期。

[18] 高其才：《当代中国民族自治地方法规中的习惯》，载《法学杂志》，2012 年第 10 期。

[19] 广东省高级人民法院民一庭、中山大学法学院：《民俗习惯在我国审判中运用的调查报告》，载《法律适用》，2008 年第 5 期。

[20] 顾培东：《也论中国法学向何处去》，载《中国法学》，2009 年第 1 期。

[21] 顾培东：《中国法治的自主型进路》，载《法学研究》，2010 年第 1 期。

[22] 黄源盛：《民初大理院关于民事习惯判例之研究》，载《政大法学评论》，第 63 期。

[23] 何勤华：《历史法学派述评》，载《法制与社会发展》，1996 年第 2 期。

[24] 何勤华：《清代法律渊源考》，载《中国社会科学》，2001 年第 2 期。

[25] 胡启忠：《论民族地区的法律变通》，载《西南民族学院学报》（哲学社会科学版），2002 年第 7 期。

[26] 侯淑雯：《司法衡平艺术与司法能动主义》，载《法学研究》，2007 年第 1 期。

[27] 韩红俊：《民俗习惯的司法运用机制研究》，载《前沿》，2010 年第 2 期。

[28] 黄文艺：《法律与民族性格：一种法律研究范式的梳理与反思》，载《法律科学》，2010 年第 6 期。

[29] 季金华：《习惯性规则的法治意义》，载《河北法学》，2006 年第 12 期。

[30] 贾焕银:《法律方法与民间规范研究的意义》,载《法治论丛》,2009 年第 7 期。

[31] 贾焕银:《民间规范的性质及其司法适用逻辑分析》,载《山东大学学报》(哲学社会科学版),2009 年第 4 期。

[32] 贾焕银:《"民间规范司法运用"辨析》,载《甘肃政法学院学报》,2015 年第 2 期。

[33] 贾焕银:《民间规范司法运用程序研究》,载《西南民族大学学报》(人文社会科学版),2015 年第 3 期。

[34] 姜世波:《英美法中的习惯法渊源》,载《山东警察学院学报》,2011 年第 2 期。

[35] 江钦辉:《新疆少数民族民事习惯与国家法的关系问题思考》,载《喀什师范学院学报》,2012 年第 2 期。

[36] 梁根林:《罪刑法定视野中的刑法合宪审查》,载《法律科学》,2004 年第 1 期。

[37] 廖君湘:《侗族"款约"习惯法浅论》,载《船山学刊》,2006 年第 4 期。

[38] 黎军:《论司法对行业自治的介入》,载《中国法学》,2006 年第 4 期。

[39] 刘艳红:《走向实质解释的刑法学——刑法方法论的发端、发展与发达》,载《中国法学》,2006 年第 5 期。

[40] 刘艳红:《刑法的目的与犯罪论的实质化——"中国特色"罪刑法定原则的出罪机制》,载《环球法律评论》,2008 年第 1 期。

[41] 刘作翔:《习惯的价值及其在中国司法中面临的问题》,载《法律适用》,2008 年第 5 期。

[42] 刘作翔:《传统的延续:习惯在现代中国法制中的地位和作用》,载《法学研究》,2011 年第 1 期。

[43] 梁治平:《中国法律史上的"民间法"——兼论中国古代法律的多元格局》,载《传统中国研究集刊》,2009 年第 6 期。

[44] 厉尽国:《民间规范司法适用制度化相关问题研究》,载《山东大学学报》(哲学社会科学版)2009 年第 5 期。

[45] 刘昕杰:《引情入法:清代州县诉讼中习惯如何影响审断》,载《山东大学学报》(哲学社会科学版),2009 年第 1 期。

[46] 李霞:《民间法的合理性探究》,载《湖北经济学院学报》,2010 年第 1 期。

[47] 刘叶思:《和谐司法视野下民俗习惯在民事审判中的运用》,载《宁波大学学报》(人文科学版),2011 年第 4 期。

[48] 吕复栋、于佳虹:《民俗习惯司法适用的理论基础》,载《中国社会科学院研究生院学报》,2014 年第 5 期。

[49] 罗冠男:《中国传统社会基层治理的法律机制与经验》,载《政法论坛》,2021 年第 2 期。

[50] 李晓悦:《地方民俗习惯融入乡村治理的功能价值、现实挑战与路径选择》,载《百色学院学报》,2022 年第 6 期。

[51] 马长山:《社会转型与法治根基的构筑》,载《浙江社会科学》,2003 年第 3 期。

[52] 孟凡平：《建立我国行政指导案例制度的构想》，载《人民司法》，2006 年第 2 期。

[53] 马启智：《新中国 60 年民族法制建设》，载《求是》，2009 年第 20 期。

[54] 孟烨：《明代地方纠纷解决模式的历史变迁——以徽州裁判文书为考察对象》，载《复旦学报》（社会科学版），2021 年第 5 期。

[55] 彭中礼：《当前民间法司法适用的整体样态及其发展趋势评估》，载《山东大学学报》（哲学社会科学版），2010 年第 4 期。

[56] 强世功：《知识、技术与权力——一起乡村民事调解案》，载《战略与管理》，1997 年第 4 期。

[57] 苏力：《二十世纪中国的现代化和法治》，载《法学研究》，1998 年第 1 期。

[58] 苏力：《中国当代法律中的习惯——从司法个案透视》，载《中国社会科学》，2000 年第 3 期。

[59] 苏力：《当代中国法律中的习惯——一个制定法的透视》，载《法学评论》，2001 年第 3 期。

[60] 施蔚然：《中世纪法国习惯法学评介》，载《昆明理工大学学报》（社科版），2001 年第 3 期。

[61] 孙光宁：《民间法源的权威：基于判决的可接受性》，载《宁夏社会科学》，2011 年第 1 期。

[62] 田成有：《习惯法是法吗？》，载《云南法学》，2000 年第 3 期。

[63] 田成有、李懿雄：《乡土社会民间法与基层法官解决纠纷的策略》，载《现代法学》，2002 年第 1 期。

[64] 田成有：《国家与社会：国家法与民间法的分化与调适》，载《江海学刊》，2004 年第 2 期。

[65] 王军：《浅谈规范哈萨克族离婚案件彩礼退还的执法尺度》，载《中共伊犁州委党校学报》，2002 年第 1 期。

[66] 王洪平、房绍坤：《民事习惯的动态法典化——民事习惯之司法导入机制研究》，载《法制与社会发展》，2007 年第 1 期。

[67] 王彬、李光波：《习惯法司法化的困境与出路》，载《湖南公安高等专科学校学报》，2007 年第 4 期。

[68] 王彬：《民俗习惯的司法功能》，载《湖南公安高等专科学校学报》，2009 年第 1 期。

[69] 王思斌：《多元嵌套结构下的情理行动——中国人社会行动模式研究》，载《学海》，2009 年第 1 期。

[70] 魏治勋：《事实的规范力量——论事实性民间规范及其法律方法意义》，载《山东大学学报》（哲学社会科学版），2009 年第 3 期。

[71] 汪丽红：《萨利克法典与法兰克早期社会》，载《历史教学问题》，2010 年第 5 期。

[72] 王聪：《论民俗习惯在法律渊源中的地位》，载《广西政法管理干部学院学报》，2011 年第 2 期。

[73] 巫洪才：《少数民族民事习惯法治化的路径探析》，载《贵州民族研究》，2012 年第 3 期。

[74] 王述炜：《论民族习俗在民事审判中的适用——以佤族地区一则个案为例》，载《海峡法学》，2016 年第 4 期。

[75] 谢晖：《论法律事实》，载《湖南社会科学》，2003 年第 5 期。

[76] 谢晖：《民间规范与人权保障》，载《求是学刊》，2004 年第 6 期。

[77] 谢晖：《民间规范与习惯权利》，载《现代法学》，2005 年第 2 期。

[78] 谢晖：《论民间规则与司法能动》，载《学习与探索》，2010 年第 5 期。

[79] 谢晖：《民间规范与法律的全球对话》，载《山东大学学报》（哲学社会科学版），2011 年第 4 期。

[80] 谢晖：《论民间规范司法适用的前提和场域》，载《法学论坛》，2011 年第 3 期。

[81] 谢晖：《民间法与裁判规范》，载《法学研究》，2011 年第 2 期。

[82] 肖群忠：《论中国文化的情理精神》，载《伦理学研究》，2003 年第 2 期。

[83] 徐清宇、周永军：《民俗习惯在司法中的运行条件及障碍消除》，载《中国法学》，2008 年第 2 期。

[84] 薛军：《意大利的判例制度》，载《华东政法大学学报》，2009 年第 1 期。

[85] 于语和：《试论"无讼"法律传统产生的历史根源和消极影响》，载《法学家》，2000 年第 1 期。

[86] 于语和、戚阳阳：《国家法与民间法互动之反思》，载《山东大学学报》（哲学社会科学版），2005 年第 1 期。

[87] 杨方泉：《民族习惯法回潮的困境及其出路——以青海藏区"赔命价"为例》，载《中山大学学报》（社会科学版），2004 年第 4 期。

[88] 于改之：《社会相当性理论的体系地位及其在我国的适用》，载《比较法研究》，2007 年第 5 期。

[89] 喻磊、张智凡：《民俗习惯司法运用的机制构建》，载《社科纵横》，2009 年第 1 期。

[90] 严晴晴：《法治乡村建设视域下民俗习惯的困境与出路研究》，载《现代商贸工业》，2021 年第 S1 期。

[91] 张明楷：《论刑法的谦抑性》，载《法商研究》，1995 年第 4 期。

[92] 张冠梓：《试论瑶族的石牌制度与习惯法》，载《思想战线》，1999 年第 1 期。

[93] 周汉华：《论建立独立、开放与能动的司法制度》，载《法学研究》，1999 年第 5 期。

[94] 郑永流：《法的有效性与有效的法——分析框架的建构和经验实证的描述》，载《法制与社会发展》，2002 年第 2 期。

[95] 周旺生：《重新研究法的渊源》，载《比较法研究》，2005 年第 4 期。

[96] 张佩国：《乡村纠纷中国家法与民间法的互动——法律史和法律人类学相关研究评述》，载《开放时代》，2005 年第 2 期。

[97] 张晓蓓：《彝族婚姻家庭习惯法特征》，载《贵州民族学院学报》（哲学社会科学版），2006 年第 3 期。

[98] 扎洛：《社会转型期藏区草场纠纷调解机制研究——对川西、藏东两起草场纠纷的案例分析》，载《民族研究》，2007 年第 3 期。

[99] 张卫平：《认识经验法则》，载《清华法学》，2008 年第 6 期。

[100] 张小萍：《中国民间法研究学术报告 2007 年》，载《山东大学学报》（哲学社会科学版），2008 年第 1 期。

[101] 周赟：《民间法进入司法的可能性基础》，载《山东大学学报》（哲学社会科学版），2009 年第 2 期。

[102] 张殿军：《罪刑法定视域的少数民族习惯法》，载《甘肃政法学院学报》，2009 年第 3 期。

[103] 张殿军：《民族自治地方法律变通的法理解析》，载《贵州民族研究》，2010 年第 1 期。

[104] 张殿军、于语和：《民俗习惯的司法适用：路径及其走向》，载《重庆大学学报》（社会科学版），2012 年第 2 期。

[105] 张钧：《法律多元理论及其在中国的新发展》，载《法学评论》，2010 年第 4 期。

[106] 赵英男：《法律多元主义的概念困境：涵义、成因与理论影响》，载《环球法律评论》，2022 年第 4 期。

五、外文文献

[1] Boaventura de Sousa Santos, Law: A Map of Misreading, Toward a Postmodern Conceptipn of Law. *Journal of Law and Society*, 1987 (14).

[2] See Sally Engle Merry, "Legal Pluralism", *Law and Society Review*, 1988,22/5: 870-891.

[3] Griffiths, John, "Introduction", A. Allott and G. Woodman (eds.), *People's Law and State Law: The Bellagio Papers Dordrecht Foris*, 1985: 17-18.

[4] W. Friendmann, *Legal Theory* (the fifth edition), Columbia University Press, 1967: 334.

[5] See A. N. Allott, The Judicial Ascertainment of Customary Law in British Africa, T*he Modern Law Review*, Vol.20,No.3(May,1957): 250.

后　记

本书总体思路和基本框架由南开大学法学院教授于语和拟定。具体内容分别由于语和（法学博士，南开大学法学院教授）、秦启迪（法学博士，河海大学法学院讲师）、张殿军（法学博士，云南大学法学院教授）、宋甜甜（法律硕士，山东潍坊银行股份有限公司法律合规部）、刘顺峰（法学博士，湖南师范大学法学院副教授）、宋宁（法律硕士，天津金展律师事务所主任、律师）、尚绪芝（法学博士，天津工业大学法学院教授）、吕姝洁（法学博士，天津商业大学副教授）、高茜（法学博士，天津商业大学讲师）和刘丽华（工程硕士，河北建材职业技术学院副教授）等撰写。秦启迪、张殿军协助于语和参加全书的统稿、修改工作。

本书出版得到了南开大学法学院和清华大学出版社领导、同志们的大力支持和帮助，尤其责编刘晶女士，出力甚多。本书的撰写参考、征引了诸多前辈和时贤的优秀成果，在此一并表示崇高的敬意和衷心的感谢。囿于时间和水平，书中肯定有许多错讹之处，深祈方家通人批评指正。

于语和

2023 年 9 月